À plus !
Nouvelle édition

1

Französisch für Gymnasien

Cornelsen

À plus! 1 *Nouvelle édition*

Lehrwerk für den Französischunterricht an Gymnasien

Im Auftrag des Verlages erarbeitet von
Otto-Michael Blume, Gertraud Gregor, Catherine Jorißen, Catherine Mann-Grabowski

und dem Verlagsbereich Fremdsprachen in der Schule
Dr. Yvonne Petter (Projektleitung), Vanessa Cousin, Yvonne Hildebrandt, Barbara Jantzen, Burcu Kiliç, Marie-France Lavielle, Nadja Hantschel (Bildassistenz)

Beratende Mitwirkung: Rita Beyer (Püttlingen), Dr. Martin Braun (Nürnberg), Anne Delacroix (Magdeburg), Hermann Demharter (Heidelberg), Herta Fidelak (Oberhausen), Marliese Frings-Mock (Köln), Anette Fritsch (Dillenburg), Renate Gegner (Nürnberg), Madeleine Hütten (Stuttgart), Thilo Karger (Frankfurt am Main), Prof. Dr. Ulrike Klotz (Stuttgart), Jens-Uwe Klün (Stockstadt am Rhein), Jutta Hanna Knoop (Hannover), Dr. Hans-Ludwig Krechel (Königswinter), Martina Mäsch-Donike (Düren), Klaus Mengler (Buseck), Prof. Dr. Jürgen Mertens (Blitzenreute), Anke Rogge (Bonn), Peter Schmachtel (Lübeck), Heidi Schmitt-Ford (Bad Kreuznach), Anja Théry (Hamburg), Silke Topf (Frankfurt am Main), Verena Unmüßig (Heidelberg), Dr. Hanno Werry (Saarbrücken), Peter Winz (Wermelskirchen), Stefanie Wölz (Sinsheim)

Illustrationen: Laurent Lalo
Karten: Dr. Volkhard Binder
Umschlagfoto: © Getty Images / Everton (links); Cornelsen, Denimal/Uzel (rechts)
Gesamtgestaltung und technische Umsetzung: werkstatt für gebrauchsgrafik, Berlin

Begleitmaterial zu À plus! 1 *Nouvelle édition*:

Carnet d'activités + DVD-ROM   ISBN 978-3-06-520243-5
Grammatikheft   ISBN 978-3-06-520194-0
Vokabeltaschenbuch   ISBN 978-3-06-520249-7
Audio-CD   ISBN 978-3-06-021320-7
DVD   ISBN 978-3-06-020804-3
Klassenarbeitstrainer   ISBN 978-3-06-023266-6

www.cornelsen.de

Die Mediencodes enthalten ausschließlich optionale Unterrichtsmaterialien;
sie unterliegen nicht dem staatlichen Zulassungsverfahren.

1. Auflage, 1. Druck 2012

Alle Drucke dieser Auflage sind inhaltlich unverändert
und können im Unterricht nebeneinander verwendet werden.

© 2012 Cornelsen Verlag, Berlin

Das Werk und seine Teile sind urheberrechtlich geschützt.
Jede Nutzung in anderen als den gesetzlich zugelassenen Fällen bedarf
der vorherigen schriftlichen Einwilligung des Verlages.
Hinweis zu den §§ 46, 52 a UrhG: Weder das Werk noch seine Teile dürfen ohne eine
solche Einwilligung eingescannt und in ein Netzwerk eingestellt oder sonst öffentlich
zugänglich gemacht werden.
Dies gilt auch für Intranets von Schulen und sonstigen Bildungseinrichtungen.

Druck: CS-Druck CornelsenStürtz, Berlin

ISBN broschiert 978-3-06-520041-7
ISBN gebunden 978-3-06-520042-4

Inhalt gedruckt auf säurefreiem Papier aus nachhaltiger Forstwirtschaft.

Bonjour!

Hier beginnt euer neues Sprachabenteuer. *À plus!* wird euch begleiten. In kleineren Etappen sollt ihr euer Ziel erreichen. Dazu erklären wir euch nun, wie die einzelnen Etappen aussehen.

Die einzelnen Etappen heißen **unités**.
Jede der **unités** dreht sich um ein neues Thema (Familie, Schule, Ferien …). Die **unités** sind rot gekennzeichnet.
Der direkte Weg zum Ziel führt über die roten Übungen.

Jede **unité** bereitet euch auf eine Aufgabe (**tâche**) vor. In den meisten **unités** findet ihr sogar zwei **tâches**: Gemeinsam mit eurem Lehrer / eurer Lehrerin wählt ihr die aus, die ihr bearbeiten wollt. Deshalb steht im Buch *tâches au choix*.

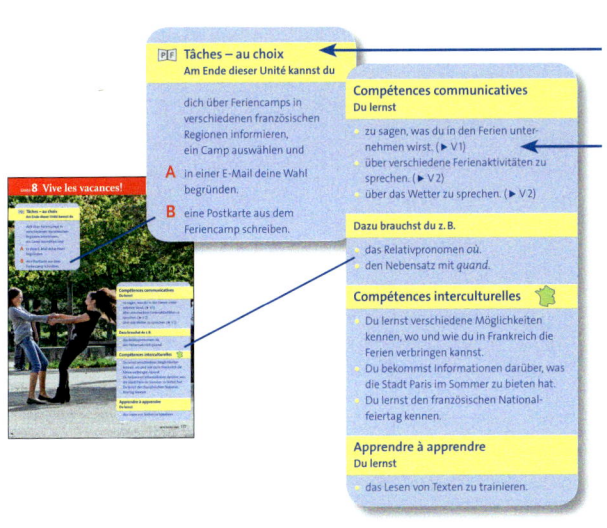

Damit euch die Auswahl leichter fällt, findet ihr auf der ersten Seite jeder **unité** eine Beschreibung der **tâches**.

Auf dieser ersten Seite findet ihr auch einen Überblick über das, was ihr in der **unité** lernen werdet. So habt ihr eine gute Orientierung auf eurem Weg zum Ziel.
Zwischenetappen nennen wir übrigens **volet**.

Alles was in grüner Schrift erscheint (z. B. *France en direct*, *Fais le point*, *Bilan des compétences*, *Module*) ist ein interessanter Nebenpfad. Hier könnt ihr Frankreich besser kennen lernen (z. B. in einem *France en direct*) oder überprüfen, was ihr alles schon könnt (**Fais le point, Bilan des compétences**). Da all dies kein Pflichtprogramm ist, könnt ihr auch ohne diese grünen Teile vorankommen. Der Wortschatz und die Grammatik werden nicht für die **unités** vorausgesetzt.

France en direct   *Bilan*   *Module*

Und nun wünschen wir euch viel Spaß und viel Erfolg beim Französischlernen!   *À plus!*

Die folgenden aufgelisteten Angebote sind nicht obligatorisch abzuarbeiten.
Die Auswahl der Übungen und Übungsteile richtet sich nach den Schwerpunkten des schulinternen Curriculums.
Grün gekennzeichnete Lektionsteile und Übungen sind fakultativ.

Inhalt

Titel	Kommunikative Inhalte	Sprachliche Mittel	Methodische Kompetenzen	Seite
Bienvenue à Strasbourg				**10**
Unité 1 La rentrée				**11**
Tâches au choix:	A Einen französischen Jugendlichen begrüßen und sich vorstellen B Sich und einen Mitschüler in einem Steckbrief vorstellen			
Kompetenzschwerpunkte:	Hören, Sprechen			
Interkulturelles Lernen:	Begrüßungsformen in Frankreich, der erste Schultag und Klassenzählung in Frankreich			
Volet 1 Salut, ça va?	• jemanden begrüßen / sich verabschieden • nach dem Befinden fragen	• die Intonationsfrage und der Aussagesatz		12
Volet 2 La classe de sixième A	• jemanden vorstellen (1) • sagen, wie man heißt und woher man kommt • nach dem Namen fragen	• das Verb être und die Personalpronomen (Singular) • der bestimmte Artikel: le und la		14
Volet 3 La récréation	• jemanden vorstellen (2) • sagen, in welche Klasse man geht	• das Verb être und die Personalpronomen (Plural) • der bestimmte Artikel: l' und les • [s] – [z], [u] – [y], [e] – [ɛ]	• selbstständig mit dem Schülerbuch arbeiten	16
Repères	Überblick über Redemittel und Grammatik			22
Module Le français en classe (1)				**24**
• unbekannte Wörter erschließen • nachfragen, wie man etwas sagt/schreibt				
Module L'alphabet				**26**
• ein Wort buchstabieren				
Unité 2 À la maison				**27**
Tâches au choix:	A Eine Szene schreiben und in einer Szene mitspielen B Sein Zimmer oder seine Wohnung vorstellen			
Kompetenzschwerpunkte:	Sprechen, Schreiben			
Interkulturelles Lernen:	Alltag französischer Jugendlicher, Frühstücksgewohnheiten			
Volet 1 Chez moi	• ein Zimmer beschreiben	• Themenwortschatz „Zimmer" • il y a • Qu'est-ce qu'il y a? • der unbestimmte Artikel: un/une/des	• Vokabeln lernen (1): Merkzettel anbringen	28

Titel	Kommunikative Inhalte	Sprachliche Mittel	Methodische Kompetenzen	Seite
Volet 2 **Chez Clara**	• die Zimmer einer Wohnung benennen • sagen, wo sich etwas befindet	• Themenwortschatz „Wohnung" • *Où est …? / Où sont …?* • Ortsangaben • [ɑ̃] – [ɔ̃] – [ɛ̃]	• Vokabeln lernen (2): ein Vokabelnetz erstellen und Wortpaare bilden	**32**
Volet 3 **Chez Yasmine**	• sagen, was man nach der Schule macht • jemanden auffordern und darauf reagieren	• *Qu'est-ce que tu fais?* • Verben auf *-er*	• Vokabeln lernen (3): Übungen erstellen	**35**
La France en direct: **Ta pancarte de porte**	• eine Bastelanleitung verstehen • nachfragen, wie man etwas sagt			**38**
Repères	Überblick über Redemittel und Grammatik			**40**

Module   Le français en classe (2)   **42**

• Aufforderungen verstehen und formulieren (der Imperativ)

Fais le point   **43**

• Lernstandsüberprüfung der Unités 1–2 (Grammatik und Wortschatz)

Unité 3   Ma famille   **45**

Tâches au choix: A Ein Haustier für einen Tierwettbewerb vorstellen
                             B Einem französischen Jugendlichen seine Familie vorstellen
Kompetenzschwerpunkte: Sprechen, Lesen
Interkulturelles Lernen: Alltag französischer Familien, Straßburg und seine Umgebung

Volet 1 **Voilà ma famille**	• die Mitglieder einer Familie benennen	• Themenwortschatz „Familie" • die Possessivbegleiter *mon/ma/mes*		**46**
Volet 2 **On rentre ensemble?**	• sagen, wo man wohnt • über die Familie / den Familienalltag sprechen (1) • sagen, wie man etwas findet (1)	• die Possessivbegleiter *ton/ta/tes*	• dialogisches Sprechen	**48**
Volet 3 **Comment ça va, dans ta famille?**	• über die Familie / den Familienalltag sprechen (2) • sein Alter angeben	• die Zahlen von 1 bis 20 • die Possessivbegleiter *son/sa/ses* • das Verb *avoir*	• eine Verbkartei anlegen • monologisches Sprechen	**51**
Volet 4 **Tu as un animal?**	• über Haustiere sprechen • nach dem Alter fragen • sagen, wie man etwas findet (2) • Wünsche äußern	• Themenwortschatz „Tiere" • die Adjektive (Typ: *joli/e*) • *je voudrais* • die Frage mit *qui*		**54**
La France en direct: **La Montagne des singes**	• einen Prospekt verstehen • eine Fernsehreportage verstehen			**57**
Repères	Überblick über Redemittel und Grammatik			**59**

cinq 5

Titel	Kommunikative Inhalte	Sprachliche Mittel	Methodische Kompetenzen	Seite

Module   Le français en classe (3) — 61
- weitere Redemittel zum Klassenraum-Französisch
- die Wochentage

Module   Il est quelle heure? — 62
- nach der Uhrzeit fragen und die Uhrzeit angeben
- die Zahlen bis 60

Bilan des compétences — 63
- Lernstandsüberprüfung der Unités 1–3 (Hören, Lesen, Sprechen, Schreiben)

Unité 4   Mes copains et mes activités — 65

Tâches au choix:
- **A** Mit einem französischsprachigen Jugendlichen telefonieren
- **B** Eine Begegnung mit einer französischen Schule vorbereiten

Kompetenzschwerpunkt: Hören
Interkulturelles Lernen: Französischsprachige Prominente und Comicfiguren kennen lernen

Volet 1   Qu'est-ce qu'ils font? — 66
- über seine Hobbys sprechen
- Themenwortschatz „Hobbys"
- faire *de la / de l' / du*
- der zusammengezogene Artikel mit *de*

Volet 2   Un DVD pour l'Allemagne — 68
- sagen, was man (nicht) gern macht
- *aimer, préférer, détester*
- die Verneinung mit *ne … pas*
- Hörverstehen (1): selektives Hörverstehen

Volet 3   Qu'est-ce que tu fais ce week-end? — 72
- sich (telefonisch) verabreden
- Wünsche äußern und Möglichkeiten benennen
- die Verben *pouvoir* und *vouloir*
- die Frage mit *est-ce que*
- [ʒ] – [ʃ]
- Hörverstehen (2): Globalverstehen

La France en direct: Forum de fans — 75
- Blogs lesen und darauf antworten

Repères — 77
Überblick über Redemittel und Grammatik

Module   Poèmes et chansons (1) — 79
- Gedichte und Chansons hören und lesen

Fais le point — 80
- Lernstandsüberprüfung der Unités 3–4 (Grammatik und Wortschatz)

Unité 5   Au collège — 83

Tâches au choix:
- **A** Einen Schultag beschreiben
- **B** Ein Begegnungsprogramm vorbereiten und seine Schule vorstellen

Kompetenzschwerpunkt: Schreiben
Interkulturelles Lernen: Eine französische Schule, den Tagesablauf und den Stundenplan eines französischen Schülers kennen lernen

Volet 1   Notre collège — 84
- seine Schule vorstellen
- Themenwortschatz „Schule"
- die Possessivbegleiter *notre/nos, votre/vos*
- der zusammengezogene Artikel mit *à*
- Schreiben (1): Ideen sammeln

6   six

Titel	Kommunikative Inhalte	Sprachliche Mittel	Methodische Kompetenzen	Seite
Volet 2 Ma journée	• seinen Tagesablauf in der Schule beschreiben • die Uhrzeit angeben • eine E-Mail schreiben • nach einem Grund fragen	• die Wochentage mit Artikel • die Frage mit *pourquoi est-ce que* und die Antwort mit *parce que* • weitere Adjektive (Typ: *nul/le*)	• Schreiben (2): Fehler korrigieren	88
Volet 3 Le programme	• Vorschläge machen und dazu Stellung nehmen • nach der Uhrzeit fragen	• die Frage mit Fragewort und *est-ce que* • das *futur composé* • die Possessivbegleiter *leur/leurs*		92
La France en direct: L'emploi du temps de la sixième B, le CDI du collège	• einen Stundenplan und einen Raumplan lesen • unbekannte Wörter erschließen			96
Repères	Überblick über Redemittel und Grammatik			98

Module Poèmes et chansons (2) 100

• Gedichte lesen und schreiben

Bilan des compétences 101

• Lernstandsüberprüfung der Unités 4–5 (Hören, Lesen, Sprechen, Schreiben)

Unité 6 À Strasbourg 103

Tâches au choix:	**A** Seinen Wohnort vorstellen **B** Eine Fahrt nach Straßburg planen
Kompetenzschwerpunkt:	Sprachmittlung
Interkulturelles Lernen:	Mehr über Straßburg erfahren, französische Gerichte und Essgewohnheiten kennen lernen

Titel	Kommunikative Inhalte	Sprachliche Mittel	Methodische Kompetenzen	Seite
Volet 1 La visite en bateau	• eine Stadt vorstellen	• die Zahlen bis 60		104
Volet 2 À la cantine	• sagen, was man essen möchte und was man nicht essen mag	• das Verb *prendre* • die Verneinung mit *ne ... plus* • [y] – [i] – [ɥ]	• Sprachmittlung: Hauptaussagen erkennen	107
Volet 3 Ma ville, mon quartier	• seinen Wohnort beschreiben	• Mengenangaben wie *ne ... pas de, ne ... plus de, assez de, beaucoup de, trop de*		110
La France en direct: Un sandwich, s'il vous plaît!	• eine Speisekarte lesen und unbekannte Wörter erschließen • ein Einkaufsgespräch verstehen und sprachmitteln			113
Repères	Überblick über Redemittel und Grammatik			115

Module Fêtes et traditions en France 116

• Feiertage und Traditionen in Frankreich

Fais le point 117

• Lernstandsüberprüfung der Unités 5–6 (Grammatik und Wortschatz)

Titel	Kommunikative Inhalte	Sprachliche Mittel	Methodische Kompetenzen	Seite
Unité 7 — On fait la fête!				**119**
Tâches:	A/B Ein Geburtstagsfest planen			
Kompetenzschwerpunkt:	Sprechen			
Interkulturelles Lernen:	Die Adresse und das Datum angeben, Telefonnummern und Vorwahlen in Frankreich, Geburtstag in Frankreich			
Volet 1 — C'est quand, ton anniversaire?	• seinen Geburtstag angeben • jemanden nach seinem Geburtstag fragen • eine Geburtstagseinladung formulieren	• die Monatsnamen • die Zahlen bis 100		120
Volet 2 — Les cadeaux	• über Geschenke diskutieren • eine Einkaufsliste schreiben	• das Verb *acheter* • Mengenangaben wie *un kilo de, une bouteille de* • die direkten Objektpronomen *me/te/le/la/l'/les*	• Merkhilfe (1): individuelle Lernplakate anfertigen	123
Volet 3 — Joyeux anniversaire!	• ein Geburtstagslied lernen • jemandem zum Geburtstag gratulieren	• die direkten Objektpronomen *nous* und *vous* • die Verben auf *-re* (Typ: *attendre*)	• Merkhilfe (2): Lernplakate für die Klasse anfertigen	127
La France en direct: Recettes	• ein Rezept verstehen			130
Repères	Überblick über Redemittel und Grammatik			132
Module — Qu'est-ce que tu as fait hier?				**134**
• über vergangene Ereignisse berichten (kommunikative Anwendung des *passé composé*)				
Bilan des compétences				**135**
• Lernstandsüberprüfung der Unités 6–7 (Hören, Lesen, Sprechen, Schreiben, Sprachmittlung)				
Unité 8 — Vive les vacances!				**137**
Tâches au choix:	A Ein Feriencamp auswählen und in einer E-Mail die Auswahl begründen B Eine Postkarte aus einem Feriencamp schreiben			
Kompetenzschwerpunkt:	Lesen			
Interkulturelles Lernen:	Ferien in Frankreich, Informationen über Paris und der französische Nationalfeiertag			
Volet 1 — Qu'est-ce que tu vas faire pendant les vacances?	• sagen, was man in den Ferien macht		• Lesen: selektives Leseverstehen	138
Volet 2 — Souvenirs d'été	• über das Wetter sprechen • über Ferienerlebnisse berichten	• Themenwortschatz „Wetter" • der Relativsatz mit *où* • der Nebensatz mit *quand*		141
Repères	Überblick über Redemittel und Grammatik			146
Module — Un été à Paris				**147**
• eine Geschichte lesen				

Annexe

Partenaire B	**148**
Différenciation	**153**
Méthodes	**159**
Petit dictionnaire de civilisation	**170**
L'alphabet / Les signes dans la phrase / L'alphabet phonétique	**172**
Les nombres	**173**
La conjugaison des verbes	**174**
Solutions	**176**
Banques de mots	**178**
Liste des mots	**180**
Liste alphabétique français-allemand	**224**
Liste alphabétique allemand-français	**231**
Glossaire – Indications pour les exercices	**237**

Symbole und Verweise
Diese Symbole findest du in deinem Buch:

CD 1 (2) Hörtext auf der CD (z. B. CD 1, Track 2)

DVD (3) Film auf der DVD (z. B. Filmsequenz 3)

✎ schriftliche Übung

👥 Diese Übung löst du mit einem Partner.

👥 Bei dieser Partnerübung haben beide Partner (A und B) unterschiedliche Informationen. Der Übungsteil für Partner B befindet sich im *Annexe* ab S. 148.

👥👥 Diese Übung löst ihr in einer Gruppe.

Koop Bei dieser Übung müssen alle zusammenarbeiten.

🔄 Hier bewegt ihr euch in der Klasse.

DELF Diese Übung eignet sich besonders für die Vorbereitung auf die DELF-Prüfung.

🇩🇪 Sprachmittlungsübung. Hier hilfst du jemandem, der kein Französisch / kein Deutsch kann.

P F Portfolio/Lerntagebuch: Du dokumentierst deine Lernfortschritte.

▶ 2|3 Hier passt *Carnet d'activités* (z. B. S. 2, Übung 3).

GH 22 Ausführliche Erklärungen zu diesem Grammatikpunkt findest du im Grammatikheft (z. B. im Abschnitt 22).

Differenzierung:

○ leichte Übung

● anspruchsvollere Übung

▨ Anspruchsvolle Übung mit Hilfestellung im *Annexe* ab S. 153.

▨ Hilfestellung im *Annexe* ab S. 153.

www.cornelsen.de/webcodes Hier gibst du den jeweiligen Webcode ein (z. B. APLUS-1-20). Dort findest du kostenlose Zusatzmaterialien und Arbeitsblätter.

Bienvenue à Strasbourg! facultatif

Je m'appelle Théo Valin.

Moi, c'est Noah Pérec.

Moi, je m'appelle Clara Fabre.

Je m'appelle Yasmine Taleb.

Je m'appelle Jade. Jade Masson.

Moi, c'est Lukas Goll!

1 Viele französische Wörter kennst du schon. Schau dir die Fotos rechts an und finde einige.

2 Kennst du weitere französische Wörter? Gestalte eine Collage mit Fotos und Etiketten von französischen Produkten.

DVD 1 **3** Schau dir die Filmsequenz an. Was erfährst du über Straßburg?

10 dix

Unité 1 La rentrée

3 SEPTEMBRE
lundi

PF Tâches – au choix
Am Ende dieser Unité kannst du

A in einem Rollenspiel einen französischen Jugendlichen begrüßen und dich und deine Mitschüler vorstellen.

B eine Mappe anlegen, in der du dich und deine Mitschüler vorstellst.

Compétences communicatives
Du lernst

- jemanden zu begrüßen. (▶ V 1)
- dich zu verabschieden. (▶ V 1)
- zu sagen, wie es dir geht. (▶ V 1)
- dich und jemanden vorzustellen. (▶ V 2, V 3)

Dazu brauchst du z. B.

- den Fragesatz und den Aussagesatz.
- die Personalpronomen *je*, *tu*, *il*, ...
- das Verb *être*.
- den bestimmten Artikel *le*, *la*, *les*.

Compétences interculturelles

- Du erfährst, wie der erste Schultag nach den Ferien in Frankreich abläuft.

Apprendre à apprendre
Du lernst

- wie du dich in deinem Französischbuch zurechtfinden kannst.
- wie du unbekannte Wörter erschließen kannst.

onze **11**

VOLET 1

Salut, ça va?

1
1. Salut, Jade! Ça va?
2. Salut, Noah! Ça va et toi?
3. Bof!

2
4. Salut! À plus!
5. Salut! À demain!

3
6. Bonjour, Madame!
7. Bonjour, Noah!

4
8. Au revoir, Madame!
9. Au revoir, Noah!

5
10. Salut, Karim! Salut, Yasmine! Ça va?
11. Super!

6
12. Bonjour, Monsieur!
13. Bonjour, Noah!

12 douze

VOLET 1

Lire et comprendre

1 Regarde, lis et réponds. | Sieh dir die Fotos an, lies die Texte auf S. 12 und finde Folgendes heraus:

1. Wie kannst du jemanden auf Französisch begrüßen?
2. Wie kannst du dich von jemandem verabschieden?
3. Wie fragst du jemanden auf Französisch, wie es ihm geht? Was kannst du darauf antworten?

Écouter et comprendre

2 Écoute. | Hör zu. Begrüßen oder verabschieden sich die Personen? Wenn sie sich begrüßen, hebst du die Hand.

Parler

3 a Ça va? | Was könnten die Jugendlichen antworten? (▶ Qu'est-ce qu'on dit, p. 22)

Ça va?

Noah   Jade   Yasmine

b À vous. | Ihr seid dran! Fragt euch gegenseitig, wie es euch geht und antwortet darauf.

4 Écoute et chante le rap. | Hör zu und singe den Rap mit.

Salut, ça va?
　　　　Ça va et toi?
Ça va, super.
　　　　Salut! À plus!
Et à demain!
　　　　Bonjour, Madame.
Bonjour, Monsieur.
　　　　Bonjour et au revoir.
Bonjour et au revoir.

Activité

5 Geht durch euren Klassenraum, begrüßt eure Mitschüler und euren Lehrer / eure Lehrerin. Fragt sie, wie es ihnen geht und verabschiedet euch voneinander.

treize 13

VOLET 2

La classe de sixième A

C'est la rentrée. Voilà la classe de sixième A.

M. Martel: Albin, Simon …
Simon: Oui!
M. Martel: Fabre, Lara …
5 **Clara:** Clara, Monsieur. Je m'appelle Clara Fabre.
M. Martel: Ah, pardon! Fabre, Clara … Fournier, Lara!
Lara: Oui! C'est moi!
10 **M. Martel:** Alors, toi, tu es Clara et toi, tu t'appelles Lara … Goll, Lukas … Lucas avec un C, non?
Lukas: Non, Monsieur, avec un K. L-U-K-A-S. Je m'appelle «Loukass». Je suis …
15 **Simon:** Il est de Berlin, Monsieur!

> Bonjour! Je suis Stéphane Martel, le professeur de français.

> Bonjour, Monsieur!

M. Martel: Ah, très bien! … Schmitz, Amandine … Schmitz, Amandine … Elle est là?
Amandine: Euh … je m'appelle Amandine Schmitt, Monsieur. Schmitt, avec deux T!
20 **M. Martel:** Ah, pardon! … Taleb, Yasmine …
Yasmine: Oui.
M. Martel: Valin, Théo …

Écouter, lire et comprendre

1 Hör zu und betrachte das Foto. Wo und wann spielt die Szene? Worum geht es?

Koop 2 Corrigez. | Die Klassenliste enthält Fehler. Findet sie. Vergleicht eure Ergebnisse.

Classe: sixième A   **Professeur de français:** Monsieur Martell

Nom[1]:	Prénom[2]:	Nom:	Prénom:
ALBIN	Simon	SCHMIDT	Amandine
FABRE	Klara	TALEB	Yasmine
FOURNIER	Lara	VALLIN	Théo
GOL	Lucas		

> C'est Monsieur Martel, avec un L.

[1] **le nom** der Nachname
[2] **le prénom** der Vorname

Parler

3 Présente-toi. | Stell dich vor.

> Je m'appelle Lena. Et toi?

> Je m'appelle Max.

| VOLET 1 | VOLET 2 | VOLET 3 | TÂCHES – AU CHOIX | REPÈRES | **1** |

4 a Présente ces jeunes. | Stell diese Jugendlichen vor und sage, woher sie kommen.
Exemple: C'est **Clara**. **Elle** est de Strasbourg.

1. Clara – Strasbourg
2. Lukas – Berlin
3. Tina – Bonn
4. Antonio – Madrid
5. Vanessa – Paris
6. Marie – Colmar
7. David – Toulouse

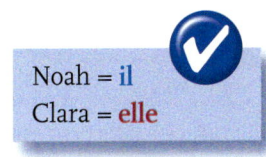

Noah = **il**
Clara = **elle**

b À toi. Présente deux camarades de classe. | Du bist dran! Stell zwei Mitschüler vor.

Découvrir

5 a Welche Formen von *être* passen hier? Du findest sie im Text auf S. 14.

1. C' ? la rentrée.
2. Je ? Stéphane Martel.
3. Alors, toi, tu ? Clara?
4. Il ? de Berlin, Monsieur.
5. Elle ? là?

b Complète. | Ergänze die Sätze mit der richtigen Form von *être*.

1. – Toi, tu ? Lara?
   – Non! Moi, je ? Clara.
2. – Lukas ? de Leipzig?
   – Non, il ? de Berlin.
3. – Clara ? de Paris?
   – Non, elle ? de Strasbourg.

Écouter et comprendre

6 Écoute et écris les noms. | Hör zu und schreibe die Namen der Personen auf. ▶ p. 153

Activité

7 a Sucht euch einen neuen Namen und eine Stadt aus und notiert sie zweimal: auf einen Zettel, den ihr als „Ausweis" behaltet, und auf ein Blatt. Sammelt die Blätter ein, mischt sie und teilt sie aus. Jeder sucht die Person, die auf seinem Blatt steht.

1. – Salut! Lara, c'est toi?
   – Non, je m'appelle Clara.
   – Salut!
   – Au revoir!
2. – Bonjour! Tu t'appelles Lara?
   – Oui.
   – Tu es de Paris?
   – Oui. / Non, je suis de ___.

b Stell nun deinen Partner / deine Partnerin mit seiner/ihrer neuen Identität vor.

Voilà Lara. Elle est de Paris.

quinze **15**

1 La récréation

VOLET 1 VOLET 2 **VOLET 3** TÂCHES – AU CHOIX REPÈRES

CD1 9–10

Nous sommes à Strasbourg, à l'école «Maxime Alexandre». C'est la récréation. Les élèves et les surveillants sont dans la cour.

> In Frankreich werden die Klassen rückwärts gezählt:
> *La sixième (6e)* entspricht der 6. Klasse bei uns.
> *La cinquième (5e)* entspricht der 7. Klasse.
> In welcher Klasse bist du?

1
1. Pardon, tu t'appelles comment? Léo ou Théo?
2. Théo! Tu es nouveau à Strasbourg?
3. Oui …

2
4. Le garçon, c'est qui?
5. Je ne sais pas. Je suis nouveau à l'école.
6. Elles sont cool, Yasmine et Lara.
7. Clara, elle s'appelle Clara.

3
8. Regarde, Clara! Voilà Noah! Il est en cinquième, dans la classe de Karim.
9. Et la fille, c'est qui?
10. C'est Jade. Elle est aussi dans la classe de Karim.

4
11. Salut, Yasmine! Ça va?
12. Super! Et toi?
13. Pas mal!

16 seize

| VOLET 1 | VOLET 2 | **VOLET 3** | TÂCHES – AU CHOIX | REPÈRES | **1** |

5
14 Salut! Moi, c'est Noah. Je suis l'ami de Karim.
15 Moi, je m'appelle Clara. Je suis l'amie de Yasmine.
16 Et voilà Jade.

6
17 Clara et moi, on est en sixième A. On est ensemble, c'est trop cool!

7
18 Et vous? Vous êtes en cinquième A?
19 Non, en cinquième B.

8
20 Les deux garçons, c'est qui?
21 Lukas et Théo. Ils sont aussi en sixième A.
22 Salut, les filles, à plus!

Lire et comprendre

DELF 1 a C'est qui? Réponds. | Finde heraus, von wem die Rede ist.

C'est ____.

1. C'est l'ami de Noah.
2. C'est l'amie de Yasmine.
3. Il est nouveau à Strasbourg.
4. Elle est en sixième avec Clara.
5. Il est dans la classe de Karim.
6. Elle est aussi dans la classe de Noah et de Karim.

b Fais une liste. | Erstelle eine Liste.
Wer geht in welche Klasse?

sixième A	cinquième B

dix-sept **17**

1 VOLET 1   VOLET 2   VOLET 3   TÂCHES – AU CHOIX   REPÈRES

Regarder et comprendre

2 Regarde le film. | Sieh dir die Filmsequenz an. Finde so viel wie möglich über die Personen heraus. Wo finden die Szenen statt?

Parler

3 a C'est qui? Faites les dialogues. | Stellt die Dialoge zusammen.

1.
– Voilà Clara.
– Et la fille avec Clara, c'est qui?
– C'est Yasmine. C'est l'amie de Clara.

2.
– Voilà Noah.
– Et le garçon, avec Noah, c'est qui?
– C'est Karim. C'est l'ami de Noah.

1. Clara/Yasmine 2. Noah/Karim 3. Barbara/Marie 4. Pascal/Simon 5. Théo/Lukas
6. Lara/Sara 7. Sonia/Nora 8. David/Tim 9. Dario/Mohamed

b À vous. Jouez. | Ihr seid dran! Spielt weiter mit euren eigenen Namen.

Écouter et parler

4 Écoute et réponds. | Kannst du über dich Auskunft geben? Hör zu und antworte in den Pausen. ▶ p. 153

Salut! Ça va?
Super!

Découvrir

5 a Ordne zu. Woran erkennst du, wenn von mehreren Personen die Rede ist?

il	la fille	les élèves	l'ami	les filles
elle	les garçons	l'élève	les surveillants
ils	les amis	elles	le garçon

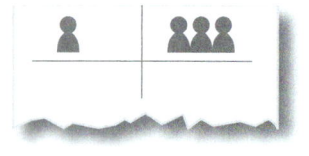

b Tausche dich mit deinem Partner / deiner Partnerin aus: Vergleicht eure Ergebnisse und schreibt eure Lösung auf.

c Diktiert euch gegenseitig fünf Nomen im Singular. Schreibt die Nomen im Singular und dann im Plural auf. Überprüft gemeinsam, was ihr geschrieben habt. (▶ Liste des mots, p. 180–184)

6 Achte auf den Unterschied zwischen Singular und Plural. Hebe die Hand, wenn von mehreren Personen oder Sachen die Rede ist.

18 dix-huit

S'entraîner

7 Présente ces personnes. | Stell folgende Personen vor. Manchmal sind mehrere Kombinationen möglich. (▶ Texte, p. 16–17)
Utilise | Verwende *il est* / *elle est* / *ils sont* / *elles sont*.
Exemple: 1. Noah et Karim?
Ils sont en cinquième.

👥👥 = ils
👥👥 = ils
👥👥 = elles

1 Noah et Karim?   2 Yasmine et Clara?
3 Lara?   4 Théo?
5 Lukas?   6 Théo et Yasmine?
7 Noah et Jade?

à Strasbourg   en sixième
cool   dans la classe de Karim
à l'école   en cinquième   de Berlin
nouveau/nouvelle   dans la cour
dans la classe de M. Martel

8 Écoute et chante. | Mit diesem Rap kannst du die Formen des Verbs *être* auswendig lernen. Hör zu und singe mit.

9 Complète. | Ergänze die Sätze mit den passenden Formen von *être*. (▶ Repères, p. 23/2)

1. – Le garçon, c' ? qui?
   – Je ne sais pas. Je ? nouveau à l'école.
2. – Tu ? en sixième B?
   – Non, je ? en sixième A.
3. – Clara et Yasmine ? en cinquième?
   – Non, elles ? en sixième.
4. – Et vous, vous ? en cinquième A?
   – Non, nous ? en cinquième B.
5. – Lukas ? dans la classe de Noah?
   – Non, il ? dans la classe de Clara.
6. – Jade ? nouvelle à l'école?
   – Non, elle ? en cinquième avec Karim.

Médiation

10 Du hast eine E-Mail von Flore aus Frankreich erhalten. Du erzählst deiner Freundin, die kein Französisch lernt, was du verstanden hast.

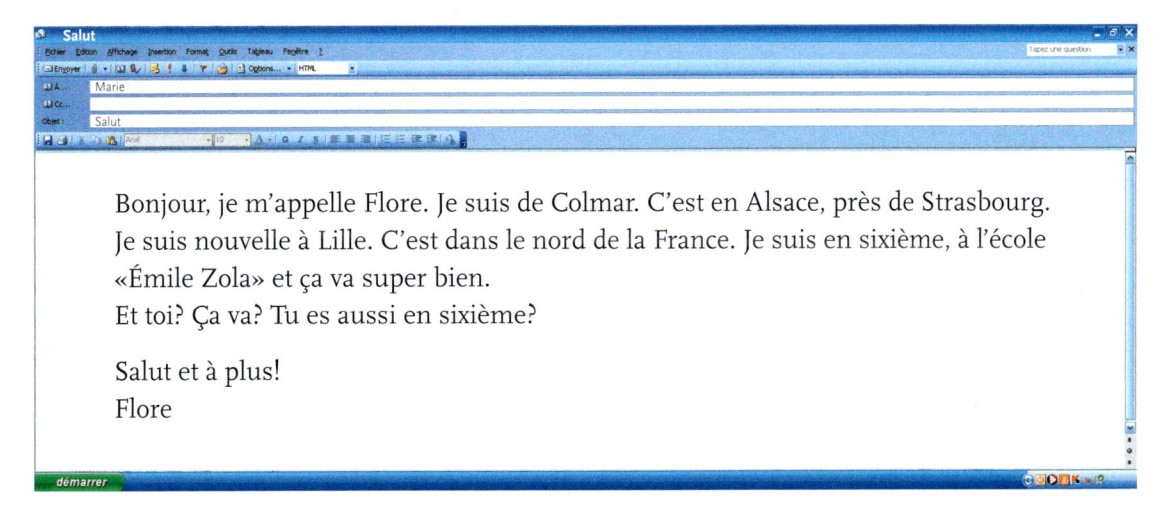

> À: Marie
> Objet: Salut
>
> Bonjour, je m'appelle Flore. Je suis de Colmar. C'est en Alsace, près de Strasbourg. Je suis nouvelle à Lille. C'est dans le nord de la France. Je suis en sixième, à l'école «Émile Zola» et ça va super bien.
> Et toi? Ça va? Tu es aussi en sixième?
>
> Salut et à plus!
> Flore

dix-neuf 19

VOLET 3

Découvrir les lettres et les sons

11 a [u] ou [y]? | Lies folgende Wörter laut. In welchen Wörtern sprichst du [u] wie in Bl**u**me und in welchen [y] wie in Bl**ü**te? Überprüfe deine Aussprache anhand der CD und sprich nach.

Je m'appelle «Loukass».

| bonj**ou**r   t**u**   s**u**per   F**ou**rnier   Sal**u**t   À pl**u**s   Strasb**ou**rg |

b Écoute, répète et complète. | Hör zu, sprich nach und ergänze die Wörter mit *ou* oder *u*.

| b?s   T?r de France   m?sée   gr?pe   s?d   p?rée   s?permarché   s?pe |

12 a Écoute et réponds. | Wie wird -ç- ausgesprochen?

| français   ça va   le garçon |

b Écoute et réponds. | Wie wird -é- ausgesprochen? Und -è-? Und -ê-?

| la rentrée   la sixième   la cinquième   la récréation   vous êtes   l'école |

13 a Écoute et répète. | Hör zu und sprich nach.

[z]   la sixième, les élèves, vous êtes, Strasbourg

[s]   le surveillant, la classe, le garçon, c'est

b À toi! | Du bist dran! Finde noch drei Wörter mit [s] wie in *le garçon*.   (▶ Liste des mots, p. 180–184)

Apprendre à apprendre

Koop 14 Lerne dein Französischbuch kennen

a Blättere in deinem Französischbuch und finde Folgendes heraus:
1. Was bedeutet das Wort *maison*?
2. Was heißt *Bruder* auf Französisch?
3. Du möchtest dich auf die nächste Klassenarbeit vorbereiten. Wo findest du die Redewendungen und die Grammatik der *Unité*?

b Vergleiche deine Ergebnisse mit den anderen.

c À vous. | Überlegt euch mindestens drei kniffelige Fragen zum Buch.

Weitere Rallye-Aufgaben findest du unter: www.cornelsen.de/webcodes
Gib folgenden Webcode ein: APLUS-1-20

| VOLET 1 | VOLET 2 | VOLET 3 | LA FRANCE EN DIRECT | TÂCHES – AU CHOIX | REPÈRES | **1** |

Wähle eine der beiden Aufgaben aus.

A C'est la rentrée

Das Schuljahr hat begonnen. Auf dem Schulhof triffst du deine Freunde wieder. In deiner Klasse ist auch ein neuer Schüler aus Frankreich, der kaum Deutsch spricht. Du sprichst ihn auf Französisch an und stellst dich vor. Du kannst ihm auch andere Schüler vorstellen.
Bereitet zu zweit einen Dialog vor.

- Wer ist der deutsche Schüler, wer ist der „Neue"?
- Wie könnt ihr ins Gespräch kommen?
- Was könnt ihr fragen?
- Was könnt ihr schon über euch sagen?

Nützliche Ausdrücke findet ihr im Text auf den Seiten 16–17 und in den *Repères* (*Qu'est-ce qu'on dit*, p. 22). Tipps zum Rollenspiel findet ihr im *Annexe*. (▶ Méthodes, p. 163/13)
Spielt euren Dialog der Klasse vor.

B On cherche des correspondants en France

Deine Schule sucht eine Partnerschule in Frankreich. Damit dein zukünftiger Partner dich besser kennen lernen kann, willst du eine Mappe über dich und deine Schule erstellen.

- Stell dich und einen Freund / eine Freundin mit allen Informationen, die du schon ausdrücken kannst, vor. Bereite dafür einen kleinen Steckbrief vor.
- Hängt eure Steckbriefe in der Klasse aus und präsentiert sie.
- Der Steckbrief wird anschließend die erste Seite deiner Mappe sein.

Nützliche Ausdrücke findest du in den *Repères* (*Qu'est-ce qu'on dit*, p. 22).

Bonjour!
C'est moi!
Je m'appelle Isabell Werth.

Et voilà ...
... mon amie Anna Paulig.
On est ensemble dans la classe de M. Sandig.

Möchtest du sagen, dass jemand dein Freund / deine Freundin ist?
Schlag die *Repères* S. 59/1 auf.

vingt et un **21**

Qu'est-ce qu'on dit?

Du begrüßt jemanden
Salut!
Bonjour, Madame.
Bonjour, Monsieur.

Du fragst, wie jemand heißt
Tu t'appelles comment?
Il/Elle s'appelle comment?
(La fille, / Le garçon,) c'est qui?

Du sagst, dass du etwas nicht weißt
Je ne sais pas.

Du fragst jemanden, wie es ihm geht
Ça va?

Du sagst, wie es dir geht
Super. / (Très) bien.

Ça va. / Pas mal.

Bof.

Du verabschiedest dich
Salut!
À demain.
À plus!
Au revoir, Monsieur.
Au revoir, Madame.

Du stellst dich vor
Je m'appelle (Clara).
Je suis (de Berlin).
Moi, c'est (Noah).
Je suis l'ami/e de (Karim/Yasmine).
Je suis en sixième/cinquième.

Du stellst jemand anderen vor
Voilà (Jade).
C'est (Lukas).
Il s'appelle (Noah). / Elle s'appelle (Jade).
Il est nouveau. / Elle est nouvelle.
Il/Elle est dans la classe de (Yasmine).
C'est l'ami/e de (Clara).

Grammaire

Du stellst eine Frage:

Ça va?

Dazu brauchst du:

→ **die Intonationsfrage**

Frage

Ça va?

Tu es en cinquième B?

Il est nouveau?

Aussage

Ça va.

Non. Je suis en cinquième A.

Oui. Il est nouveau.

Hör zu und hebe die Hand, wenn du eine Frage hörst.

VOLET 1   VOLET 2   VOLET 3   TÂCHES – AU CHOIX   R E P È R E S **1**

Du stellst dich oder jemanden vor:

GH 2 **2** Je suis Marie.
GH 3   Je suis dans la classe de Jade.

Dazu brauchst du:

→ **die Personalpronomen** *je*, *tu*, *il* …
und das Verb *être*

Je	suis	Lukas Goll.
Tu	es	nouveau à Strasbourg?
Il		dans la classe de Karim.
Elle	est	de Berlin.
On		en sixième.
Nous	sommes	en sixième B.
Vous	êtes	en cinquième B?
Ils	sont	cool.
Elles		aussi en cinquième B.

Vous êtes en sixième A?

Vous êtes M. Martel?

👥 Übt und wiederholt gemeinsam

Überprüft, ob ihr die Formen von *être* beherrscht: A sagt ein Personalpronomen. B nennt die Form von *être*, die dazu passt. Tauscht dann die Rollen.

Ils sont en sixième.

Du redest über jemanden:

GH 4 **3** Le garçon, c'est Noah.
GH 5   La fille, c'est Clara.

Dazu brauchst du:

→ **den bestimmten Artikel** *le*, *la*, *l'*, *les*

Singulier

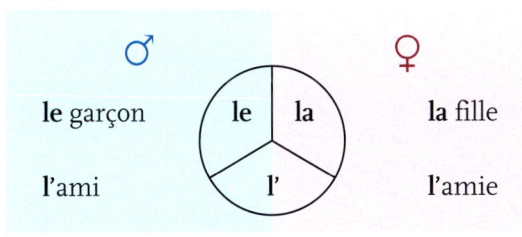

♂   ♀

le garçon   le | la   la fille

l'ami   l'   l'amie

Pluriel

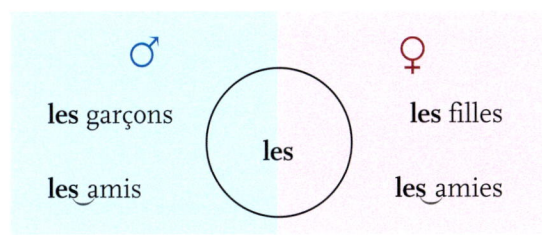

♂   ♀

les garçons   les filles
             les
les amis   les amies

👥 Übt und wiederholt gemeinsam

1 Formuliert die Regeln:
Der männliche Artikel lautet ?.
Der weibliche Artikel lautet ?.
Vor Vokal steht im Singular immer der Artikel ?. Der Artikel im Plural lautet ?.
2 Jeder schreibt sechs Nomen im Singular oder im Plural mit Artikel auf und liest sie seinem Partner / seiner Partnerin vor. Er/Sie sagt, ob die Nomen im Singular oder im Plural stehen.

(▶ Solutions, p. 176)

vingt-trois **23**

MODULE

Le français en classe (1)

le stylo: **0,99 €**
les quatre stylos: **2,50 €**

l'effaceur «super cool»: **1,50 €**

le lot de douze crayons de couleur: **4,75 €**

la règle 20 cm: **1,99 €**

le cahier en papier recyclé 48 pages: **1 €**
les quatre cahiers: **3,50 €**

le classeur A4: **3,95 €**

Apprendre à apprendre

1 Wie du unbekannte Wörter erschließen kannst (▶ Méthodes, p. 166/18)
Du kannst schon viel verstehen, auch wenn du nicht jedes Wort kennst.

a Was heißt *Tintenkiller* und *Lineal* auf Französisch?

b Was heißt *papier recyclé*?

c Wie bist du vorgegangen, um die Fragen zu beantworten? Formuliere zwei Regeln, die man beim Erschließen unbekannter Wörter anwenden kann.

MODULE

CD 1 / 20

1 Comment est-ce qu'on dit «das Heft» en français?

2 On dit «le cahier».

3 Comment est-ce qu'on dit «le stylo» en allemand?

4 Je ne sais pas.

5 On dit «der Kugelschreiber».

👥 À vous. Posez des questions à votre partenaire. Il/Elle répond.   (▶ Liste des mots, p. 180–185)

CD 1 / 21

1 Comment est-ce qu'on écrit «effaceur»?

2 On écrit E-deux F-A-C-E-U-R.

3 Comment est-ce qu'on écrit «français»?

4 On écrit F-R-A-N-C cédille-A-I-S.

👥 À vous. Posez des questions à votre partenaire. Il/Elle répond.   (▶ Liste des mots, p. 180–185)
(▶ L'alphabet, p. 26)

✓

Das Zeichen ' heißt *apostrophe*.
Der Buchstabe -ç- heißt *c cédille*.
Der Buchstabe -é- heißt *e accent aigu*.
Der Buchstabe -è- heißt *e accent grave*.
Der Buchstabe -ê- heißt e *accent circonflexe*.

vingt-cinq **25**

MODULE   facultatif

L'alphabet

CD 1 22   Écoutez et chantez la chanson de l'alphabet.

César

Europe

géographie

hache

jeu

queue

Chanson de l'alphabet

A B C – D E F!
D E F, bonjour, Joseph!
D E F – G H I!
G H I, ça va, Marie?
G H I – J K L!
J K L, ça va, Christelle!
J K L – M N O!
M N O, voilà Bruno!
M N O – P Q R!
P Q R, et voilà Pierre!
P Q R – S T U!
S T U, salut, salut!
S T U – V W!
V W, salut Zoé!
Et puis X Y et Z!
Au revoir, Khaled!

usine

vélo

w (double v)

y (i grec)

zèbre

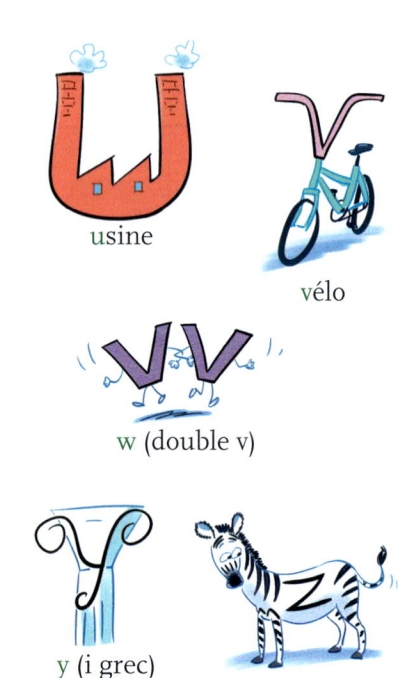

Jouer

a A buchstabiert die folgenden französischen Wörter. B schreibt sie auf. B findet seine Karteikarte mit französischen Wörtern auf S. 148. Überprüft dann eure Ergebnisse.   (B ▶ p. 148)

C-A-R-T-E

carte
classe
groupe
cantine
guitare

b Trouve le mot. | Finde das Wort. Eine/r denkt sich ein Wort der *Unité* 1 aus. Die anderen nennen einzelne Buchstaben, bis sie das Wort erraten haben.   (▶ Liste des mots, p. 180–184)

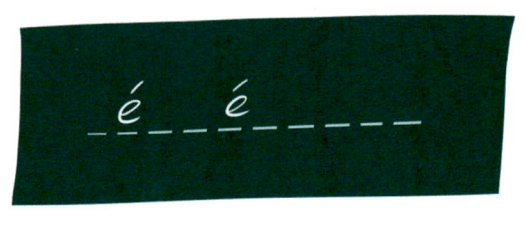

récréation

Oui.

Il y a un «a»?*

_ é _ _ é _ _ _ _ _

* *Il y a un ...?* [iljaɛ̃...] Gibt es ein ...?

26   vingt-six

Unité 2 À la maison

P F Tâches – au choix
Am Ende dieser Unité kannst du

A eine kleine Szene für deine Mitschüler schreiben und selbst in einer Szene mitspielen.

B einem französischen Jugendlichen dein Zimmer oder deine Wohnung vorstellen.

Compétences communicatives
Du lernst

- ein Zimmer zu beschreiben. (▶ V 1)
- die Zimmer einer Wohnung zu benennen. (▶ V 2)
- zu sagen, wo sich etwas befindet. (▶ V 2)
- zu sagen, was du zuhause nach der Schule machst. (▶ V 3)
- jemanden zu etwas aufzufordern. (▶ V 3)

Dazu brauchst du z. B.

- *il y a* und den unbestimmten Artikel *un, une, des*.
- das Fragewort *où* und einige Ortsangaben.
- die Verben auf *-er* im Präsens.
- den Imperativ.

Compétences interculturelles

- Du erfährst etwas über den Alltag französischer Jugendlicher.

Apprendre à apprendre
Du lernst

- wie du dir neue Vokabeln gut merken kannst.

vingt-sept **27**

2 VOLET 1 VOLET 2 VOLET 3 LA FRANCE EN DIRECT TÂCHES – AU CHOIX REPÈRES

Chez moi
CD 1 23–24

Préparer la lecture

1 Schau dir an, was Théo und Clara sagen. Welche Wörter kannst du schon verstehen?

- **I** des livres
- **S**
- **C** des étagères
- **H** une armoire
- **A** une minichaîne
- **E** une lampe
- **E**
- **U** un lit
- **N** une chaise

Dans ma chambre, il y a des posters et des photos partout. Il y a aussi un coin musique avec une guitare et des CD.

Écouter et comprendre

CD 1 25
12|1

2 a On présente la chambre de Clara. Écoute et retrouve les mots. | Hör zu und finde die Gegenstände auf dem Bild wieder. Schreibe die dazugehörigen Buchstaben in der richtigen Reihenfolge auf. Wie lautet das Lösungswort?

28 vingt-huit

VOLET 1 VOLET 2   VOLET 3   LA FRANCE EN DIRECT   TÂCHES – AU CHOIX   REPÈRES   **2**

O des lampes
A
E
R une étagère
un livre
U
I
T un ordinateur
N
N un hamac
D une table
R
U

Dans ma chambre, il y a un coin bédé avec des posters et une collection de figurines. Et qu'est-ce qu'il y a encore? Ah oui, un coin géo avec des pierres et un globe.

Et chez toi, dans ta chambre, qu'est-ce qu'il y a?

CD 1
26

b On présente la chambre de Théo. Écoute et retrouve les mots. | Hör zu und finde die Gegenstände auf dem Bild wieder. Schreibe die dazugehörigen Buchstaben in der richtigen Reihenfolge auf. Wie lautet das Lösungswort?

vingt-neuf 29

2 VOLET 1 VOLET 2 VOLET 3 LA FRANCE EN DIRECT TÂCHES – AU CHOIX REPÈRES

3 Regarde les chambres de Clara et de Théo et fais des devinettes pour ton/ta partenaire. | Stell deinem Partner / deiner Partnerin ein Rätsel.

Exemples:
1. – Il y a des posters et des photos partout.
   – C'est la chambre de Clara.
2. – Il y a un lit.
   – C'est la chambre de Théo et la chambre de Clara.

Parler

4 Jouez. | Spielt „Kofferpacken".

1 Dans ma chambre, il y a un lit.

2 Dans ma chambre, il y a un lit et une lampe.

Écouter et comprendre

CD 1 / 27 DELF

5 Écoute. Trouve la chambre de Simon. | Finde heraus, welches Zimmer Simon gehört.

Découvrir

Koop

6 Löse die Aufgaben a–d selbstständig. Vergleiche deine Ergebnisse mit deinem Partner / deiner Partnerin und stellt dann eure Ergebnisse der Klasse vor.

a Übersetze die Beispielsätze. Wofür steht *un/une*? Wofür steht *le/la*?

1. Voilà une lampe. C'est la lampe de Clara.
2. Voilà un livre. C'est le livre de Théo.

b *Un* ou *une*?

l'amie → ? amie   l'ami → ? ami

Lerne die Wörter, die mit einem Vokal anfangen, immer mit dem unbestimmten Artikel. Erkläre, warum.

c *Un/une* ou *le/la*?

Dans ? chambre de Clara, il y a ? lit. Voilà ? coin musique de Clara.
Dans ma chambre, il y a ? ordinateur, ? coin géo et ? collection de pierres.

d Übersetze den folgenden Satz. Was fällt dir bei der Übersetzung auf?

Dans ma chambre, il y a **des** posters et **des** photos.

VOLET 1 VOLET 2   VOLET 3   LA FRANCE EN DIRECT   TÂCHES – AU CHOIX   REPÈRES   **2**

e Qu'est-ce qu'il y a dans la classe? ▶ p. 153

Il y a | un ? .
        | une ? .
        | des ? .

Recherche

7 La collection de figurines de Théo. | Hier kannst du Théos Sammlung kennen lernen.
(▶ www.cornelsen.de/webcodes APLUS-1-31)

Vocabulaire

8 Regarde une des chambres (p. 28–29) pendant 30 secondes. Ferme le livre et note. | Schau dir eines der beiden Zimmer 30 Sekunden lang an. Schließe das Buch und schreibe alle Gegenstände auf, an die du dich erinnerst. Benutze den unbestimmten Artikel. Wer schreibt die meisten Wörter auf?

Apprendre à apprendre

9 So kannst du dir neue Vokabeln gut merken (1)
(▶ Méthodes, p. 159–161)
Welche Möglichkeiten kennst du schon?
Notiere sie und besprich sie mit deinem Partner / deiner Partnerin: Was macht er / sie wie du? Was anders?
Schreibe z. B. die Vokabeln, die du dir merken willst, auf Klebezettel. Bringe die Zettel auf den entsprechenden Gegenständen an, entweder bei dir zuhause oder im Klassenzimmer. So siehst du die neuen Wörter häufig zusammen mit dem Gegenstand und prägst sie dir gut ein.

Activité

10 Présente ta chambre. | Stell dein Zimmer vor. Du kannst eine Zeichnung, ein Plakat oder ein Foto von deinem Zimmer machen. Du kannst dir auch ein Fantasiezimmer ausdenken.
Dein Plakat kannst du aufbewahren und für die *Tâche B* (p. 39) verwenden.

Fehlt dir ein Wort? Schau in der *Banque de mots* (p. 178) nach.

trente et un **31**

Chez Clara

Préparer la lecture

1 a Regarde les dessins. | Schau dir die Zeichnungen an. Wo spielen die einzelnen Szenen?

b Comment est-ce qu'on dit *Wohnzimmer*, *Bad*, *Küche*, *Flur* en français?

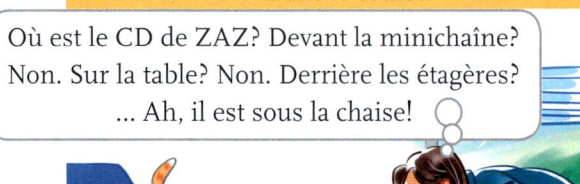

CD 1 / 28

1 Dans la salle de bains
- Maman! Où est le shampoing?
- Sur l'étagère, à droite!

2 Dans la cuisine
- Où sont les biscuits?
- Regarde dans le placard, à gauche.
- À gauche!

3 Dans le couloir
- Papa, où sont les clés de l'appartement?
- Là, sur la table, devant toi!

Zum Frühstück trinkt man in Frankreich seinen Kakao, Kaffee oder Tee häufig aus einem *bol*.

4 Dans la chambre de Clara
- Où est le CD de ZAZ? Devant la minichaîne? Non. Sur la table? Non. Derrière les étagères? ... Ah, il est sous la chaise!

5 Dans la salle de séjour
- Alexandre, où est la télécommande?
- Elle est là, ... là, entre la télé et la lampe!

Lire et comprendre

2 Lis le texte et complète.

1. Le shampoing est ___.
2. Les biscuits sont ___.
3. Les clés sont ___.
4. Le CD de ZAZ est ___.
5. La télécommande est ___.

32 trente-deux

Parler

3 a Décris l'appartement de Jade. | Beschreibe Jades Wohnung.

À droite, il y a ___.
À gauche, il y a ___.
Il y a aussi ___.
___ est entre ___ et ___.

b Jouez. | A denkt sich einen Raum aus, wo Jade ihre Schlüssel hingelegt hat. B erfragt, wo die Schlüssel sind. Dann tauscht ihr die Rollen.

Exemple:
– Les clés sont dans la chambre de Jade?
– Oui./Non.

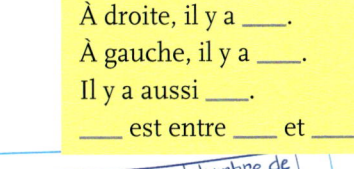

Écouter et prononcer

4 a Écoute et répète.

[ã]	[ɔ̃]	[ɛ̃]
maman	Simon	Albin
chambre	bonjour	un
entre	garçon	salle de bains
ensemble	non	à demain

b Welche Wörter enthalten den Laut [ã], [ɔ̃], [ɛ̃]? Zeichne eine Tabelle wie in a und ordne die folgenden Wörter zu. Hör sie dir anschließend an, sprich sie nach und überprüfe deine Ergebnisse.

comment   rentrée   cinquième   lampe   Berlin   devant   encore   l'appartement   pardon

c Folgende Wörter kannst du schon verstehen und aussprechen. Ordne sie in deine Tabelle ein. Hör dir dann die Wörter an und überprüfe deine Ergebnisse.

la France   le cousin   l'oncle   le moment   la tante

d Übe diesen Zungenbrecher. Wer spricht ihn am schnellsten?

L'oncle Albin est à Berlin avec Simon, le cousin de Valentin.

e À toi. | Denke dir einen Zungenbrecher aus. Du kannst die Wörter von a–c verwenden.

S'entraîner

5 Écoute, chante et mime. | Hör zu, sing mit und führe die Bewegungen aus.

devant   derrière   sur   sous   à gauche   à droite   entre

trente-trois 33

2 VOLET 1 | **VOLET 2** | VOLET 3 | LA FRANCE EN DIRECT | TÂCHES – AU CHOIX | REPÈRES

6 Où est l'ordinateur? | Du siehst nur einige Gegenstände. B sieht andere. Ergänzt eure Informationen. (B ▶ p. 148)

a B pose des questions à A. A répond.

B: Où est l'ordinateur?
A: Il est sur la table.

sous	sur
devant	derrière
dans	entre

b A pose des questions à B. B répond.

la guitare | le globe | les cahiers | les CD | la lampe | le hamac

Vocabulaire

7 a Trouve les mots. | Finde die Wörter und schreibe sie mit dem unbestimmten Artikel auf.

couloir clé chambre cuisine salle de bains télé biscuit placard shampoing

b Forme des phrases. | Wer kann die meisten Sätze mit diesen Wörtern bilden?

Apprendre à apprendre

8 So kannst du dir neue Vokabeln gut merken (2) (▶ Méthodes, p. 160/7)
Vokabeln, die du sinnvoll ordnest, prägst du dir besser ein.
Hier zwei Beispiele:

a Ordne die Wörter in einem Vokabelnetz *(associogramme)* an.
Das Thema steht in der Mitte.
Probiere es aus und ergänze dieses Vokabelnetz
mit deinem Partner / deiner Partnerin.

une cuisine — un appartement — une chambre — un lit

b Ordne die Wörter paarweise an. Probiere dies
gleich aus. Ergänze diese Wortpaare, schreibe sie
auf eine Karteikarte und lerne sie auswendig.

monsieur – madame

devant – ? à droite – ? sur – ?

Das Vokabelnetz und die Wortpaare kannst du für die *Tâches* (p. 39) verwenden.

| VOLET 1 | VOLET 2 | **VOLET 3** | LA FRANCE EN DIRECT | TÂCHES – AU CHOIX | REPÈRES | **2** |

Chez Yasmine

CD 1
34–36

Après l'école, Yasmine rentre à la maison. Après les devoirs, elle écoute des CD, elle cherche des informations sur Internet, elle chatte avec des copines, elle téléphone … ou elle rêve.

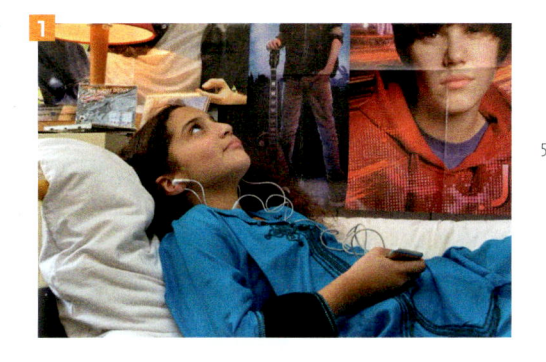

Karim: Yasmine! Tu es là?
Yasmine: Oui, qu'est-ce qu'il y a?
5 **Karim:** Qu'est-ce que tu fais?
Yasmine: Je travaille!
Karim: Tu travailles … ou tu rêves?
Yasmine: Tu m'énerves!

Maintenant, Yasmine écoute un CD de ZAZ. Yasmine chante.

10 **Zohra:** Tu joues avec moi?
Yasmine: Non, pas maintenant.
Zohra: Yasmine, s'il te plaît!
Yasmine: Zohra, c'est non.

Zohra: Les garçons, vous jouez avec moi?
15 **Karim:** Pas maintenant, Zohra, on regarde la télé.
Zohra: Vous êtes toujours devant la télé! YASMINE!!
Yasmine: Qu'est-ce qu'il y a encore?
Zohra: Ils regardent la télé et …
Yasmine: D'accord, nous jouons une partie de cartes … UNE!
20 **Zohra:** Oh, merci!

> In Frankreich endet die Schule zwischen 16 und 18 Uhr.

Lire et comprendre

1 a Retrouve l'ordre des phrases et raconte. | Finde die richtige Reihenfolge der Sätze wieder und erzähle die Geschichte.

DELF

`3` Yasmine est sur le lit et elle rêve. `2` Yasmine écoute un CD et elle chante.

`5` Yasmine et Zohra jouent ensemble. `1` Après l'école, Yasmine rentre à la maison.

`4` Les garçons sont dans la salle de séjour. Ils regardent la télé.

trente-cinq 35

VOLET 3

b Comment est-ce qu'on dit cela en français? | Finde im Text heraus, mit welchen Worten …

1. …Yasmine ausdrückt, dass ihr Bruder Karim sie nervt.
2. … Zohra ihre Schwester / ihren Bruder und Noah darum bittet, mit ihr zu spielen.
3. … Yasmine Zohras Wunsch ablehnt (zwei Äußerungen).
4. … Zohra versucht, ihre Schwester umzustimmen.
5. … Yasmine am Ende auf Zohras Vorschlag eingeht.

Parler

2 Faites des dialogues et jouez-les.
Utilisez aussi les phrases de 1b. |
Spielt die Dialoge vor.
Verwendet auch Sätze aus 1b. ▶ p. 153

Tu regardes la télé avec moi?

Tu regardes ___?
On écoute ___?
On regarde ___?
On travaille ___?
On cherche ___?
___?

S'entraîner

3 a Regarde les dessins et raconte. | Erzähle, was die Jugendlichen nach der Schule machen.

| 1 Yasmine | 2 Karim et Théo | 3 Yasmine | 4 Lukas |
| 5 Clara | 6 Clara et Jade | 7 Yasmine | 8 Clara |

b Et toi, qu'est-ce que tu fais après l'école? Écris dans ton cahier.
Exemple: Après l'école, je rentre à la maison. Je travaille et je ___ ou je ___.

Écouter et comprendre

4 a Ils sont où? Qu'est-ce qu'ils font?
Fais un tableau dans ton cahier et complète. |
Übertrage die Tabelle in dein Heft und trage ein,
wo die Personen sind und was sie gerade tun.
(▶ Méthodes, p. 162/10)

	Lukas	Yasmine	Karim	Clara
Il est / Elle est				
Il/Elle				

b Écoute encore une fois, corrige et compare avec ton/ta partenaire.

VOLET 1   VOLET 2   **VOLET 3**   LA FRANCE EN DIRECT   TÂCHES – AU CHOIX   REPÈRES   **2**

Écouter et prononcer

CD 1
41
▶ 17|3

5 a Fais un tableau dans ton cahier. | Übertrage die Tabelle in dein Heft. Hör zu, lies mit und ordne die Beispiele in die Tabelle ein. Bei welchen Verbformen hörst du die Endung [e], bei welchen hörst du die Endung nicht? Welche Formen sprichst du gleich aus?

[–]	[e]
je regarde	

1. je regarde
2. tu écoutes?
3. vous téléphonez
4. ils jouent
5. elle chante
6. travailler
7. elles chattent
8. je rentre
9. tu rêves?
10. jouer
11. vous travaillez
12. ils rêvent

CD 1
42

b Écoute et écris le poème. | Wie hast du das Gedicht aufgeschrieben? Es gibt mehrere Möglichkeiten.

▶ p. 153

▶ 19|8

c À toi. Écris un poème comme en **b**. Récite ton poème. Ton/Ta partenaire note. | Schreibe ein Gedicht wie in **b**. Sag dein Gedicht auf. Dein/e Partner/in schreibt es auf.

Apprendre à apprendre

▶ 19|7

6 So kannst du dir neue Vokabeln gut merken (3)   (▶ Méthodes, p. 161/8)
Wenn du dir Übungen zu neuen Vokabeln für andere ausdenkst, kannst du sie dir selbst besser einprägen. Du kannst z. B. Wörter in einer Wortschlange oder einem Wortgitter verstecken. Probiere dies gleich aus: Erstelle eine Wortschlange oder ein Wortgitter zu den Verben der *Unité* 2.

Regarder et comprendre

DVD
3

7 Laura cherche Bidule. Où? Raconte.

DVD
4

8 Vrai ou faux? Regarde la séquence et note dans ton cahier. | Schau dir die Filmsequenz an und notiere, ob die Sätze richtig oder falsch sind.

1. Après l'école, Louise rentre à la maison avec des copains.
2. Les biscuits sont dans un placard.
3. Sur la table, il y a aussi des croissants.
4. Dans la chambre de Louise, il y a un hamac.
5. Maxime travaille.

Écouter et comprendre

CD 1
43
DELF

9 Fais le tableau dans ton cahier, écoute et complète. | Übertrage die Tabelle in dein Heft, hör zu und schreibe auf, was die Jugendlichen nach ihren Hausaufgaben machen.
(▶ Méthodes, p. 162/10)

Marie	Philippe	Gabriel	Émily

trente-sept **37**

| VOLET 1 | VOLET 2 | VOLET 3 | LA FRANCE EN DIRECT | TÂCHES – AU CHOIX | REPÈRES |

Ta pancarte de porte

Matériel:

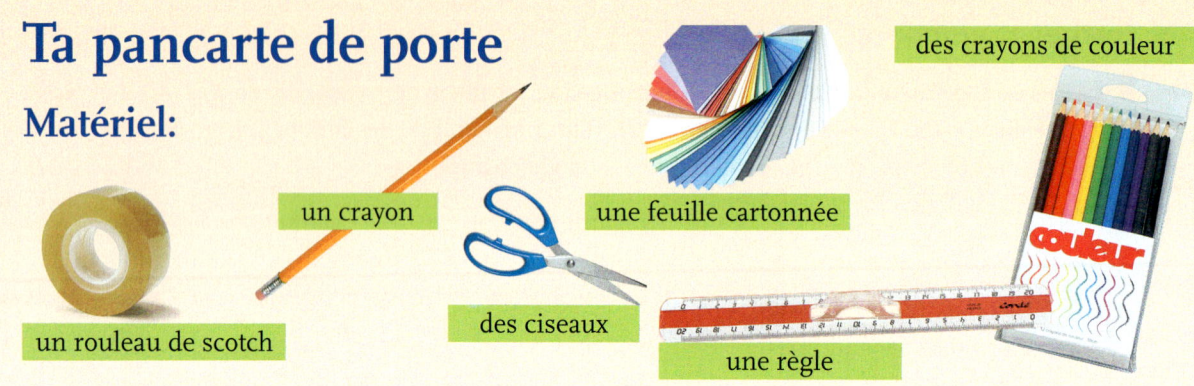

- un rouleau de scotch
- un crayon
- des ciseaux
- une feuille cartonnée
- une règle
- des crayons de couleur

1. Avec le rouleau de scotch, fais deux cercles.
2. Avec ta règle, trace les lignes L1 et L2 et découpe ta pancarte.

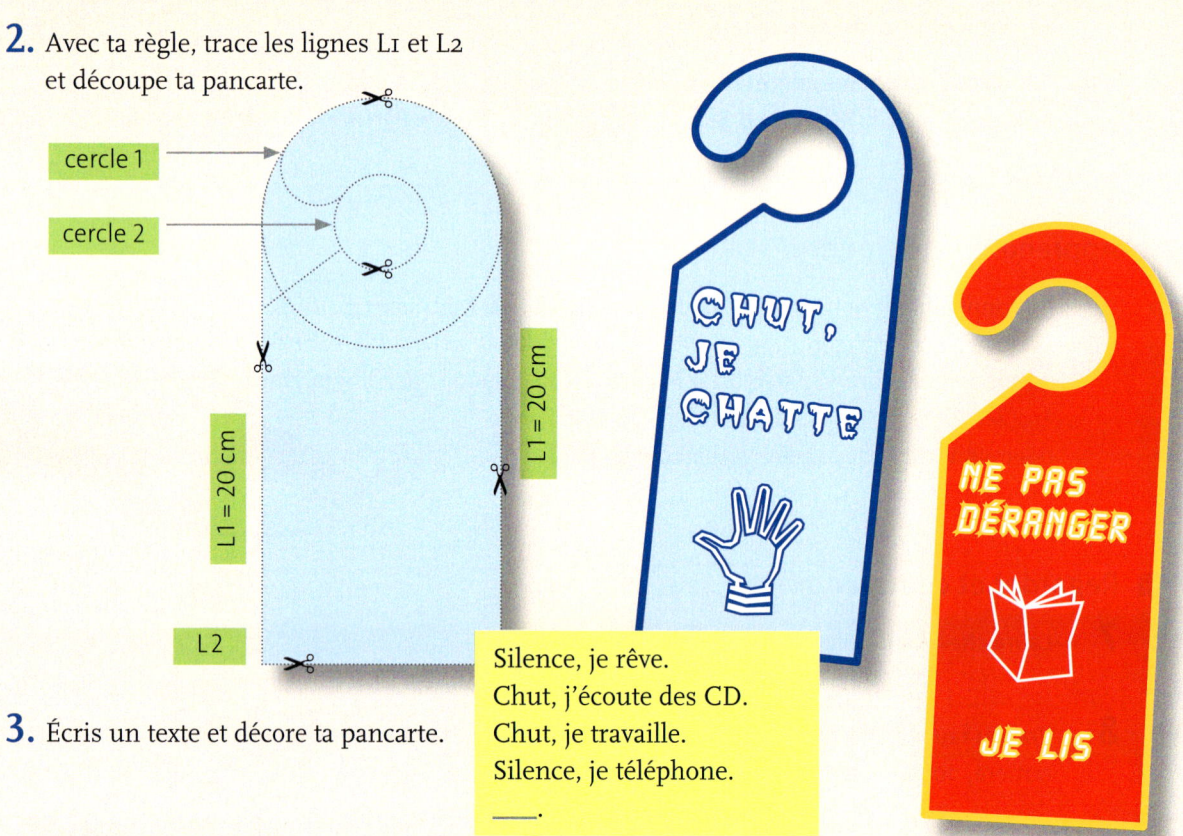

cercle 1
cercle 2

L1 = 20 cm
L1 = 20 cm
L2

3. Écris un texte et décore ta pancarte.

Silence, je rêve.
Chut, j'écoute des CD.
Chut, je travaille.
Silence, je téléphone.
___ .

CHUT, JE CHATTE

NE PAS DÉRANGER
JE LIS

Médiation

1 Explique à un ami qui ne parle pas français comment on fait une pancarte de porte. | Erkläre einem Freund, der kein Französisch versteht, wie man ein Türschild bastelt.

Vocabulaire

2 Posez des questions à vos camarades de classe. | Stellt euch gegenseitig Fragen. (▶ Module, p. 25)

– Comment est-ce qu'on dit «un rouleau de scotch» en allemand?
– Eine Rolle Tesafilm.

| VOLET 1 | VOLET 2 | VOLET 3 | LA FRANCE EN DIRECT | TÂCHES – AU CHOIX | REPÈRES | **2** |

Wähle eine der beiden Aufgaben aus.

A Eine Szene für eine andere Gruppe schreiben

a Teilt zuerst die Klasse in mehrere gleich große Gruppen auf.
Jede Gruppe schreibt für eine andere eine Szene. Zwei Themen stehen zur Auswahl:

- Clara cherche les clés   (▶ Texte, p. 32)
- Après l'école, chez Yasmine   (▶ Texte, p. 35)

Nützliche Ausdrücke findet ihr in den *Repères* (*Qu'est-ce qu'on dit*, p. 40).

b Legt eure Texte auf einen Stapel. Jede Gruppe zieht eine Szene und bereitet sie vor.

- Lest die Szene in eurer Gruppe durch. Habt ihr alles verstanden?
- Verteilt die Rollen. Braucht ihr einen Regisseur? Requisiten?
- Wie spielt und sprecht ihr? (Körperbewegungen, Gesichtsausdruck, Lautstärke, Tonfall …?) (▶ Méthodes, p. 163/13).
- Lernt eure Rollen auswendig und übt eure Szene.

c Spielt die Szenen in der Klasse vor.

d Gebt den Spielern der Szene, die ihr geschrieben habt, eine Rückmeldung: Habt ihr euch eure Szene so vorgestellt? Was hat euch gut gefallen? Was hättet ihr anders gemacht?

B On cherche des correspondants en France

Du hast dir den Film (▶ p. 37/8) angesehen oder das Interview (▶ p. 37/9) angehört und hast einiges über Schüler in Frankreich und über ihren Alltag erfahren. Nun willst du deine Mappe ergänzen und dich in deiner Wohnung oder in deinem Zimmer vorstellen. Was willst du machen:

- ein Plakat, auf dem du dein Zimmer darstellst und einen kurzen Text dazu schreibst?
- einen kleinen Film, in dem du dein Zimmer präsentierst?

Nützliche Ausdrücke findest du in den *Repères* (*Qu'est-ce qu'on dit*, p. 40) und im Text (p. 28–29).

Ma chambre

les étagères — le lit — l'armoire — la lampe — la table

Dans ma chambre, je travaille. Après les devoirs, je joue, j'écoute des CD ou je regarde des photos.

trente-neuf **39**

2 VOLET 1   VOLET 2   VOLET 3   LA FRANCE EN DIRECT   TÂCHES – AU CHOIX   REPÈRES

Qu'est-ce qu'on dit?

▶ 19|9

Ihr redet über eure Zimmer
Qu'est-ce qu'il y a dans ta chambre?
Qu'est-ce qu'il y a encore?
Dans ma chambre, il y a (une armoire, des étagères, un coin bédé).
Il y a aussi (une table avec une collection de figurines).

Où est (le lit)?
Il/Elle est sur/sous/devant/derrière/dans (l'armoire).
Il/Elle est entre (la télé) et (la lampe).
Où sont (les bédés)?
Ils/Elles sont sur/sous/devant/derrière/dans (l'armoire).
À gauche. / À droite.

Du bedankst dich
Merci!

Ihr redet darüber, was ihr zu Hause macht
Qu'est-ce que tu fais (dans ta chambre / à la maison / chez toi)?
Chez moi, je rêve / je chante / je joue / je regarde (la télé).

Du forderst jemanden auf, etwas mit dir gemeinsam zu machen
Tu (joues) avec moi?
On (regarde la télé) ensemble?
(Yasmine,) s'il te plaît!
Joue avec moi, s'il te plaît.
Jouez avec moi, s'il vous plaît.

Du reagierst auf eine Aufforderung
(Bon,) d'accord.
(Non,) pas maintenant, (je travaille.)
(Zohra,) c'est non!
Tu m'énerves!

Grammaire

Du zählst Dinge auf:

Dazu brauchst du:

GH 6 **1** Il y a **un** lit, **une** chaise et **des** posters. → **den unbestimmten Artikel *un*, *une*, *des***

Singulier

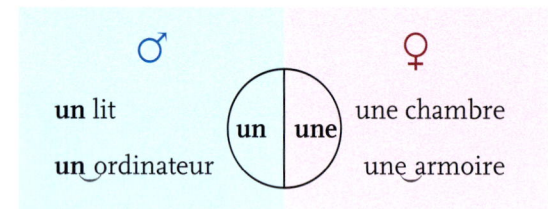

♂
un lit
un ordinateur

un | une

♀
une chambre
une armoire

Pluriel

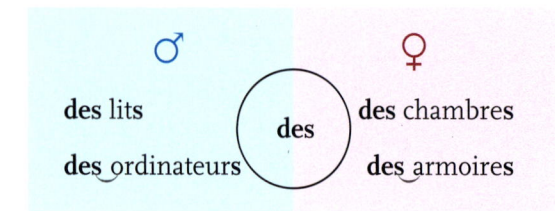

♂
des lits
des ordinateurs

des

♀
des chambres
des armoires

👥 Übt und wiederholt gemeinsam

Überprüft, ob ihr den unbestimmten Artikel beherrscht. Übersetzt:
ein Poster, Poster, ein Zimmer, eine Lampe, Computer, ein Foto, ein Bett, Regale, ein Tisch, Schränke, eine Mini-Stereoanlage, ein Globus, Bücher, Stühle.

(▶ Solutions, p. 176)

40 quarante

VOLET 1   VOLET 2   VOLET 3   LA FRANCE EN DIRECT   TÂCHES – AU CHOIX   **REPÈRES 2**

Du sagst, was jemand tut:

GH 9 2 **Je chante.**
Tu écoutes un CD?

Dazu brauchst du:

➡ die Verben auf *-er*

chanter

je	chant	e
tu	chant	es
il/elle/on	chant	e
nous	chant	ons
vous	chant	ez
ils/elles	chant	ent

écouter

j'	écout	e
tu	écout	es
il/elle/on écout		e
nous écout		ons
vous écout		ez
ils/elles écout		ent

👥 Übt und wiederholt gemeinsam

1 Wählt aus der *Liste des mots* (p. 180–190) drei Verben auf *-er* aus und konjugiert sie schriftlich.
2 A wirft einen Würfel. Die Würfelaugen bestimmen die Person (1-*je*, 6-*ils/elles*). B gibt ein Verb vor. A bildet die richtige Form. Dann tauscht ihr.

✅ Das kennst du schon:

le ami l‿ami l'ami

Genauso wir *je* vor Vokal zu *j'*.

Du forderst jemanden auf, etwas zu tun:

GH 41 3 **Écoute** le CD.
Écoutez le rap.

Dazu brauchst du:

➡ den Imperativ ▶ Module, p. 42

👤
Écoute le CD.
Ouvre la porte.
Regarde le tableau.
Parle français.
Ferme la fenêtre.
Continue le rap.

👥👥
Écoutez le CD.
Ouvrez la porte.
Regardez le tableau.
Parlez français.
Fermez la fenêtre.
Continuez le rap.

✅ Merke:

👤
Répète. [ʀepɛt]
Écris.
Lis.

👥👥
Répétez. [ʀepete]
Écrivez.
Lisez.

👥 Übt und wiederholt gemeinsam

Bildet Gruppen zu 4 oder 5 Personen. Eine/r von euch fordert einen anderen auf, etwas zu tun. Führt er/sie die Handlung richtig aus, ist er/sie an der Reihe.

quarante et un **41**

MODULE

Le français en classe (2)

CD 1 · 44

Le rap des copains

Bonjour, ça va?
Tout le monde est là?
Alors, on y va!
Écoutez, oui, écoutez bien
5 Écoutez le rap des copains.

Refrain:
Vous parlez trop vite!
Je ne comprends pas.
Madame, s'il vous plaît,
10 Vous pouvez répéter?

Fermez le livre et écoutez.
Regardez le tableau et répétez.
Écoutez encore une fois et chantez.
Répétez, chantez, oui, c'est bien!
15 Chantez le rap des copains.

Refrain

Ouvrez le livre, lisez le texte.
Écoutez, regardez et lisez.
Lisez encore une fois et chantez.
20 Lisez, chantez, oui, c'est bien!
Chantez le rap des copains.

Refrain

Ouvrez le cahier et écrivez.
Écrivez le texte et continuez.
25 Continuez le rap, oui, c'est bien!
Continuez le rap des copains.

Sara, regarde le tableau!
Léon, écoute et répète.

— la fenêtre
— la porte
— la phrase
— le tableau
— le mot
— le stylo
— le livre
— le cahier

Jouer   (▶ Repères, p. 41/3)

CD 1 · 45 ▶ 18|5

a Jouez. | Ihr hört verschiedene Aufforderungen. Führt die Geste nur dann aus, wenn vor der Aufforderung „Jacques a dit"* gesagt wird.

b Jetzt gibt einer von euch die Anweisungen. Wechselt euch ab.

* **Jacques a dit** Jacques hat gesagt

1 Écoutez!
2 Regardez!
3 Lisez!
4 Écrivez!
5 Téléphonez!

42 quarante-deux

FAIS LE POINT   facultatif

Hier kannst du überprüfen, was du in den *Unités* 1–2 an Wortschatz und Grammatik gelernt hast. Unter www.cornelsen.de/webcodes APLUS-1-43 kannst du diese Aufgaben herunterladen und dann ausfüllen.

Vocabulaire

1 Décris le dessin. | Beschreibe, was du auf dem Bild siehst.

Dans la chambre, il y a **un**/**une**/**des** ____.

2 a Quels mots vont ensemble? | Welche Wörter passen zusammen? Finde die Wortpaare.

| bonjour | le garçon | le prof | l'ami |
| monsieur | à droite | sur | derrière |

| devant | l'amie | au revoir | l'élève |
| à gauche | madame | la fille | sous |

b Trouve d'autres mots qui vont ensemble. | Finde weitere Wortpaare.

3 Regarde le dessin et complète les phrases. | Schau dir das Bild an und vervollständige die Sätze.

L'ordinateur est ? la table. La télécommande est ? l'ordinateur. Les CD sont ? l'armoire, ?. Le globe est ? l'armoire, ?. La guitare est ? l'armoire. Le CD de ZAZ est ? l'étagère, ? les pierres et les figurines. Et les clés? Elles sont ? la chaise.

Grammaire

Les articles

4 Complète. Utilise l'article défini *le*/*la*/*l'*/*les* ou indéfini *un*/*une*/*des*. | Verwende den bestimmten oder den unbestimmten Artikel.

À Strasbourg, il y a ? école. C'est ? école «Maxime Alexandre». À ? école «Maxime Alexandre», il y a ? classes. Dans ? classe de ? 6ᵉ A, il y a ? tables et ? chaises, ? tableau, ? armoire et ? étagères. Dans ? armoire, il y a ? globe. Sur ? étagères, il y a ? livres.

FAIS LE POINT — facultatif

Les verbes en -er au présent

5 Complète les formes des verbes. | Ergänze die Verbformen mit den richtigen Endungen.

1. Karim et Noah jou [?] une partie de cartes.
2. À l'école, nous travaill [?] ensemble.
3. Tu rentr [?] à la maison?
4. Clara et Yasmine regard [?] la télé.
5. Karim écout [?] des CD avec un copain.
6. Je chatt [?] avec des copines.
7. Yasmine rêv [?].
8. Vous téléphon [?] ?

CD 1 / 46

6 Écoute les dialogues et complète les phrases. | Hör dir die Dialoge an und ergänze die fehlenden Subjekte und Verbformen. Achte auf die Endungen der Verben.

1. – Yasmine, qu'est-ce que tu fais? [?] [?] ?
   – Non, [?] [?] un CD.
2. – Les garçons, [?] avec moi?
   – Non, pas maintenant. [?] [?] la télé.
3. – Maman, les garçons [?] la télé, Yasmine [?] un CD. [?] [?] avec moi?
   – Et papa?
   – [?] [?].

Le verbe être et les pronoms personnels

7 Complète. | Ergänze mit der richtigen Form von être.

1. – Il [?] là, Monsieur Martel?
   – Oui, il [?] dans la cour.
2. – Et Lukas et Théo?
   – Ils [?] aussi dans la cour.
3. – Karim et Noah, vous [?] en sixième?
   – Non, nous [?] en cinquième.
4. – Et Clara et Yasmine?
   – Elles [?] en sixième.
5. – Théo, tu [?] en sixième B?
   – Non, je [?] en sixième A.
6. – Où [?] Clara et Yasmine?
   – Elles [?] dans la cour.

Les questions

8 a Formule les questions et trouve les réponses. | Formuliere zuerst die Fragen und finde dann die passenden Antworten. Schreibe die Lösungen in dein Heft.

1. c' | qui | est |?
2. es | tu | Strasbourg | de |?
3. clés | où | les | sont |?
4. sixième | en | Karim | est |?
5. y | table | a | sur | la | qu'est-ce | qu'il |?
6. t'appelles | tu | comment |?
7. moi | avec | joues | tu |?

a Sur l'étagère.
b Non, il est en cinquième.
c Un ordinateur et des cahiers.
d Marie. Et toi?
e Le professeur de français.
f D'accord.
g Non, de Lyon.

b Travaillez à deux. Posez des questions et répondez. | Stellt euch gegenseitig Fragen und antwortet.

Unité 3 Ma famille

PF Tâches – au choix
Am Ende dieser Unité kannst du

A dein Haustier für einen Tierwettbewerb vorstellen.

B einem französischen Jugendlichen deine Familie vorstellen.

Compétences communicatives
Du lernst

- die Mitglieder einer Familie zu benennen. (▶ V 1)
- zu sagen, wo du wohnst. (▶ V 2)
- über deine Familie und deinen Familienalltag zu sprechen. (▶ V 2, V 3)
- nach dem Alter zu fragen und zu sagen, wie alt du bist. (▶ V 3, V 4)
- über Haustiere zu sprechen. (▶ V 4)
- Wünsche zu äußern. (▶ V 4)

Dazu brauchst du z. B.

- die Possessivbegleiter *mon, ton, son, ...*
- das Verb *avoir*.
- einige Adjektive.
- die Zahlen (bis 20).
- *je voudrais ...*

Compétences interculturelles

- Du lernst den Alltag französischer Familien kennen.
- Du erfährst etwas über Straßburg und seine Umgebung.

Apprendre à apprendre
Du lernst

- in einfachen Situationen frei zu sprechen.
- eine Verbkartei anzulegen.

quarante-cinq **45**

3 VOLET 1

VOLET 2   VOLET 3   VOLET 4   LA FRANCE EN DIRECT   TÂCHES – AU CHOIX   REPÈRES

Voilà ma famille

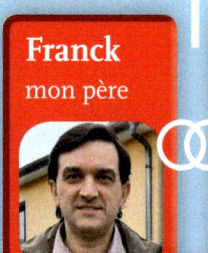

Paul – mon cousin

Camille – ma sœur

Moi, Clara

Alexandre – mon frère

Manon – ma cousine

Louise – ma cousine

Valérie – ma tante

Franck – mon père

Élise – ma mère

David – mon oncle

Philippe – mon oncle

Isabelle – ma tante

mes parents

Muriel – ma grand-mère

Frédéric – mon grand-père

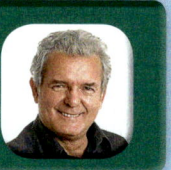

mes grands-parents

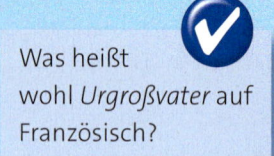

Monique – mon arrière-grand-mère

Was heißt wohl *Urgroßvater* auf Französisch?

Écouter et comprendre

CD 1 / 47 **1 a** Voilà la famille de Clara. | Finde auf dem Stammbaum die Person, von der Clara gerade spricht.

CD 1 / 48   **b** Écoute et complète. | Hör zu, was Clara sagt und ergänze die fehlenden Wörter laut.

46 quarante-six

VOLET 1 VOLET 2   VOLET 3   VOLET 4   LA FRANCE EN DIRECT   TÂCHES – AU CHOIX   REPÈRES   **3**

12. Camille, c'est la ? de Clara.
11. Monique, c'est l'? de Clara.
10. Isabelle, c'est la ? de Camille.
9. Franck, c'est le ? de Valérie.
13. David, c'est l'? d'Alexandre.
8. Alexandre, c'est le ? de Paul.

Voilà mon fils et mes filles.

14. Philippe et Isabelle, ce sont les ? de Manon.
7. Frédéric, c'est le ? de Manon.
6. Élise, c'est la ? de Clara.
5. Louise et Manon, ce sont les ? de Clara.
4. Élise, c'est la ? de Muriel.
1. Muriel, c'est la ? de Manon.
2. David, c'est le ? de Frédéric.
3. Franck, c'est le ? de Clara.

Jouer

2 Bildet Vierergruppen und wählt jeweils einen Spielleiter. Ihr benötigt einen Würfel pro Gruppe und einen Spielstein pro Spieler. Jeder würfelt der Reihe nach und zieht auf das entsprechende Feld. Dort vervollständigt er den Satz und liest ihn vor. Der Spielleiter überprüft die Antwort (▶ Solutions, p. 176). Ist der Satz nicht richtig, so kehrt der Spieler zu dem Feld zurück, von dem er gewürfelt hat.

22|1

Activité

3 Présente ta famille. | Zeichne den Stammbaum deiner Familie und stell sie vor. Du kannst dir auch eine Familie ausdenken.

22|2
24|5

quarante-sept **47**

On rentre ensemble?

Clara: Yasmine, tu rentres avec ton frère?
Yasmine: Oui, salut, à demain!
Clara: Et toi, Théo?
Théo: Je rentre avec Lukas.
Clara: Tu habites où, Lukas?
Lukas: Avenue de la Forêt Noire.
Clara: Cool, c'est tout près. Moi, j'habite rue de l'Observatoire. Alors, on rentre ensemble!

Théo: Tu habites où, Jade?
Jade: J'habite près d'Illkirch.
Théo: C'est loin!
Jade: Oui, mais c'est pratique: ma mère travaille à Illkirch, alors, elle est vite à la maison. C'est bien.

Clara: Ben moi, mes parents sont toujours à la Vitamine C.
Lukas: La Vitamine C?
Clara: C'est le bar à jus de fruits de mes parents. Ils rentrent toujours tard. Alors, après l'école, je garde ma sœur: c'est pénible … Mais avec mon frère, on rigole bien.
Jade: Et toi, Lukas, tes parents?
Lukas: Ma mère travaille en Allemagne, à Kehl. Elle rentre tard et mon père aussi.
Théo: Moi, ma mère rentre tôt, mais mon père travaille à Paris. Il rentre le week-end. Alors, pendant la semaine, je suis avec ma mère et ma sœur. Avec ma mère, ça va, mais ma sœur … Elle m'énerve!

Lire et comprendre

DELF 1 a Vrai ou faux? Corrige ce qui est faux. | Richtig oder falsch? Korrigiere die falschen Aussagen.

1. Lukas, Théo et Yasmine rentrent ensemble.
2. Clara habite avenue de la Forêt Noire.
3. Jade habite près d'Illkirch.
4. La mère de Jade travaille à Strasbourg.
5. La Vitamine C est un bar à jus de fruits.
6. Les parents de Clara rentrent toujours tôt.
7. La mère de Lukas travaille à Paris.
8. Le père de Théo travaille le week-end.

b À toi! Écris encore trois phrases sur le texte comme en a pour ton/ta partenaire. | Schreibe drei (richtige oder falsche) Sätze zum Text für deinen Partner / deine Partnerin auf.

VOLET 1   **VOLET 2**   VOLET 3   VOLET 4   LA FRANCE EN DIRECT   TÂCHES – AU CHOIX   REPÈRES   **3**

2 Comment est-ce qu'on dit cela en français? | Finde im Text heraus, mit welchen Worten …

23|2

1. … Clara Lukas' Adresse kommentiert.
2. … Théo seine Meinung zu Jades Wohnort äußert.
3. … Jade selbst ausdrückt, wie sie es findet, dort zu wohnen.
4. … Jade es findet, dass ihre Mutter schnell zu Hause ist.
5. … Clara das Zusammensein mit ihrer Schwester kommentiert.
6. … Théo sich zu seiner Mutter und zu seiner Schwester äußert.

Apprendre à apprendre

3 Wie du üben kannst, in kurzen Dialogen frei zu sprechen (1)   (▶ Méthodes, p. 162/11, p. 163/12)

Trainiere als erstes die Aussprache. Die Aussprache-Übungen (▶ p. 20/11–13, p. 33/4, p. 37/5) helfen dir dabei. Weitere Tipps findest du in den *Méthodes*, p. 162–163.
– Wähle nun mit deinem Partner / deiner Partnerin einen der Dialoge aus (▶ p. 49/4).
– Verteilt die Rollen.
– Schreibe auf, was du genau sagen möchtest.
– Lies deine Sätze mehrfach laut. Achte dabei auf die Intonation: Stellst du eine Frage? Bist du fröhlich, traurig oder zornig? Das muss man auch hören können.
– Lerne deine Rolle auswendig.
– Übe nun den Dialog mit deinem Partner / deiner Partnerin so lange, bis ihr mit dem Ergebnis zufrieden seid. Dann tragt ihr euren Dialog vor.

Parler

4 Choisissez un des dialogues et jouez-le. | Wählt einen der Dialoge aus und spielt ihn vor.

24|4

1. – On rentre ensemble?
   – Tu habites où?
   – (J'habite) ____.
   – Cool, c'est tout près. Moi, j'habite ____.
     Alors, on rentre ensemble.

2. – Tu habites où?
   – (J'habite) ____.
   – Oh, c'est loin.
   – Oui, mais pour mon père / ma mère, c'est pratique.
     Il/Elle travaille à ____. Alors, il/elle est vite à la maison.

3. – Tes parents rentrent tard?
   – Ma mère / Mon père rentre toujours tôt. Mais mon père / ma mère travaille souvent le week-end. Et toi?
   – Mes parents rentrent tard. Alors, après l'école, je garde mon frère / ma sœur. C'est pénible. Mais on rigole bien.

quarante-neuf 49

3

VOLET 1 | **VOLET 2** | VOLET 3 VOLET 4 LA FRANCE EN DIRECT TÂCHES – AU CHOIX REPÈRES

S'entraîner

5 Note le prénom d'une ou de deux personnes de ta famille. Ton/Ta partenaire devine qui c'est. | Schreibe den Namen von einer oder zwei Personen aus deiner Familie auf. Dein/e Partner/in rät, wer das ist.

> **C'est** ton frère.
> **Ce sont** tes frères.

Samira
– Samira, c'est ta sœur?
– Non.
– C'est ta mère?
– Oui.

Jonas, Felix
– Jonas et Felix, ce sont tes cousins?
– Non.
– Ce sont tes oncles?
– Oui.

6 C'est en France ou en Allemagne? Regardez la carte p. 240 et répondez.
Exemple:
– C'est où, Saverne?
– **En** France.

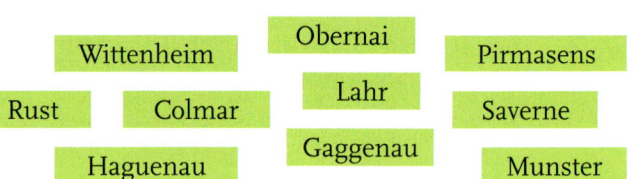

Wittenheim Obernai Pirmasens
Rust Colmar Lahr Saverne
Haguenau Gaggenau Munster

7 a Ils habitent où? Réponds. Utilise *à*, *près de*, *entre*. ▶ p. 154

> **près de** Lyon
> **près d'**Avignon

Exemple:
1. Les grands-parents de Clara habitent **à** Sélestat. C'est **entre** Strasbourg et Colmar.

1. les grands-parents de Clara / Sélestat → ①
2. l'oncle de Lukas / Laval → ②
3. la tante de Jade / Vienne → ③
4. le père de Noah / Levallois → ④
5. les grands-parents de Théo / Fléac → ⑤
6. les cousins de Yasmine / Cassis → ⑥
7. l'oncle de Théo / Agen → ⑦
8. les grands-parents de Jade / Olivet → ⑧

b Et ta famille? Raconte.

Mes grands-parents habitent à ____.

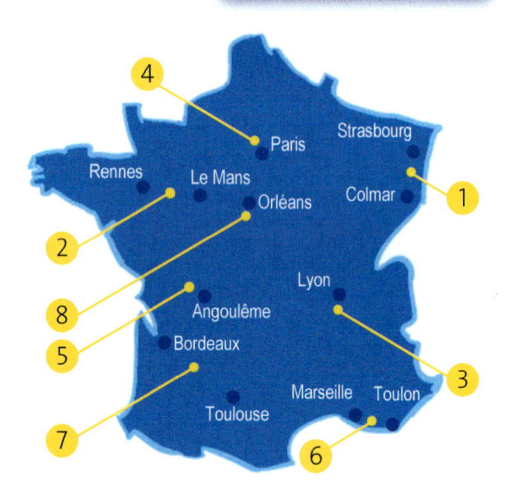

Activité

Koop 8 a Préparez cinq questions. | Bereitet fünf Fragen vor, die ihr euch zu euren Familien stellen könnt. Übt die Fragen ein. (▶ Méthodes, p. 163/12)

b Formez un carrousel. Posez les questions de a. | Bildet ein Kugellager. Stellt euch die Fragen von a.

> *Ta mère s'appelle comment?*
> *Tes grands-parents habitent où?*
> *Ton père rentre tard?*

50 cinquante

VOLET 1 VOLET 2 **VOLET 3** VOLET 4 LA FRANCE EN DIRECT TÂCHES – AU CHOIX REPÈRES **3**

Comment ça va, dans ta famille?

1 Une famille?

Je suis de Lyon, mais j'habite à Strasbourg avec ma mère et son copain. Je n'ai pas de frères et sœurs. Mes parents sont séparés. Mon père habite à Genève avec sa femme et les deux fils de sa femme. Je passe les vacances chez mon père. Ma belle-mère est sympa mais ses enfants m'énervent!

Jade, 12 ans

2 Ma famille est super!

Dans ma famille, ça va très bien. Mes parents sont ensemble. Ils travaillent beaucoup, mais ils sont aussi là pour nous. J'ai deux sœurs et un frère. Mes sœurs ont cinq et sept ans, mon frère a 10 ans et moi, j'ai 11 ans. Je joue beaucoup avec mes frères et sœurs.

☺ *Mathilde*

3 Bof...

Ma mère habite à Colmar avec sa sœur. J'habite à Paris avec mon père et mon frère. Mon frère est toujours avec ses copains, alors moi, je joue avec mon hamster. Il est toujours dans ma chambre. C'est mon ami!

Paul, 11 ans

4 C'est l'horreur!

Ma sœur et moi, nous avons des problèmes à la maison. Ma mère est super, mais mon beau-père crie toujours!

Maxime, 13 ans

5 Ensemble, c'est tout!

Dans ma famille, nous sommes trois enfants. Mes frères ont 18 et 20 ans. Ma mère est au chômage. Mon père est toujours à Paris pour son travail, mais nous passons le week-end ensemble!

Julien, 14 ans

Lire et comprendre

1 C'est qui? Raconte.

Exemple:
1. Le père de Jade habite à Genève.

1. *habiter* / Genève
2. *habiter* / Colmar
3. *habiter* / Paris
4. *crier* / toujours
5. *passer* / vacances / Genève
6. *être* / Lyon / mais / *habiter* / Strasbourg
7. *être* ensemble / et / *travailler* / beaucoup
8. *travailler* / Paris

3 VOLET 3

Écouter et répéter

2 a Écoute les nombres et répète.

b Écoute et complète. | Ergänze die fehlenden Zahlen laut.

c Zählt abwechselnd von 1 bis 20. Jeder darf eine oder zwei Zahlen nennen. Wer 20 sagen kann, gewinnt!

Parler

3 Présente un des jeunes (▶ Textes, p. 51) sans dire son prénom. Les autres devinent. | Stell einen der Jugendlichen vor, ohne den Namen zu verraten. Die anderen finden heraus, von wem du sprichst.

> Il/Elle a ___ ans.
> Il/Elle a ___ frères et sœurs.
> Il/Elle n'a pas de frères et sœurs.
> Sa mère / Sa sœur ___.
> Son père / Son frère ___.
> Ses parents / Ses frères et sœurs ___.

S'entraîner

4 Présente David et Annika. Utilise *son*, *sa*, *ses*. (▶ Repères, p. 59/1) ▶ p. 154

David habite à Paris. **?** parents sont séparés. David habite chez **?** mère, mais le week-end, il est chez **?** père. **?** sœurs Rose et Iris ont 3 et 5 ans. Maintenant, David est dans **?** chambre, devant **?** ordinateur.

Annika habite à Berlin. **?** parents sont séparés. Annika habite chez **?** mère, mais le week-end, elle est chez **?** père. **?** sœurs Ella et Mia ont 4 et 8 ans. Maintenant, Annika est dans **?** chambre, devant **?** ordinateur.

5 a Chante le rap du verbe *avoir*.

b Lege eine Verbkarteikarte für *avoir* an. (▶ Méthodes, p. 169/22)

c *Être* ou *avoir*? Complète, puis réponds à Julien. (▶ Repères, p. 60/2) ▶ p. 154

Infinitif	Terminaison	Régulier ☐	Particularité
avoir		Irrégulier ☒	
	Présent	Impératif	
	je/j' ai		Futur
	tu as		
	il/elle/on a		Passé composé
	nous avons		
	vous avez		Imparfait
	ils/elles ont		
	se conjugue comme: ___		

> Salut, je m'appelle Julien. Je/J' **?** en 5ᵉ et je/j' **?** 12 ans. Je/J' **?** une sœur, Sara, elle **?** 11 ans et elle **?** en 6ᵉ. Avec Sara, nous **?** au collège «Maurice Ravel» à Paris. À la maison, je/j' **?** toujours dans ma chambre. Elle **?** super: je/j' **?** un coin musique avec une guitare. Et toi?

52 cinquante-deux

VOLET 1   VOLET 2   **VOLET 3**   VOLET 4   LA FRANCE EN DIRECT   TÂCHES – AU CHOIX   REPÈRES

3

CD 1
58

6 a Écoute le poème et répète.

b Écris d'autres strophes. | Schreibe weitere Strophen.   ▶ p. 155

> Dario   Yasmine
> Léo   toi et Amandine
> toi et Camille   Albin et Valentin
> Frédéric et Monique

> trois cousins   un coin musique
> une collection de figurines
> cinq stylos   une copine
> sept photos   deux familles

Esther
a trois hamsters.

Armand
a 15 ans.

Jean-Luc et Bertille
ont deux filles.

Violaine et Hélène
ont une minichaîne.

Toi et Adrien,
vous avez la clé de la salle de bains.

Avec mes frères et mes sœurs,
nous avons un ordinateur.

Mais moi, qu'est-ce que j'ai, moi?
Je ne sais pas, je ne sais pas …

c Apprends ton poème par cœur et présente-le à la classe. |
Lerne dein Gedicht auswendig und trage es deinen Mitschülern vor.   (▶ Méthodes, p. 163/12)

Regarder et comprendre

DVD
5

7 Regarde la séquence. Qu'est-ce que tu comprends?

Apprendre à apprendre

8 Wie du üben kannst, frei zu sprechen (2)   (▶ Méthodes, p. 163/14)

Der „Kniff mit dem Knick"
Benutze zum Vortrag einen Stichwortzettel. Das gibt dir Sicherheit. Wie du einen solchen Stichwortzettel anlegen kannst, findest du auf S. 163. Probiere dies gleich aus und lege einen Stichwortzettel für die folgende Aufgabe an.

Activité

9 Macht ein Gruppenpuzzle zu Lukas, Yasmine, Clara und Théo.

Koop
▶ 26|6

a Bildet Gruppen. Jede Gruppe konzentriert sich auf eine Person. Sammelt zu dieser Person so viele Informationen wie möglich aus den *Unités* 1–3 auf einem Stichwortzettel. Zunächst macht sich jeder selbst Notizen. Anschließend vergleicht und ergänzt ihr eure Stichwortzettel.

b Bildet neue Gruppen. In jeder neuen Gruppe sitzt ein Experte für jede Person und stellt seine Person vor.

Théo   Clara
Yasmine   Lukas

cinquante-trois **53**

3 | VOLET 4

VOLET 1 VOLET 2 VOLET 3 | LA FRANCE EN DIRECT TÂCHES – AU CHOIX REPÈRES

Tu as un animal?

CD 1
59–60

Mon animal est sympa

MON ANIMAL EST SYMPA   Mon ANIMAL Le CONCOURS

Chat   Lapin   Cheval   Chien

Les lots
Règlement
Nous contacter
Voir les gagnants
du concours précédent

Votez pour l'animal le plus sympa !

Foufou, un an
Mon chien est intelligent et adorable.

Voilà Hip, quatre ans et Hop, trois ans
Mes perruches sont bavardes. Elles sont jolies et elles chantent très bien!

Momo, six ans
Mon chat est toujours dans ma chambre, sur le lit ou sur le bureau.

Batavia, 19 ans
Ma tortue est intelligente. Elle écoute mes problèmes. C'est mon amie.

Chou, deux ans
Mon lapin est très joli, mais il a un caractère de chien.

Lol, trois ans
Mon cochon d'Inde est très sympa!

Voilà Capitaine, Corail, Géo, Trimaran et Catamaran!
Mes poissons sont jolis, non?

Hamster-Dame, un an
Mon hamster est super!

54 cinquante-quatre

VOLET 1   VOLET 2   VOLET 3   **VOLET 4**   LA FRANCE EN DIRECT   TÂCHES – AU CHOIX   REPÈRES   **3**

Yasmine, Clara et Jade sont chez Noah, dans sa chambre. Ils surfent sur Internet.

Noah: Oh, un concours d'animaux! Regardez la tortue! Elle a l'âge de ma sœur Lucie!
Jade: Elle a quel âge?
Noah: Ben, 19 ans!
Clara: Le chat Momo est adorable!
Jade: Oh, oui! … Et vous, les filles, vous avez un animal?
Yasmine: Non. Je voudrais un chien, mais mon père est contre.
Clara: Moi, j'ai un chat. Il s'appelle Filou. Et toi?
Jade: Je n'ai pas d'animal. Je voudrais un chat, mais le copain de ma mère a une allergie.
Yasmine: Oh, c'est bête!
Noah: Les filles! Et le concours, alors? Qui est pour le lapin? Moi, je suis pour. Il est super!
Clara: Moi, je suis contre. Il est moche!
Noah: Moche!?
Clara: Mais non, je rigole! Il est adorable!

Lire et comprendre

DELF **1 a** C'est qui? Réponds aux questions.

1. Qui a deux ans? → C'est Chou.
2. Qui chante très bien?
3. Qui est toujours sur le lit?
4. Qui a l'âge de Lucie?
5. Qui est contre les chiens?
6. Qui a une allergie?
7. Qui n'a pas d'animal?
8. Qui rigole?

b À toi. Pose trois questions comme en a à ton/ta partenaire.

Parler

2 Vous avez un animal? Racontez. | Habt ihr ein Tier? Erzählt euch gegenseitig davon.
DELF (▶ Banque de mots, p. 178)

1 Tu as un animal?

2 Oui, j'ai ___
Non, je n'ai pas d'animal.
Non, je voudrais ___, mais mes parents sont contre / mais ma sœur a une allergie.

3 Il/Elle s'appelle comment?

4 Il/Elle s'appelle ___.

5 Il/Elle a quel âge?

6 Il/Elle a ___ ans.

cinquante-cinq **55**

3 VOLET 4

Écouter et comprendre

CD 1 · 61
DELF
29|4

3 Écoute. Qui parle: Alice Morel ou Alice Dupont?

la famille Morel | la famille Dupont

Découvrir

Koop

4 a Erklärt die unterschiedlichen Formen des Adjektivs *joli*.

1. Mon lapin est joli!
2. Ma tortue est jolie!
3. Mes poissons sont jolis!
4. Mes perruches sont jolies!

28|2

b Nur zu einem der Sätze in a passt die Adjektivform *intelligente*. Zu welchem? Warum?

CD 1 · 62

c Philippe parle de ses animaux. Mais qui est qui? Écoutez. | Philippe spricht über seine Haustiere. Findet heraus, welches Tier wie heißt. Wie seid ihr vorgegangen?   ▶ p. 155

Odousse ___.
Pirate et Génie ___.
Maxi et Mini ___.
Caracas ___.

S'entraîner

5 Comment est-ce que tu trouves ces animaux? | Wie findest du diese Tiere? Schreibe zu jedem Tier einen Satz in dein Heft. (▶ Repères, p. 60/3)

28|3

adorable
moche
joli
bavard
intelligent

Activité

6 a Prépare une grille de mots sur les animaux pour ton/ta partenaire. (▶ Méthodes, p. 161/8)

b Dessine un animal pour la classe. Le premier qui devine l'animal continue. | Zeichne ein Tier an die Tafel. Wer das Tier als Erster errät, gewinnt und ist nun selbst an der Reihe.

| VOLET 1 | VOLET 2 | VOLET 3 | VOLET 4 | **LA FRANCE EN DIRECT** | TÂCHES – AU CHOIX | REPÈRES | **3** |

MONTAGNE DES SINGES

Informations pratiques

🐒 Présentation 🐒

La Montagne des singes est un grand parc en Alsace, près de Sélestat.

Qui sont ses habitants? Des singes d'Afrique du Nord!

Regarder les singes de tout près, observer comment ils mangent ton pop corn ou comment ils jouent, là, dans la forêt de Kintzheim, c'est possible.

Alors n'hésite pas à organiser une visite avec ta classe, tes amis ou ta famille.

🐒 Tarifs 🐒

Adultes	8,5 Euros
Enfants (de 5 à 14 ans)	5 Euros
Enfants (moins de 5 ans)	gratuit
Groupes adultes (20 pers. ou plus)	6,5 Euros
Groupes enfants (20 pers. ou plus)	4 Euros

🐒 Contact 🐒

Pour plus d'informations:
Téléphone: +33 3 88 92 11 09
Adresse électronique:
info@montagnedessinges.com

Médiation

1 Du bist mit deiner Klasse in Straßburg. Ihr wollt etwas unternehmen und du schlägst vor, *La Montagne des singes* zu besuchen.

a Erkläre deinen Mitschülern, was dort zu sehen ist und wo sich *La Montagne des singes* befindet.

b Was kostet der Eintritt für euch und was für eure Lehrer?

Regarder et comprendre

DVD 6 **2** Regarde la séquence. | Was erfährst du über *La Montagne des singes*?

cinquante-sept **57**

3

VOLET 1   VOLET 2   VOLET 3   VOLET 4   LA FRANCE EN DIRECT   **TÂCHES – AU CHOIX**   REPÈRES

Wähle eine der beiden Aufgaben aus.

A Organiser un concours d'animaux dans la classe

a Prépare une affiche sur ton animal préféré. | Gestalte ein Plakat über dein Lieblingstier.

> - Überlege, wie du dein Tier besonders vorteilhaft darstellen kannst.
> - Verwende zum Beispiel ein oder mehrere Fotos und schreibe kleine Texte dazu.

Du hast dir ein Tier ausgesucht, aber du weißt nicht, wie es auf Französisch heißt? Schlage es in einem Online-Wörterbuch nach. (▶ Dictionnaire en ligne, p. 179)

b Présente ton animal à la classe.

> Sprich frei. Benutze einen Stichwortzettel.
> (▶ Méthodes, p. 163/14)

c Vous êtes pour quel animal? Votez. | Für welches Tier seid ihr? Stimmt ab. Jeder darf insgesamt 3 Punkte vergeben. Welches Tier bekommt die meisten Punkte und gewinnt?

Wo findest du in deinem Buch die Zahlen über 20?

> Moi, je suis pour ___.
> Il/Elle est ___.
> Trois/___ points* pour ___!

* **le point** der Punkt

B On cherche des correspondants en France

Ergänze deine Mappe: Stelle deinen französischen Freunden deine Familie, deine Tiere und deinen Familienalltag vor.

> Überlege dir, welche Form deine Präsentation haben soll. Du kannst:
> - kleine Steckbriefe erstellen.
> - ein Quartettspiel über deine Familie basteln (eine Bastelvorlage findest du hier: ▶ www.cornelsen.de/webcodes **APLUS-1-58**)

Nützliche Ausdrücke findest du in den *Repères* (*Qu'est-ce qu'on dit*, p. 59) und in den Texten (p. 48, p. 51).

58 cinquante-huit

VOLET 1   VOLET 2   VOLET 3   VOLET 4   LA FRANCE EN DIRECT   TÂCHES – AU CHOIX   REPÈRES   **3**

Qu'est-ce qu'on dit?

Du fragst jemanden nach seinem Alter und sagst, wie alt du bist
Tu as quel âge?
J'ai (treize) ans.

Du stellst dich und deine Familie vor
Voilà (ma famille).
C'est mon père / ma mère / ___.
Ce sont mes grands-parents / ___.
J'ai une sœur / un frère / ___.
Je n'ai pas de frères et sœurs.

Du redest über Haustiere
Tu as un animal?
J'ai (un chat).
(Mon chien) est intelligent / adorable / ___.
Je voudrais (un chat), mais (mon père) est contre / mais (mon père) a une allergie.
Je n'ai pas d'animal.

Du erzählst von deinem Familienalltag
Mes parents sont là pour nous.
Avec (mon père), ça va / on rigole bien.
Mais avec (mon frère), c'est pénible.
Il/Elle m'énerve.
J'habite avec (ma mère) mais je passe les vacances chez (mon père).
Nous avons des problèmes à la maison.
(Ma mère) est au chômage.
(Mon père) travaille à Paris.
Nous passons le week-end ensemble.
(Mes parents) rentrent tôt / tard.
Mes parents sont ensemble / sont séparés.

Du sprichst über deinen Wohnort
J'habite | en Allemagne / en France.
         | à Berlin / ___.
         | rue Goethe / Goethestraße.
C'est près de Berlin / près d'Idstein.
C'est tout près.
C'est loin.

Grammaire

Du drückst eine Zugehörigkeit aus:

GH 10   **1**   C'est **mon** père. C'est **ma** mère.
Ce sont **mes** parents.

➡ Dazu brauchst du:

die Possessivbegleiter *mon, ma, mes, …*

Singulier

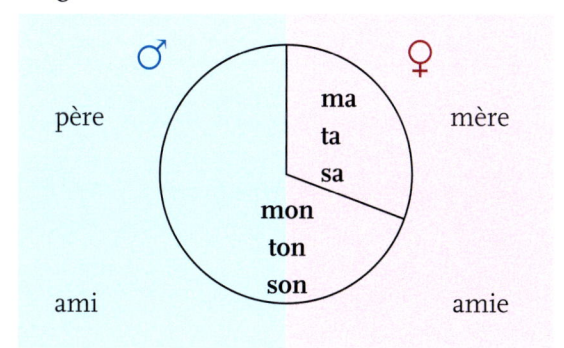

♂ père — ma / ta / sa — mère ♀
ami — mon / ton / son — amie

Pluriel

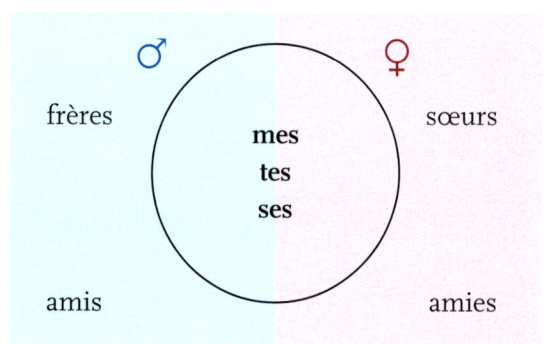

♂ frères — mes / tes / ses — sœurs ♀
amis — — amies

cinquante-neuf **59**

3   VOLET 1   VOLET 2   VOLET 3   VOLET 4   LA FRANCE EN DIRECT   TÂCHES – AU CHOIX   **REPÈRES**

Du sagst, dass du etwas hast:

GH 11   **2**

J'**ai** un frère. Il **a** une tortue.

Dazu brauchst du:

➡ **das Verb** *avoir*

J'	**ai**	onze ans.
Tu	**as**	quel âge?
Il/Elle/On	**a**	des animaux.
Nous	**avons**	deux chats.
Vous	**avez**	des frères et sœurs?
Ils/Elles	**ont**	six et neuf ans.

Merke:
ils_ont [ilzɔ̃] *(avoir)*
ils sont [ilsɔ̃] *(être)*

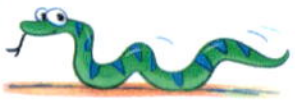

👥 Übt und wiederholt gemeinsam

1 Vervollständigt die Dialoge mit der richtigen Form von *avoir*.
– Tu **?** quel âge? – J' **?** quatorze ans.
– Vous **?** des animaux? – Oui, nous **?** un chien et deux perruches.
– Lisa n' **?** pas d'animal? – Non, ses frères **?** une allergie.

2 Übt den Rap ein. Schreibt dann einen neuen für eure Mitschüler. ▶ **CD 1, 63**

(▶ Solutions, p. 176)

Du beschreibst etwas oder jemanden:

GH 12   **3**

Mon chien est **adorable**.
Ton hamac est **joli**.

Dazu brauchst du:

➡ **Adjektive**

Singulier

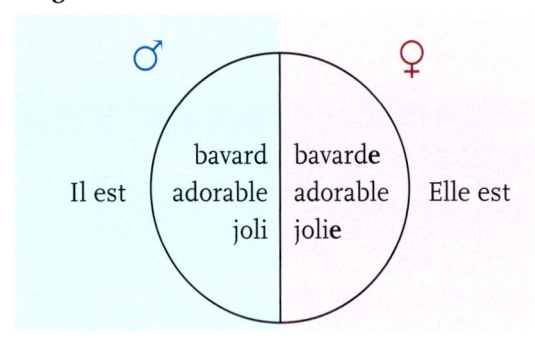

♂   ♀

Il est   bavard | bavarde   Elle est
adorable | adorable
joli | jolie

👥 Übt und wiederholt gemeinsam

Wie wird die weibliche Form des Adjektivs gebildet?
Wie wird die Pluralform des Adjektivs gebildet?

(▶ Solutions, p. 176)

Pluriel

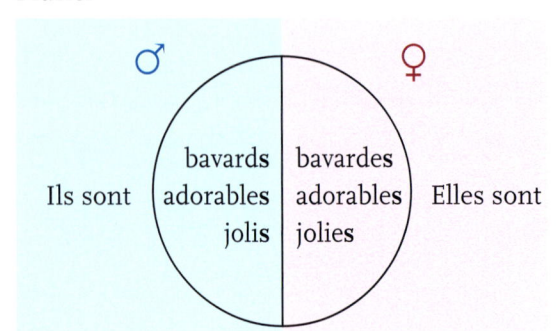

♂   ♀

Ils sont   bavards | bavardes   Elles sont
adorables | adorables
jolis | jolies

✅ Die Adjektive *cool*, *super* und *sympa* sind unveränderlich.

60   soixante

MODULE

Le français en classe (3)

a Du möchtest mit jemandem zusammenarbeiten. Was sagst du?
   Dein Mitschüler spricht zu leise. Was sagst du?
   Du verstehst eine Übung nicht. Was sagst du?

b À toi. Pose des questions à ton/ta partenaire.

«C'est juste?», qu'est-ce que ça veut dire?

Lundi, mardi ou mercredi
Tu es libre aujourd'hui?
Jeudi, vendredi ou samedi
Tu as le temps aujourd'hui?
Non, mais dimanche, si ça te dit.

comptine

MODULE facultatif

Il est quelle heure?

CD 1 67–68

Il est quelle heure?

Deux heures moins le quart!

Ça va, on a le temps¹. Le film est à deux heures et demie.

8:00	9:15	10:10	11:30
huit heures	neuf heures et quart	dix heures dix	onze heures et demie

12:00	14:40	15:45	00:00
midi	trois heures moins vingt	quatre heures moins le quart	minuit

1 avoir le temps Zeit haben

CD 1 69 DELF

1 a Écoute et retrouve l'ordre. | Hör dir die Uhrzeiten an und bringe die Uhren in die richtige Reihenfolge. Wie lautet das Lösungswort?

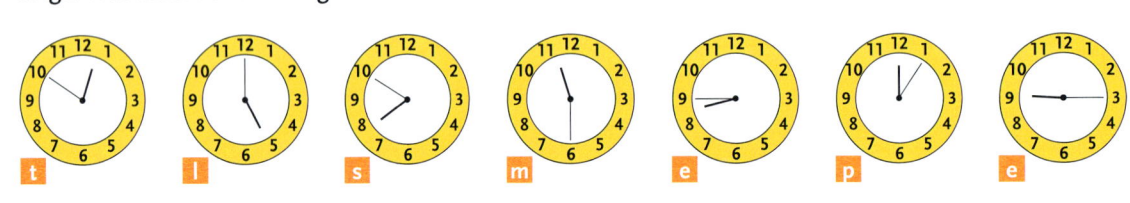

t · l · s · m · e · p · e

b Jede/r schreibt sechs Uhrzeiten auf einen Zettel. Tauscht die Zettel aus. Fragt euch gegenseitig nach der Uhrzeit.

DELF 2 a Regarde le dessin et les documents. Où va la mère avec sa fille? Et la femme? Et le monsieur? | Wo fahren diese Personen hin?

b À vous. | A sagt, wann er ankommt. B errät, wohin A fährt.

CD 1 70

Vous arrivez à quelle heure?

À 18 h 32. Le train est à l'heure².

Salut! C'est moi. J'arrive à 18 h 51.

J'arrive à 21 h 48.

Strasbourg → Paris

numéro de train	1812	1110	3560	1510
Strasbourg	17.23	17.57		18.18
Sarrebourg	18.08			
Lunéville	18.32		19.07	
Nancy	18.51	19.12	19.27	19.21
Bar-le-Duc				20.31
Châlons-en-Champagne	20.18	20.42		21.14
Epernay				21.31
Château-Thierry				
Paris-Est	21.48	22.10		22.45

2 être à l'heure pünktlich sein

CD 1 71–72

3 L'heure, c'est l'heure! Écoutez et chantez. (Texte ▶ www.cornelsen.de/webcodes APLUS-1-62)

62 soixante-deux

BILAN DES COMPÉTENCES   facultatif

PRÉPARATION AU DELF

Hier kannst du überprüfen, was du in den *Unités* 1–3 gelernt hast. Unter www.cornelsen.de/webcodes APLUS-1-63 kannst du diese Aufgaben herunterladen und dann ausfüllen.

Compréhension orale

CD 1 73–74

1 Écoute et note les lettres dans ton cahier.

1. Alex est …
   a dans sa chambre.
   b chez Luc, de la 5ᵉ B.
   c chez Luc, son cousin.

2. Le week-end, le cousin d'Alex habite …
   a chez son père à Illkirch.
   b chez sa mère à Illkirch.
   c chez son père à Paris.

3. Hugo …
   a regarde la chambre d'Inès.
   b surfe sur Internet.
   c téléphone.

4. Le chien d'Inès est …
   a sous la table.
   b sous le lit.
   c sur le lit.

CD 1 73–74

2 Qu'est-ce qu'il y a dans la chambre d'Inès? Écoute encore une fois et réponds.

Compréhension écrite

3 Mit welchem Bild könnte Yannick seinen Blog illustrieren? Notiere den Buchstaben.

Le blog de Yannick

Salut les copains! Voilà mon chat, il s'appelle Félino et il a quatorze ans! Pour un chat, c'est l'âge d'un dinosaure! Ensemble, on rigole bien!
On joue, on rêve, on travaille … on regarde des films avec des poissons à la télé! Pour Félino, c'est cool!
Félino et moi, nous passons toujours les vacances chez mes grands-parents. Ils ont une maison à Hachimette. C'est dans les Vosges.
Mes grands-parents ont aussi des animaux. Deux chiens, des lapins et une chatte.
La chatte s'appelle Minette. Elle a onze ans, et c'est la copine de Félino! Ils passent les vacances ensemble. Ils jouent ensemble dans la cour, ils rêvent ensemble sous la lampe de la salle de séjour de mes grands-parents et maintenant …
Regardez, Félino et Minette ont cinq enfants!
Ils sont adorables, non?
Alors moi, pendant mes vacances, je garde les enfants de mon chat …

soixante-trois **63**

BILAN DES COMPÉTENCES facultatif

Production orale

4 Du lernst in den Ferien einen italienischen Jungen / ein italienisches Mädchen kennen. Ihr stellt fest, dass ihr beide ein bisschen Französisch könnt und unterhaltet euch.

29|5

- Ihr stellt euch gegenseitig vor.
- Ihr sagt, wie alt ihr seid und wo ihr wohnt.
- Ihr wollt wissen, ob ihr Geschwister habt.
- Ihr fragt, ob ihr Haustiere habt und erzählt von euren Haustieren.

Wenn du die Rolle des italienischen Jungen/Mädchens übernimmst, schlage S. 148 auf.

Production écrite

5 Présente une des familles. | Stell eine dieser Familien vor. Orientiere dich an den Stichpunkten und schreibe einen Text in dein Heft.

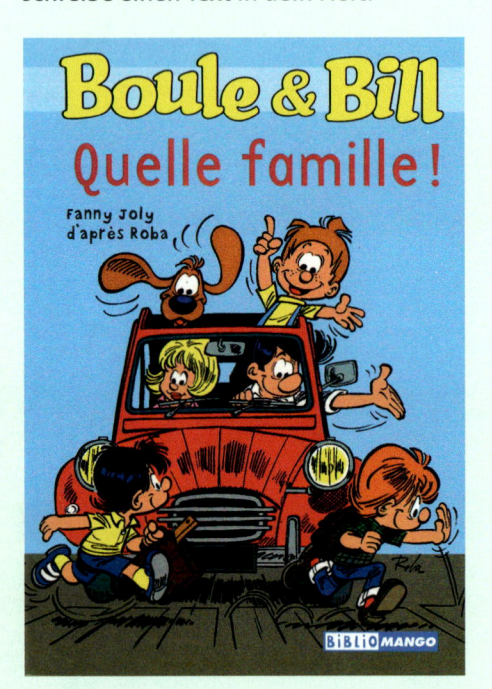

29|6

- nom et prénom?
- frères et sœurs?
- copains?
- animaux?
- âge?
- parents?

Exemple:

Dans la famille de Boule, il y a ____.

64 soixante-quatre

Unité 4 Mes copains et mes activités

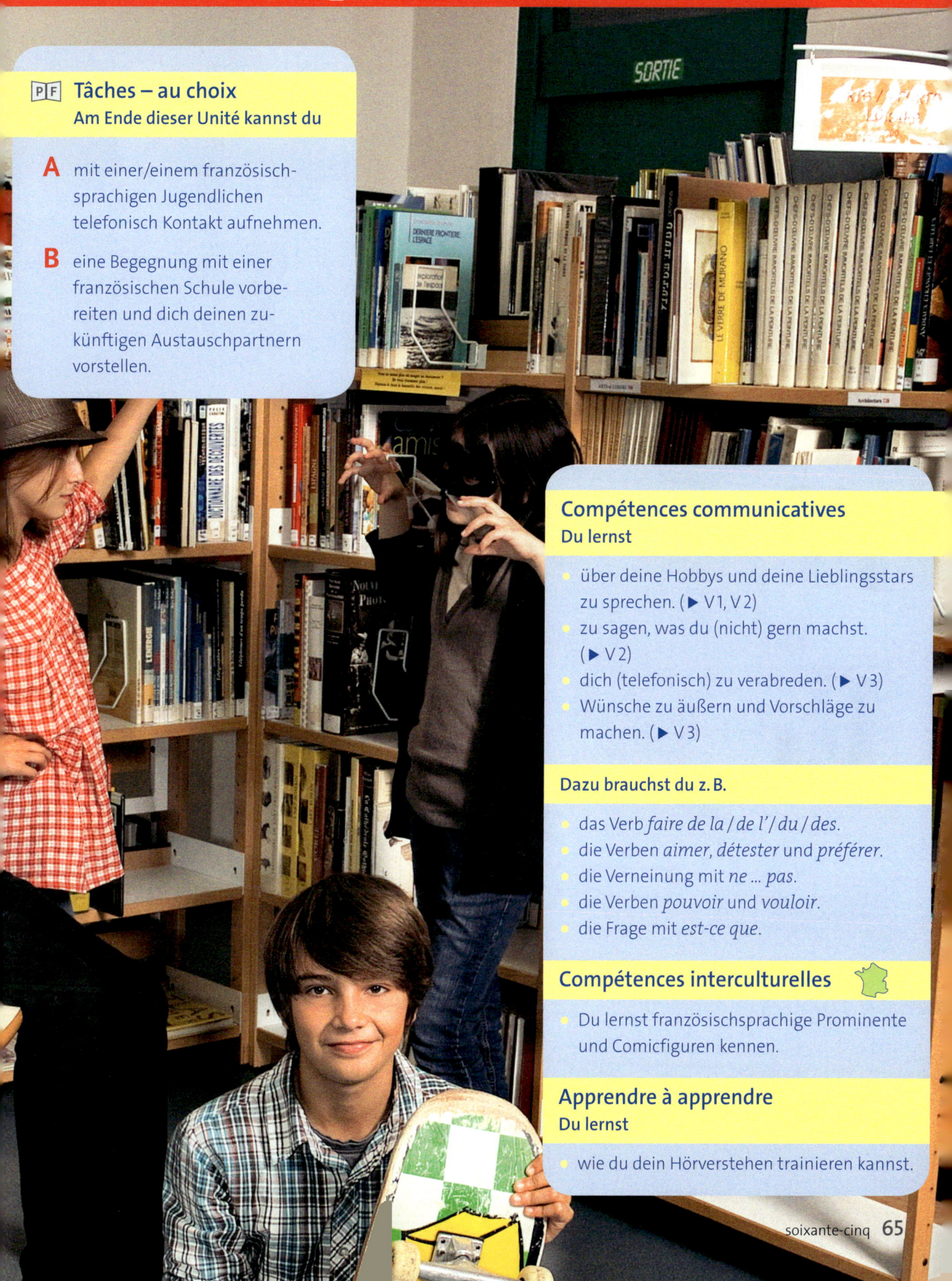

PF Tâches – au choix
Am Ende dieser Unité kannst du

A mit einer/einem französischsprachigen Jugendlichen telefonisch Kontakt aufnehmen.

B eine Begegnung mit einer französischen Schule vorbereiten und dich deinen zukünftigen Austauschpartnern vorstellen.

Compétences communicatives
Du lernst

- über deine Hobbys und deine Lieblingsstars zu sprechen. (▶ V 1, V 2)
- zu sagen, was du (nicht) gern machst. (▶ V 2)
- dich (telefonisch) zu verabreden. (▶ V 3)
- Wünsche zu äußern und Vorschläge zu machen. (▶ V 3)

Dazu brauchst du z. B.

- das Verb *faire de la / de l' / du / des*.
- die Verben *aimer*, *détester* und *préférer*.
- die Verneinung mit *ne … pas*.
- die Verben *pouvoir* und *vouloir*.
- die Frage mit *est-ce que*.

Compétences interculturelles

- Du lernst französischsprachige Prominente und Comicfiguren kennen.

Apprendre à apprendre
Du lernst

- wie du dein Hörverstehen trainieren kannst.

soixante-cinq **65**

4 VOLET 1   VOLET 2   VOLET 3   LA FRANCE EN DIRECT   TÂCHES – AU CHOIX   REPÈRES

Qu'est-ce qu'ils font?

Écouter et comprendre

CD 2 **1** Ferme ton livre et écoute. | Jugendliche sprechen über ihre Hobbys. Welche Hobbys hörst du
1–4   heraus?

CD 2 **2 a** Regarde les photos et écoute encore une fois. | Wenn du ein Hobby hörst, finde das passende Foto
1–4   und notiere den dazugehörigen Buchstaben. Wie lautet das Lösungswort? Achtung: Es sind nicht
DELF   alle Hobbys abgebildet!

66 soixante-six

VOLET 1   VOLET 2   VOLET 3   LA FRANCE EN DIRECT   TÂCHES – AU CHOIX   REPÈRES   **4**

CD 2 1–4   DELF   33|3

b   Écoute encore une fois et fais un tableau. *Qui fait …?* (▶ Méthodes, p. 162/10)

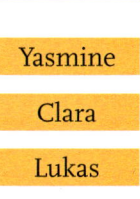

de l'athlétisme?   de la danse?   des percussions?   de la guitare?

du tennis?   du foot?   du ski?   du théâtre?   de la flûte?

Yasmine
Clara
Lukas
Lara
Noah

Parler

3   Pose des questions à ton/ta partenaire. Il/Elle répond. Utilisez vos réponses de **2b**. | Benutzt eure Antworten aus **2b**.
32|1
Exemple: – Qu'est-ce que Noah fait?   – Il fait ____.

Découvrir

4 a   Vergleiche. Wann benutzt man *de la / de l' / du / des*?

     la flûte: → Lukas fait **de la** flûte.   **le** théâtre: → Clara fait **du** théâtre.
     l'athlétisme: → Yasmine fait **de l'**athlétisme.   **les** percussions: → Noah fait **des** percussions.

b   Et toi? Qu'est-ce que tu fais? Réponds.   (▶ Banque de mots, p. 178)

Recherche

5   Qu'est-ce qu'ils font? | Erzähle, was du im Internet über diese Personen herausgefunden hast.
(▶ Banque de mots, p. 178)
Exemple: Mélanie Laurent fait du cinéma. Elle fait aussi du théâtre.

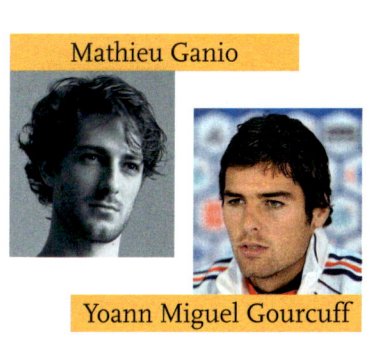

Mélanie Laurent   Lucie Decosse   Hélène Grimaud   Christophe Lemaitre   Mathieu Ganio   Yoann Miguel Gourcuff

soixante-sept   67

4 VOLET 1 | **VOLET 2** | VOLET 3 | LA FRANCE EN DIRECT | TÂCHES – AU CHOIX | REPÈRES

Un DVD pour l'Allemagne

Préparer la lecture

1 a Folgende Wörter kannst du schon verstehen, obwohl sie noch nicht vorkamen. Erkläre, warum.
(▶ Méthodes, p. 166/18)

| le DVD | le groupe | le hobby | la nature | le fan | le cinéma | la lecture |

CD 2
5

b Hör dir die Wörter an. Lies sie dann laut.

CD 2
6–7

Les élèves de la sixième A préparent une rencontre avec une classe 6 en Allemagne. Ils font un DVD pour des élèves de Lahr.

1 Bonjour! Je m'appelle Clara et j'ai onze ans. Mon hobby, c'est le théâtre. J'aime aussi la musique. Ma chanteuse préférée, c'est ZAZ.

2 J'adore mon chat Filou. Il est toujours dans ma chambre, mais il n'aime pas ma musique. Il préfère la musique classique!

3 Salut! Moi, c'est Théo. J'ai onze ans. J'aime le dessin et la bédé. Je suis fan de Titeuf! J'aime aussi le rock. Les BB Brunes, c'est mon groupe préféré. Et j'aime bien le rap, mais je n'aime pas Sinik.

4 Moi non plus!

5 Moi, si!

6 Le sport, ce n'est pas mon truc!

7 Je m'appelle Amandine et j'ai douze ans. Mon truc, c'est la musique. Je fais de la flûte et je chante dans un groupe.

8 J'aime beaucoup Strasbourg. Je fais de l'aviron sur l'Ill et du vélo. J'aime aussi être avec mes copines. Mais je déteste les week-ends en famille! À plus!

9 Je m'appelle Simon et j'ai onze ans. J'aime la nature et j'aime beaucoup le sport! Je fais du foot et du ski! Le foot, c'est mon sport préféré. Je suis fan de Karim Benzema.

10 Moi aussi!

| VOLET 1 | **VOLET 2** | VOLET 3 | LA FRANCE EN DIRECT | TÂCHES – AU CHOIX | REPÈRES | **4** |

11 Et voilà Madame Vidal, notre prof d'allemand. Ses hobbys sont la lecture et le cinéma. Elle est fan de Sebastian Koch! Avec Madame Vidal, on aime travailler. Elle est très sympa.

Lire et comprendre

2 C'est qui? Trouve le nom des personnes.

1. Il/Elle aime la musique et le sport.
2. Il/Elle aime le théâtre et son chat.
3. Il/Elle aime la nature et le sport.
4. Il/Elle aime la lecture et le cinéma.
5. Il/Elle aime le rock et la bédé.
6. Il/Elle n'aime pas le sport.
7. Il/Elle n'aime pas les week-ends en famille.

3 Prépare une fiche d'identité pour Clara, Théo, Amandine ou Simon. | Bereite einen Steckbrief zu Clara, Théo, Amandine oder Simon vor. Notiere nur Stichworte. Stell die Person dann vor.

♡
Il/Elle aime ___.
Il/Elle aime aussi ___.
Son hobby, c'est ___.
Son groupe préféré, c'est ___.
Il/Elle est fan de ___.

∅
Il/Elle n'aime pas ___.
Il/Elle déteste ___.
___, ce n'est pas son truc.

Exemple:

Nom: Mme Vidal
Âge: –
♡: *la lecture, le cinéma*
∅: –
Groupe préféré: –
Fan de: Sebastian Koch

Parler

4 Pose des questions à ton/ta partenaire. Il/Elle répond. | Findet heraus, was ihr beide mögt und was ihr nicht mögt.

Exemples:
1. – Tu aimes la nature?
   – Oui. Et toi?
   – Moi aussi. / Moi, non.

2. – Tu aimes la nature?
   – Non. Et toi?
   – Moi non plus. / Moi, si.

la nature   les animaux   le sport   le dessin   le cinéma   la musique
chanter   être avec des copains   chatter avec des copains
faire du vélo / du ski / du foot   faire de l'athlétisme / de la danse / de la musique

soixante-neuf **69**

4 VOLET 2

Découvrir

5 a Vergleiche. Wie verneinst du eine Aussage im Französischen? Formuliere eine Regel.

1. Je **chante** très bien.   Je **ne** chante **pas** très bien.
2. Il **aime** ma musique.   Il **n'** aime **pas** ma musique.
3. Il **aime** chanter.   Il **n'** aime **pas** chanter.

b Sage das Gegenteil: Verneine die Sätze.

1. Il joue.
2. Elle aime travailler.
3. Nous regardons la télé.
4. J'écoute le professeur.

S'entraîner

6 a Retrouve l'ordre des mots. | Bringe die Wörter in die richtige Reihenfolge. (▶ Repères, p. 78/3)

1. déteste | Je | le | pas | rap | ne
2. télé | pas | Je | la | ne | regarde
3. groupe | pas | un | Nous | chantons | ne | dans
4. Le | pas | de | le | aime | chat | Clara | n' | sport
5. la | n' | Mes | Sinik | aiment | musique | copines | pas | de

b Prépare un puzzle comme en **a** pour tes camarades. | Bereite ein Puzzle wie in **a** für deine Mitschüler vor.

7 Qu'est-ce qu'ils font? Qu'est-ce qu'ils ne font pas? | Bildet Kettensätze wie im Beispiel.
(▶ Repères, p. 78/3)

Exemple: Yasmine regarde la télé. Lukas ne regarde pas la télé, il téléphone. Jade ne ___.

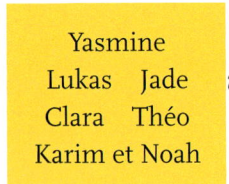

Yasmine
Lukas Jade
Clara Théo
Karim et Noah

regarder la télé
téléphoner
chanter rêver
surfer sur Internet
jouer

Apprendre à apprendre

8 Wie du dein Hörverstehen trainieren kannst (1)   (▶ Méthodes, p. 162/10)

Beim Hören musst du oft nur auf ganz bestimmte Informationen achten. Alles andere musst du nicht unbedingt verstehen. Konzentriere dich also auf das, was in der Aufgabe von dir verlangt wird, wie z. B. auf Personennamen und Freizeitaktivitäten. Bearbeite auf diese Weise die Aufgabe **9**.

VOLET 1   **VOLET 2**   VOLET 3   LA FRANCE EN DIRECT   TÂCHES – AU CHOIX   REPÈRES   **4**

Écouter et comprendre

9 a Écoute. Qui parle de ses hobbys? Note les noms.

| Mehdi | Amandine | Lionel | Mathieu | Thomas |
| Marie | Lola | Maxime | Paul | Karim |

b Écoute encore une fois. Qui fait quoi? Note la lettre correspondante.   ▶ p. 155

A B C D E F

c Écoute encore une fois et corrige tes réponses de a et b.

Vocabulaire

10 a Fais un associogramme sur le thème des hobbys.   (▶ Méthodes, p. 160/7)

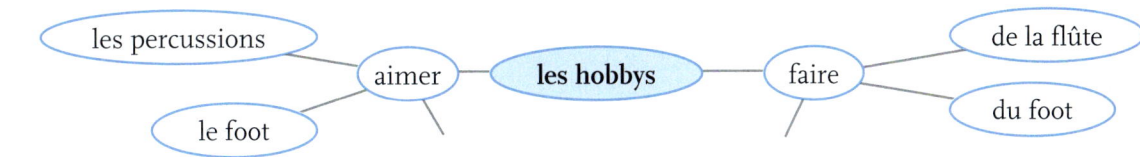

les percussions — aimer — **les hobbys** — faire — de la flûte
le foot ——————————————————— du foot

b Utilisez votre associogramme. | Schreibt einzelne Aktivitäten auf Zettel und mischt sie. Eine/r zieht einen Zettel und stellt die Aktivität pantomimisch dar. Die anderen versuchen die Aktivität zu erraten.

Exemple:
– Tu fais du foot?   – Non!   *faire de la danse*

Écrire

11 a Prépare une fiche d'identité sur toi.   (▶ p. 69/3)

b Tu cherches un/e correspondant/e. Utilise ta fiche et réponds à Maxime.

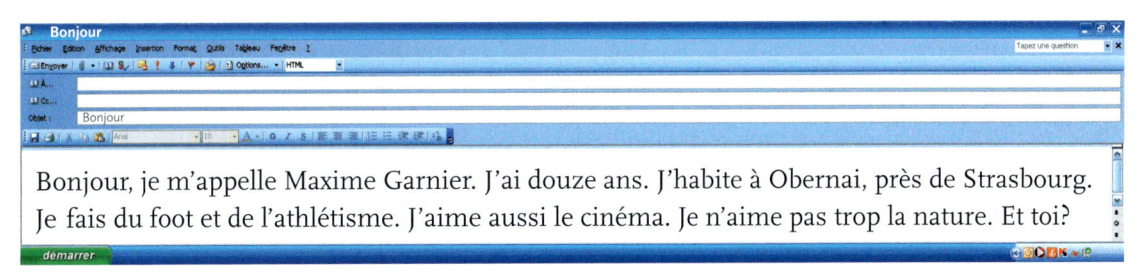

> Bonjour, je m'appelle Maxime Garnier. J'ai douze ans. J'habite à Obernai, près de Strasbourg. Je fais du foot et de l'athlétisme. J'aime aussi le cinéma. Je n'aime pas trop la nature. Et toi?

soixante et onze 71

Qu'est-ce que tu fais ce week-end?

C'est bientôt le week-end. Dimanche, Théo et ses parents veulent faire une balade à la Montagne des singes. C'est super. Sa sœur n'est pas là, elle passe le week-end chez son amie. Théo a une idée: il veut inviter son copain Lukas. Il est nouveau à Strasbourg et il est toujours avec ses parents, le week-end. Et puis, il adore les animaux. Alors, une balade dans un parc avec des singes en liberté, c'est une super idée. Mais, est-ce que les parents de Théo sont d'accord?

Apprendre à apprendre

1 **Wie du dein Hörverstehen trainieren kannst (2)** (▶ Méthodes, p. 162/9)

Wenn du Gespräche auf Französisch hörst, musst du nicht unbedingt jedes einzelne Wort kennen, um zu verstehen, worum es geht. Der Textanfang oben gibt dir schon einige Informationen darüber, wie es weitergehen kann:
- Was hat die Familie Valin vor?
- Welche Idee hat Théo?
- Was wird Théo vermutlich als Nächstes tun?
- Wie könnte das Gespräch ablaufen? Formuliere deine Vermutungen.

Écouter et comprendre

2 a Schließe dein Buch und hör dir an, wie es weitergeht. Was hast du verstanden?

b Lies den Dialog mit (▶ Solutions, p. 177) und vergleiche ihn mit deinen Vermutungen.

c Was könnte jetzt passieren? Formuliere deine Vermutungen.

d Hör dir an, wie es weitergeht, und finde heraus, welche der folgenden Aussagen zutreffen. Das fällt dir leichter, wenn du beim Hören auch auf den Klang der Stimmen und auf Geräusche achtest.

1. Lukas est d'accord avec l'idée de Théo.
2. Lukas n'est pas d'accord avec l'idée de Théo.
3. Les parents de Lukas sont d'accord.
4. Les parents de Lukas ne sont pas d'accord.

VOLET 1   VOLET 2   **VOLET 3**   LA FRANCE EN DIRECT   TÂCHES – AU CHOIX   REPÈRES   **4**

Écouter et comprendre

2 Travaillez à deux. Écoutez le texte encore une fois. Le partenaire A écoute Lukas, le partenaire B écoute Théo. Trouvez comment on dit cela en français. ▶ p. 156

A Lukas
1. Wie meldet sich Lukas am Telefon?
4. Was antwortet Lukas auf Théos Frage?
6. Wie sagt Lukas, dass er seine Eltern um Erlaubnis bittet?
8. Wie fragt Lukas, wann sie wieder nach Hause kommen?

B Théo
2. Wie beginnt Théo das Gespräch?
3. Wie fragt Théo, was Lukas am Wochenende vorhat?
5. Wie drückt Théo seine Einladung aus?
7. Wie sagt Théo, dass sie Lukas abholen?

3 a Écoute le dialogue, retrouve l'ordre des phrases et note le mot-clé.

P – Je suis à la maison avec mes parents.
N – Cool, elle est d'accord.
H – Moi, je fais du ski avec mes parents dans les Vosges. Je t'invite.
E – On passe chez toi, demain à 9 heures?
R – Super, ça marche! À demain.

É – Qu'est-ce que tu fais ce week-end?
É – Salut Isabelle, c'est Léa, ça va?
T – Allô?
L – Oui, ça va.
O – Oh, merci, c'est une super idée. Je demande à ma mère.

b Jouez le dialogue de a.

Parler

4 Donnez-vous rendez-vous par téléphone. | Verabredet euch telefonisch. Bereitet eure Rollen vor und übt euer Telefonat so, dass ihr es der Klasse vorspielen könnt. (B ▶ p. 149)

Du rufst **B** *an.* **B** *meldet sich.*
– Du beginnst das Gespräch.
– Du machst **B** einen Vorschlag.
– Du reagierst auf die Antwort von **B**.
– Ihr einigt und verabschiedet euch.

regarder la télé ensemble
regarder un DVD chez moi
faire une balade dans les Vosges / à Strasbourg / à ___
écouter des CD
faire de l'aviron / des percussions / ___

Vous pouvez aussi utiliser: | Ihr könnt auch verwenden:

Tu es encore là?
Salut, ça va?
Oui, d'accord.
Non, je préfère ___.
Ça marche.

soixante-treize **73**

4

VOLET 1 VOLET 2 **VOLET 3** LA FRANCE EN DIRECT TÂCHES – AU CHOIX REPÈRES

Écouter et répéter

CD2 13

5 a Fais le tableau dans ton cahier. Écoute et note les mots dans la bonne colonne. | Ordne zu.

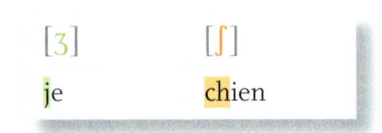

[ʒ]	[ʃ]
je	chien

un chat   dimanche   une chaise   une chambre
jouer   moche   une étagère   bonjour   chanter

CD2 14

b Lis les mots de **a**, puis écoute et répète.

c À toi! | Denke dir einen Zungenbrecher aus. Du kannst die Wörter von **a** verwenden.

S'entraîner

6 A pose des questions et utilise *est-ce que*. B répond par *oui* ou par *non*.
Puis B pose des questions à A. (▶ Repères, p. 78/5) (B ▶ p. 149)

1. Tu as des frères et sœurs? → Est-ce que tu as des frères et sœurs?
2. Tu as un chat?
3. Tu travailles beaucoup pour l'école?
4. Tu surfes beaucoup sur Internet?
5. Tu fais du sport?

> Die Intonationsfrage verwendest du nur mündlich, die Frage mit *est-ce que* kannst du auch schriftlich verwenden.

7 *Est-ce que* ou *Qu'est-ce que*? Complète.

▶ 38|5
▶ 39|6

1. [?] tu passes le week-end chez ta tante?
2. [?] tu aimes?
3. [?] tu aimes le cinéma?
4. [?] il y a dans ta chambre?
5. [?] il y a une télé dans ta chambre?
6. [?] tu fais le week-end?
7. [?] tu fais du sport?
8. [?] tu détestes?

▶ 38|3
▶ 38|4

8 Regarde les dessins et réponds. | Was wollen die Personen tun, können es aber nicht?
(▶ Repères, p. 78/4)

Exemple: 1. Ils veulent faire une balade, mais ils ne peuvent pas.

1	2	3
ils – faire une balade	elle – faire de la guitare	je – faire du ski

4	5	6
nous – faire du foot	tu – rentrer à la maison	vous – surfer sur Internet

74 soixante-quatorze

| VOLET 1 | VOLET 2 | VOLET 3 | **LA FRANCE EN DIRECT** | TÂCHES – AU CHOIX | REPÈRES | **4** |

Forum de fans

A ✉ Posté par **Mariléa**: Salut, je m'appelle Mariléa et je suis fan de Marion Duval! Cette bédé est géniale. Marion Duval est mon personnage de bédé préféré, elle est cool et courageuse[1]. Mes histoires préférées sont «SOS Éléphants», «Rapt à l'Opéra» et «Un croco dans la Loire». Les histoires sont super et il y a plein d'aventures[2]. Alors, bonne lecture! Et vous, vous avez un personnage de bédé préféré?

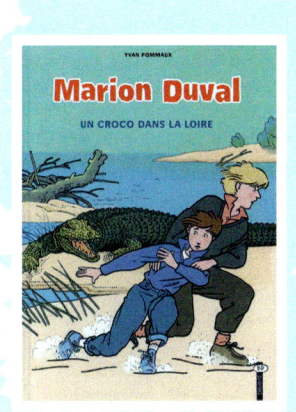

B ✉ Posté par **Martin**: Salut, je m'appelle Martin, j'ai 12 ans, j'adore le chanteur de rap Oxmo Puccino. Sa chanson pour les droits de l'enfant[3], «Naître adulte», est ma chanson préférée; c'est une chanson de rap mais le texte n'est pas violent. J'aime aussi beaucoup la guitare dans cette chanson! Et vous, qu'est-ce que vous aimez écouter?

C ✉ Posté par **Camille**: Bonjour, je m'appelle Camille, je suis belge, j'habite à Bruxelles et mon sport préféré, c'est le basket. Je suis fan de Toni Parker! Il joue maintenant aux U.S.A. Avec mon frère, on a une collection de posters de TP (prononcez «Tipi»). Et toi, tu as une idole en sport?

1 **courageux/-euse** mutig
2 **plein d'aventures** viele Abenteuer
3 **les droits de l'enfant** Kinderrechte

Écrire

DELF Tu es fan de bédés? Tu aimes la musique? Tu adores le sport? Réponds à Mariléa, Martin ou Camille. | Suche dir aus, ob du Mariléa, Martin oder Camille antworten möchtest.

soixante-quinze **75**

4 VOLET 1　　VOLET 2　　VOLET 3　　LA FRANCE EN DIRECT　　**TÂCHES – AU CHOIX**　　REPÈRES

Wähle eine der beiden Aufgaben aus.

A　Contacter un/e correspondant/e par téléphone

Diese französischsprachigen Jugendlichen sind neu in eurer Stadt und suchen Freunde. Sucht euch zu zweit einen der beiden Jugendlichen aus. Eine/r von euch spielt den Franzosen / die Französin, der/die andere sich selbst. Bereitet ein Telefongespräch vor, in dem ihr euch kennenlernt.

> *Jeune Français (Paul, 12 ans) nouveau dans ton école cherche copains/copines*
> *Mon club préféré: le Bayern de Munich.*
> *J'aime la lecture, la musique, le foot. Toi aussi?*
> *Appelle au: 01 78 94 30 07*
> *(Je ne parle pas allemand!)*

1. Wer übernimmt welche Rolle?
2. Welche Fragen wollt ihr stellen? (Alter? Wohnort? Geschwister? Schule? Zimmer? Freizeit und Hobbys? Lieblingsstars?)
3. Welche Antworten wollt ihr geben?
4. Wollt ihr euch verabreden? (Wann? Wo?)
5. Schreibt euren Dialog, übt ihn ein und spielt ihn der Klasse vor.

> *Je m'appelle Lili, j'ai 11 ans. Je suis de Genève (Suisse), je suis nouvelle en Allemagne, j'habite près de ton école et je voudrais être ton amie.*
> *Mes hobbys: chanter, guitare, athlétisme.*
> *Tu parles français? Alors, tu peux m'appeler!*
> *Tél: 01 76 59 87 66*

Nützliche Ausdrücke findet ihr in den *Repères* (*Qu'est-ce qu'on dit*, p. 77) und in den Texten (p. 68–69, p. 72).

B　On cherche des correspondants en France

Faites un petit film. | Stellt euch euren Austauschpartnern in einem kleinen Film vor.

DVD 7

a　Schaut euch zunächst die DVD-Sequenz ohne Ton an. Findet heraus, von welchen Hobbys die Rede ist. Welche Bilder haben euch geholfen, das herauszubekommen?

b　Schaut euch die Sequenz noch einmal mit Ton an. Was sagen die Jugendlichen? Was könnt ihr davon für euren Film verwenden?

c　À vous. | Jeder stellt sich einzeln vor und wird dabei gefilmt.

1. Was wollt ihr sagen? Benutzt euren Steckbrief.　(▶ p. 71/11a)
2. Schreibt euren Text auf und lasst ihn korrigieren.　(▶ Méthodes, p. 167/20)
3. Mit welchen Bildern oder Requisiten wollt ihr eure Hobbys und Vorlieben vorstellen? Benutzt als Hilfe die DVD-Sequenz.
4. Lernt euren Text auswendig und übt eure Vorstellung ein.
5. Zum Schluss speichert ihr alle Filme. Ihr könnt sie auch euren Freunden und Familienmitgliedern beim Tag der offenen Tür zeigen.

Nützliche Ausdrücke findet ihr in den *Repères* (*Qu'est-ce qu'on dit*, p. 77) und im Text (p. 68–69).

76　soixante-seize

VOLET 1   VOLET 2   VOLET 3   LA FRANCE EN DIRECT   TÂCHES – AU CHOIX   REPÈRES   **4**

Qu'est-ce qu'on dit?

Du sprichst über deine Hobbys
Je fais de la musique / du tennis /
de l'athlétisme / des percussions.
Mon hobby, c'est (la danse).
Mon sport préféré, c'est (le foot).

Du verabredest dich
Qu'est-ce que tu veux faire (ce week-end)?
On peut faire (une balade).
Je t'invite.
Tu es d'accord? / Ça marche?
Merci, c'est sympa. / C'est une super idée.
Je demande à mes parents.
Mes parents sont d'accord.
On passe chez toi à (dix heures).
On rentre à quelle heure?

Du sagst, was du magst und was du nicht magst
J'aime (la musique / chanter).
J'adore (le théâtre / chanter).
Je préfère (le cinéma / rêver).
Je déteste (le rap / chanter).
Mon truc, c'est (la lecture).
(Le sport), ce n'est pas mon truc.
Je suis fan de (ZAZ).
J'aime le sport.
Moi aussi. / Moi, non!
Je n'aime pas le sport.
Moi, non plus. / Moi, si!

Du meldest dich am Telefon
Allô!

Grammaire

Du sprichst über Hobbys:

▶ 32|2
GH 14
GH 15

1 Je **fais de la musique.**
     Il **fait du sport.**

→ das Verb *faire* und den zusammengezogenen Artikel mit *de*

Je fais de la musique.   (la musique)
Elle fait de l'athlétisme.   (l'athlétisme)
Tu fais **du** sport?   (le sport)
Il fait **des** percussions.   (les percussions)

> Merke:
> Der zusammengezogene Artikel mit *de*
> ❗ de + le = **du**
> ❗ de + les = **des**

Lege eine Verbkarteikarte für *faire* an.
Die Konjugation von *faire* findest du
auf S. 175.

Du sprichst über deine Vorlieben:

GH 16
GH 17

2 J' **aime** le théâtre mais je **préfère** le cinéma.

→ die Verben *aimer*, *adorer*, *préférer*

préférer → je préfère, tu préfères, …

Lege eine Verbkarteikarte für *préférer* an.
Die Konjugation von *préférer* findest du auf S. 174.

soixante-dix-sept **77**

4   VOLET 1   VOLET 2   VOLET 3   LA FRANCE EN DIRECT   TÂCHES – AU CHOIX   REPÈRES

GH 18   **3**

Du verneinst etwas:

Il **ne** chante **pas.**
Il **n'** aime **pas** la musique.

→ die Verneinung mit *ne … pas*

Dazu brauchst du:

Amandine	**chante**	très bien.		Sarah	**ne**	**chante**	**pas**	très bien.
La musique, c'	**est**	son truc.		La musique, ce	**n'**	**est**	**pas**	son truc.
Simon	**aime**	le sport.		Théo	**n'**	**aime**	**pas**	le sport.

Unterscheide:
     nicht   **kein**
Je **n'**aime **pas** les animaux.   Je **n'**ai **pas** d'animal.
Je **ne** joue **pas** avec mon frère.   Je **n'**ai **pas** de frère.
Je **ne** chante **pas**.   Je **ne** fais **pas** de sport.

ne/n' verbe pas

Du sagst, was jemand tun kann und was jemand tun will:

GH 20   **4**

Théo **peut** inviter Lukas.
Ils **veulent** faire une balade.

→ die Verben *pouvoir* und *vouloir*

Dazu brauchst du:

Lege je eine Verbkarteikarte für *pouvoir* und *vouloir* an.
Die Konjugation von *pouvoir* und *vouloir* findest du auf S. 175.

Merke:
je peux: ich kann
je veux: ich will
je voudrais: ich möchte

Du stellst Fragen:

GH 21   **5**

Est-ce que je peux inviter Lukas?

→ die Frage mit *est-ce que*

Dazu brauchst du:

Aussagesatz
Je peux inviter Lukas.
On fait une balade à la montagne.

Fragesatz
Est-ce que je peux inviter Lukas?
Est-ce qu'on fait une balade à la montagne?

Weitere Verben:

GH 19   **6**

appeler

→ ❗ *j'appelle, tu appelle, …*

Lege eine Verbkarteikarte für *appeler* an.
Die Konjugation von *appeler* findest du auf S. 174.

78   soixante-dix-huit

MODULE facultatif

Poèmes et chansons (1)

Vanessa n'aime pas ça

Arthur aime la nature,
Timothée aime le karaté,
Emma aime le cinéma,
Florence aime la danse,
5 Mais Vanessa n'aime pas ça.

Elle n'aime pas la nature.
Elle n'aime pas le karaté.
Elle n'aime pas le cinéma.
Elle n'aime pas la danse.
10 Non, elle n'aime pas ça.
C'est bête, mais c'est comme ça![1]

Arnaud aime le piano,
Marion aime l'aviron,
Annabelle aime le violoncelle,
15 Lucie aime l'acrobatie,
Mais Vanessa n'aime pas ça.

Elle n'aime pas le piano.
Elle n'aime pas l'aviron.
Elle n'aime pas le violoncelle.
20 Elle n'aime pas l'acrobatie.
Non, elle n'aime pas ça.
C'est bête, mais c'est comme ça!

Eh bien moi, je n'aime pas trop Vanessa.
Non, je n'aime pas trop Vanessa.
25 C'est bête, mais c'est comme ça.
Eh oui, c'est comme ça!

Écris une autre strophe pour le poème.

Véronique   Victor   Mado   Léon
Pascal   Rémi   Audrey   Annette
Alain

le sport   le handball   le basket
le volley   ses amis   le judo   ses copains
la musique   l'accordéon

La fête des animaux

Gabin, le lapin
Fête son anniversaire
Avec Albert, le hamster.

Lucien, le chien
5 Décore la salle
Avec Solal, le cheval[2].

Léon, le caméléon
Danse le cha-cha-cha
Avec Sacha, le chat.

10 Laurie, la souris[3]
Chante un rap
Avec Dora, le rat.

Quel dessin va avec quelle strophe?

1 **C'est comme ça.** So ist das eben.
2 **le cheval** das Pferd
3 **la souris** die Maus

Salut, ça va?

Une classe 10 a écrit cette chanson pour vous. Écoutez et chantez.
(Texte ▶ www.cornelsen.de/webcodes APLUS-1-79)

soixante-dix-neuf 79

FAIS LE POINT   facultatif

Hier kannst du überprüfen, was du in den *Unités* 3–4 an Wortschatz und Grammatik gelernt hast. Unter www.cornelsen.de/webcodes APLUS-1-80 kannst du diese Aufgaben herunterladen und dann ausfüllen.

Vocabulaire

1 Réponds aux devinettes. Utilise *mon*, *ma*, *mes*.

1. La fille de mes parents, c'est moi ou ? ?.
2. Le frère de mon père, c'est ? ?.
3. Le fils du frère de mon père, c'est ? ?.
4. Les parents de mes parents, ce sont ? ?.
5. La sœur de mon père, c'est ? ?.
6. La fille de la sœur de mon père, c'est ? ?.
7. La mère de la mère de ma mère, c'est ? ?.
8. Le fils de mes parents, c'est moi ou ? ?.

2 a Qu'est-ce qu'ils aiment? Regarde les t-shirts et réponds.

| 1 David | 2 Miriam | 3 Bastien | 4 Laurine |
| 5 Florent | 6 Ben | 7 Lilli | 8 Clara |

b Et toi? Forme cinq phrases avec *j'aime* / *je n'aime pas* / *je déteste* / *j'aime ___ mais je préfère ___*.

Grammaire

L'accord de l'adjectif

3 Accorde les adjectifs si nécessaire. | Gleiche die Adjektive an, wenn nötig.

1. Moi, j'aime bien les lapins. Ils sont adorable ?.
2. Et moi, je préfère les perruches. Elles sont très joli ? et très bavard ?.
3. Mes grands-parents ont trois tortues. Moi, je n'aime pas les tortues: elles sont moche ?.
4. Ah, moi si! J'ai une tortue. Elle est joli ? et très intelligent ?.
5. Ma tante a un chat. Il aime jouer avec nous. Il est adorable ?.
6. Mes chiens ne sont pas très joli ?, mais ils sont intelligent ?: ils gardent la maison.
7. Ma cousine a des poissons. Ils ne sont pas très bavard ?, mais ils sont très joli ?.

FAIS LE POINT   facultatif

Les déterminants possessifs

4 **Complète.** Utilise *mon*, *ma*, *mes*, *ton*, *ta*, *tes*, *son*, *sa*, *ses*.

1
- Où est **ma** flûte?
- **?** flûte? Je ne sais pas.
- **?** flûte est sous **?** lit.

2
- Où est **?** DVD de Dany Boon?
- **?** DVD? Je ne sais pas.
- **?** DVD est derrière **?** étagère.

3
- Où sont **?** bédés de Titeuf?
- **?** bédés? Je ne sais pas.
- **?** bédés sont sur **?** chaise.

Les verbes irréguliers *avoir – être – faire – pouvoir – vouloir*

5 **Complète.**

– Qu'est-ce que vous **?** *(faire)* ce week-end?
– On **?** *(faire)* du sport. Moi, je **?** *(faire)* du foot et Alexandre **?** *(faire)* de l'athlétisme. Et toi, qu'est-ce que tu **?** *(vouloir)* faire?
– Moi, je **?** *(être)* à l'école. Avec le prof de français, nous **?** *(faire)* du théâtre. Nous **?** *(avoir)* encore trois semaines avant la rencontre avec les élèves de Stuttgart. Vous **?** *(vouloir)* passer après le sport?
– Oui, bonne idée. Nous ne **?** *(être)* pas loin de l'école.
– Vous **?** *(pouvoir)* être là à quelle heure?
– À cinq heures, ça marche?
– C' **?** *(être)* super. À cinq heures, Sarah et Hugo **?** *(vouloir)* aussi passer. Ce **?** *(être)* mes cousins. Ils **?** *(avoir)* 12 ans. Ils **?** *(faire)* de l'aviron mais ils aiment aussi le théâtre.
– Alors, à plus.
– À plus.

FAIS LE POINT   facultatif

La négation

6 **Corrige. Utilise** *ne ... pas*.
Exemple:
1. – Tu t'appelles Lara?   – Mais non, je ne m'appelle pas Lara. Je m'appelle Nora.

1 Tu t'appelles Lara? → Mais non, je ___. (Nora)
2 Tu es la sœur d'Inès? → Mais non, je ___. (Flore)
3 Tu habites à Strasbourg? → Mais non, je ___. (Paris)
4 Tu es en sixième? → Mais non, je ___. (cinquième)
5 Tu aimes la danse? → Mais non, je ___. (le foot)
6 Tu chattes avec tes copines? → Mais non, je ___. (cousines)

La question avec *est-ce que* et *qu'est-ce que*

7 a *Est-ce que* ou *Qu'est-ce que*? **Complète. Trouve de qui on parle.** | Finde heraus, von wem die Rede ist.

1. – ? c'est un garçon?
   – Non.
2. – ? elle habite à Strasbourg?
   – Oui.
3. – ? elle habite près d'Illkirch?
   – Non.
4. – ? il y a dans sa chambre?
   – Il y a des posters.
5. – ? il y a un ordinateur dans sa chambre?
   – Je ne sais pas.
6. – ? elle a des frères et sœurs?
   – Oui. Un frère et une sœur.
7. – ? elle aime?
   – Elle aime chanter.
8. – ? elle fait du sport?
   – Oui, de l'athlétisme.
9. – ? elle fait après les devoirs?
   – Elle écoute des CD ou elle rêve.
10. – Alors, c'est ? !

b **Faites des devinettes comme en a.** | Ihr könnt auch einen Klassenkameraden erraten.

Qu'est-ce qu'on dit?

8 **Présente un des deux jeunes.**

1 Alex – Hambourg – Allemagne – 13 ans
♡ l'athlétisme
♡♡ la guitare
⌀ les ordinateurs
⌀ le rap

2 Miriam – Pessac (Bordeaux) – France – 15 ans
♡ le ski
♡♡ le théâtre
♡ le foot
⌀ la danse

82 quatre-vingt-quatre

Unité 5 Au collège

PF Tâches – au choix
Am Ende dieser Unité kannst du

- **A** in einer E-Mail deinen Schulalltag beschreiben.
- **B** mit deiner Klasse den Empfang einer französischen Schülergruppe vorbereiten.

Compétences communicatives
Du lernst

- deine Schule vorzustellen. (▶ V 1)
- deinen Tagesablauf in der Schule zu beschreiben. (▶ V 2)
- deine Lieblingsfächer zu nennen. (▶ V 2)
- etwas zu begründen. (▶ V 2)
- Vorschläge zu machen und über Pläne zu sprechen. (▶ V 3)

Dazu brauchst du z. B.

- die Possessivbegleiter *notre, nos, votre, vos, leur, leurs*.
- die Präposition *à + article défini*.
- die Fragen mit *à quelle heure est-ce que, quand est-ce que* und *où est-ce que*.
- die Frage mit *pourquoi est-ce que* und die Antwort mit *parce que*.
- das *futur composé*.
- die Verben *manger* und *aller*.

Compétences interculturelles

- Du lernst eine französische Schule und den Stundenplan eines französischen Schülers kennen.

Apprendre à apprendre
Du lernst

- wie du Texte auf Französisch schreiben und korrigieren kannst.

quatre-vingt-trois **83**

5 VOLET 1

VOLET 2 VOLET 3 LA FRANCE EN DIRECT TÂCHES – AU CHOIX REPÈRES

Notre collège

Préparer la compréhension

1 Regarde le plan. Quels mots est-ce que tu comprends? | Welche Wörter kannst du schon verstehen? Warum? (▶ Méthodes, p. 166/18)

CD2 19 La sixième A présente son collège pour la journée portes ouvertes.

Nos endroits préférés? La cour et le CDI. Là, nous sommes dans la cour avec nos surveillantes.

Voilà M. Beck, notre CPE. Il est très sympa. Sur la photo, il est au secrétariat.

Voilà le CDI et voilà Mme Lemaire, notre documentaliste. Au CDI, on peut emprunter des livres et surfer sur Internet.

Ça ne va pas? À l'infirmerie, notre infirmière Mme Tauzin est toujours là pour nous.

l'infirmerie f.

la cour

la salle des profs

le secrétariat

le CDI

84 quatre-vingt-quatre

VOLET 1 VOLET 2 VOLET 3 LA FRANCE EN DIRECT TÂCHES – AU CHOIX REPÈRES **5**

5

À la cantine, on rigole bien.

1 Il est trop cool, votre gymnase!
2 Oui, il est super!
3 Et vos profs? Ils sont comment?
4 Ça dépend.

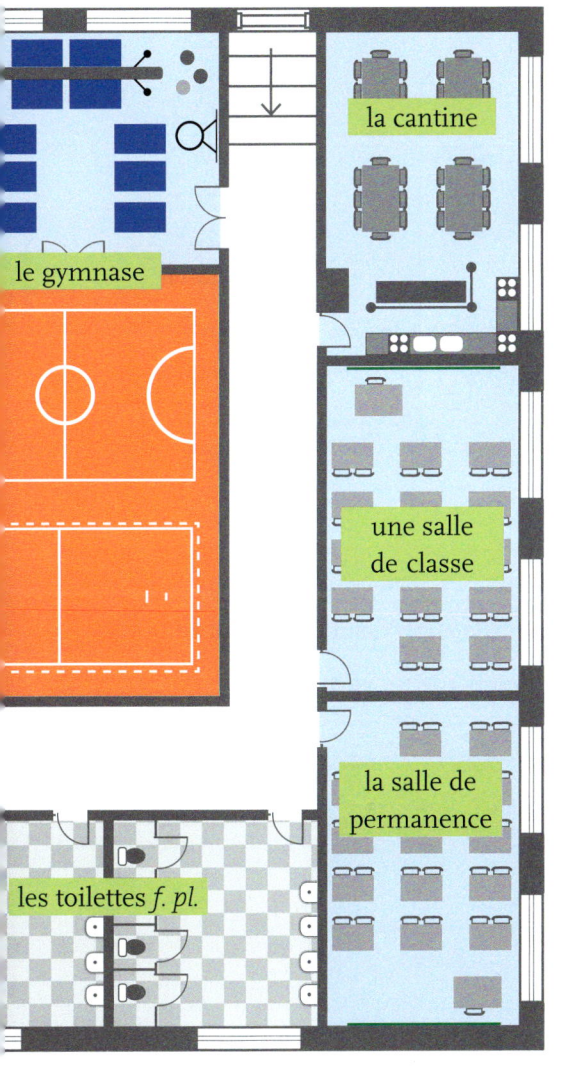

la cantine

le gymnase

une salle de classe

la salle de permanence

les toilettes *f. pl.*

6

Au gymnase, on fait du sport avec Mme Laporte, notre prof d'EPS.

7

En permanence, on peut travailler et faire ses devoirs.

Vous cherchez les toilettes?
Elles sont entre la salle de permanence et le CDI.

quatre-vingt-cinq **85**

5 VOLET 1   VOLET 2   VOLET 3   LA FRANCE EN DIRECT   TÂCHES – AU CHOIX   REPÈRES

Lire et comprendre

DELF 2 Qu'est-ce qui va ensemble? (▶ Texte, p. 84–85)

42|1

1. Les élèves font du sport	a au CDI.
2. Pendant la récréation, ils sont	b au secrétariat.
3. On peut faire ses devoirs	c dans la cour.
4. Les élèves de sixième rigolent bien	d en permanence.
5. On peut emprunter des livres	e au gymnase.
6. Mme Tauzin travaille	f à la cantine.
7. Sur la photo, M. Beck est	g à l'infirmerie.

Parler

3 Ils sont où? A pose des questions. B répond. Puis B pose des questions et A répond. (B ▶ p. 149)

43|5

Exemple: A: Où est le CPE? B: Il est au CDI.

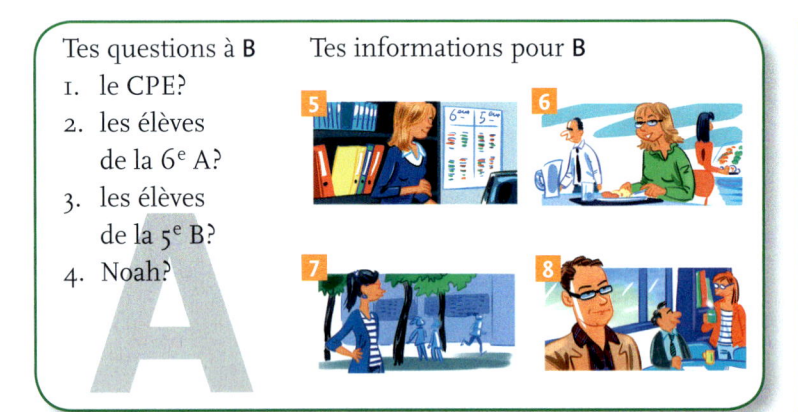

Tes questions à **B**
1. le CPE?
2. les élèves de la 6ᵉ A?
3. les élèves de la 5ᵉ B?
4. Noah?

Tes informations pour **B**

à	la cantine
	l'infirmerie
au	CDI
	gymnase
	secrétariat
dans	la cour
	la salle de classe
	la salle des profs

Découvrir

Koop 4 a Wofür steht *au*? Wofür steht *aux*? Tausche dich mit deinem Partner / deiner Partnerin aus.

43|4

la cantine → **à la** cantine   le collège → **au** collège   les toilettes → **aux** toilettes

b Ergänzt die Sätze und tauscht eure Ergebnisse in der Klasse aus.

1. Je suis ? gymnase.   2. Vous êtes ? maison?   3. Ils sont ? musée ou ? cinéma?

Écouter et comprendre

CD 2 5 C'est où? Écoute et réponds. (▶ Méthodes, p. 162/9)   ▶ p. 156

20

86 quatre-vingt-six

VOLET 1

S'entraîner

6 Lis et complète le mail de la sixième B par *notre*, *nos*, *votre*, *vos*. (▶ Repères, p. 98/1) ▶ p. 156

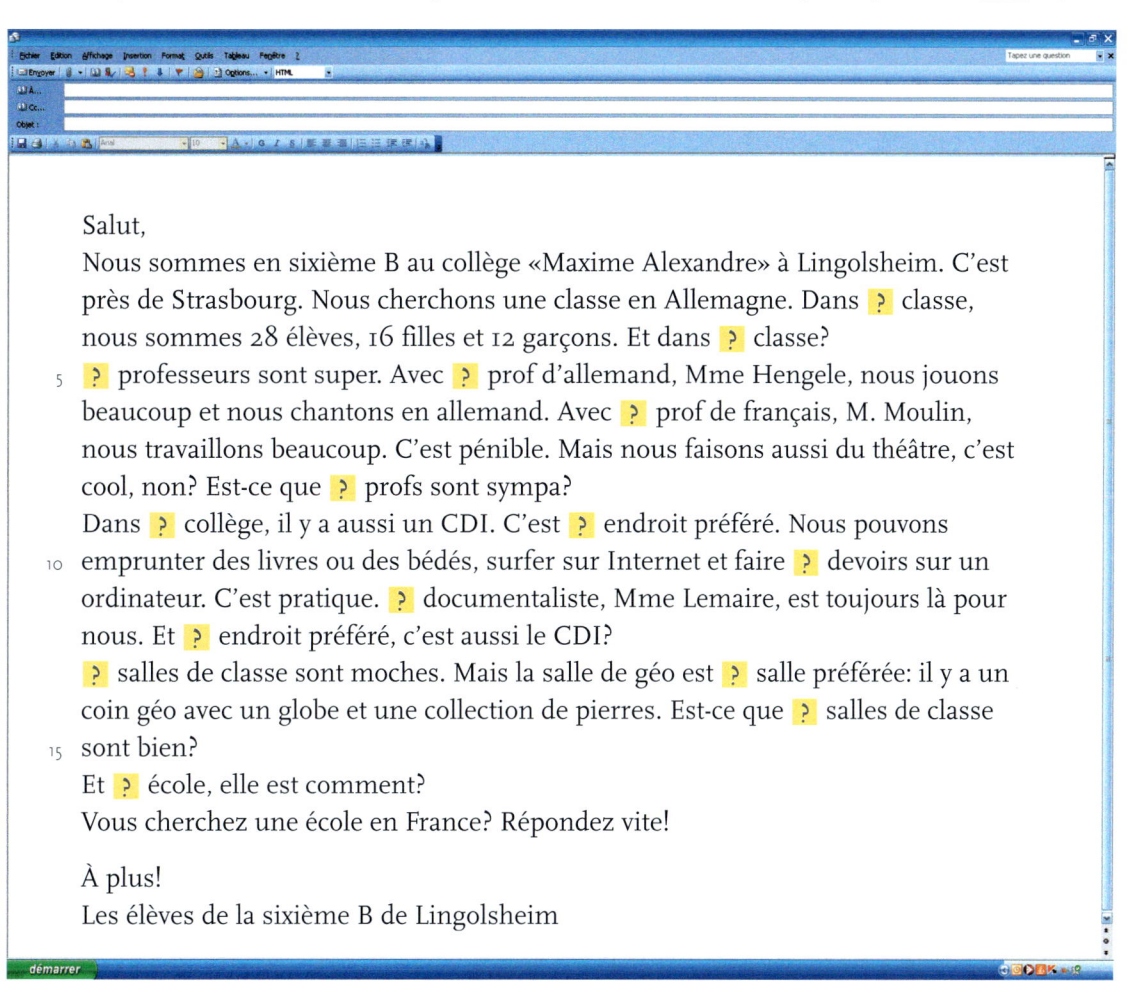

42|2
42|3

Salut,
Nous sommes en sixième B au collège «Maxime Alexandre» à Lingolsheim. C'est près de Strasbourg. Nous cherchons une classe en Allemagne. Dans ? classe, nous sommes 28 élèves, 16 filles et 12 garçons. Et dans ? classe?
5 ? professeurs sont super. Avec ? prof d'allemand, Mme Hengele, nous jouons beaucoup et nous chantons en allemand. Avec ? prof de français, M. Moulin, nous travaillons beaucoup. C'est pénible. Mais nous faisons aussi du théâtre, c'est cool, non? Est-ce que ? profs sont sympa?
Dans ? collège, il y a aussi un CDI. C'est ? endroit préféré. Nous pouvons
10 emprunter des livres ou des bédés, surfer sur Internet et faire ? devoirs sur un ordinateur. C'est pratique. ? documentaliste, Mme Lemaire, est toujours là pour nous. Et ? endroit préféré, c'est aussi le CDI?
? salles de classe sont moches. Mais la salle de géo est ? salle préférée: il y a un coin géo avec un globe et une collection de pierres. Est-ce que ? salles de classe
15 sont bien?
Et ? école, elle est comment?
Vous cherchez une école en France? Répondez vite!

À plus!
Les élèves de la sixième B de Lingolsheim

Apprendre à apprendre

7 Wie du Texte schreiben und korrigieren kannst (1)   (▶ Méthodes, p. 166/19)
Wenn du einen Text schreiben willst, sammle zuerst deine Ideen. Notiere sie auf einem Blatt Papier. Welche Vokabeln oder Ausdrücke kennst du schon, die zu deinen Ideen passen? Schreibe sie dazu. Wende diese Methode bei der nächsten Aufgabe an.

Écrire

8 Réponds au mail de la sixième B. (▶ p. 87/6) | Hebe deine Antwort auf, du wirst sie im *Volet* 2 benötigen.   ▶ p. 157

Tipp: Antworte auf die in der E-Mail gestellten Fragen.

quatre-vingt-sept **87**

Ma journée

La journée préférée de Noah

C'est lundi. Il est 7 heures et quart. Noah regarde son emploi du temps. Le lundi, il a sept heures de cours. C'est beaucoup, mais c'est sa journée préférée, parce qu'il retrouve ses copains et parce qu'il a deux heures de maths de 8 à 10 et une heure d'EPS de 1 à 2. Ce sont ses matières préférées. Le matin, de 10 à 11, il a musique et après, il a encore une heure de SVT. Il n'aime pas trop les cours de musique de Madame Martin, mais il aime bien les SVT, c'est très intéressant. À midi, il mange à la cantine avec ses copains. Le lundi, il y a toujours des spaghettis et Noah adore les spaghettis! Après la cantine, il va au CDI ou dans la cour. L'après-midi, après l'EPS, il a encore anglais de 2 à 3 et français de 3 à 4. À quatre heures, il rentre à la maison et il fait ses devoirs jusqu'à cinq heures et demie ou six heures moins le quart. Le soir, il va souvent chez Karim, il surfe sur Internet ou il regarde la télé.

Un mail de Clara à sa grand-mère

Chère Mamie,
Merci pour les photos de ton chat! Lucifer est adorable. Et toi et Papi, vous allez bien?
Cet après-midi, je n'ai pas cours parce que mon prof de français n'est pas là. Et demain, c'est mercredi et le mercredi matin, j'ai une heure d'allemand et deux heures d'EPS. C'est super, non? Je suis dans ma chambre et je suis bien tranquille parce que Camille est à l'école!
Demain après-midi, je vais au TJP avec mon amie Yasmine. Après, on va à la Vitamine C.
J'adore le théâtre, Yasmine et le mercredi! 😊
Dans deux semaines, j'ai une interro de maths. Je suis nulle! Pourquoi est-ce qu'Alexandre est bon en maths mais pas moi? ☹
Yasmine aussi est bonne en maths, alors on fait souvent nos devoirs ensemble. 😊
Grosses bises
Cl@r@

VOLET 1   **VOLET 2**   VOLET 3   LA FRANCE EN DIRECT   TÂCHES – AU CHOIX   REPÈRES   **5**

Lire et comprendre

DELF 1 a Choisis un des textes (Noah ou Clara) et fais l'exercice correspondant. | Suche dir einen der beiden Texte aus und löse die dazugehörige Aufgabe.

Noah

Note l'emploi du temps de Noah pour le lundi.

	Lundi
8:00– 9:00	?
9:00–10:00	?
10:00–11:00	?
11:00–12:00	?
12:00–13:00	cantine
13:00–14:00	?
14:00–15:00	?
15:00–16:00	?

Clara

Vrai (v) ou faux (f)? Lis le mail de Clara et corrige les phrases fausses.

1. Le mercredi matin, Clara a deux heures d'EPS, une heure de maths et une heure de français.
2. Le mercredi après-midi, Clara n'a pas cours.
3. Le mercredi après-midi, Clara est chez sa copine.
4. Clara adore les maths et elle est très bonne.
5. Alexandre et Yasmine sont bons en maths.

Koop **b** Cherche un/une partenaire qui a fait le même exercice et comparez vos résultats. | Suche jemanden, der die gleiche Aufgabe bearbeitet hat, und vergleicht eure Ergebnisse.

c Présentez vos résultats. | Stellt eure Ergebnisse vor.

Parler

2 a *Lundi* ou *le lundi*? Fais des dialogues avec ton/ta partenaire. (▶ Repères, Qu'est-ce qu'on dit? p. 98)

1 On va au TJP, lundi?

2 Lundi? Non, je ne peux pas.

3 Pourquoi est-ce que tu ne peux pas?

4 Parce que le lundi, je vais toujours à l'athlétisme.

on va au TJP	lundi	je vais toujours à l'athlétisme
↓	↓	↓
on regarde des DVD après l'école	mardi	j'ai toujours cours jusqu'à six heures
on va à la Montagne des singes ensemble	mercredi	je vais toujours chez ma grand-mère
on mange chez Tante Agathe	jeudi	je rentre toujours trop tard
on écoute des CD chez Clara	vendredi	je garde toujours mon frère
on regarde la télé	samedi	je fais toujours du foot
on fait une balade à vélo	dimanche	je suis toujours chez mon père

b À vous. Continuez. Utilisez aussi *lundi matin/après-midi/soir* ou *mardi matin/___*.

quatre-vingt-neuf **89**

S'entraîner

3 a Lis le poème et apprends-le par cœur. | Lies das Gedicht und lerne es auswendig.

b Présentez le poème ensemble. | Sagt es als Partnergedicht auf: Jeder sagt abwechselnd eine Zeile.

c À vous. | Denkt euch weitere Reime mit *aller* aus.

> Je vais,
> tu vas,
> on va,
> on va au cinéma.
> Nous allons,
> vous allez,
> ils vont,
> ils vont à Avignon.

4 Clara et Jade parlent dans la cour.
Complète par les formes du verbe *aller*. (▶ Verbes, p. 175)

Clara: Tu ? à la journée portes ouvertes au collège, demain?
Jade: Non, ça ne ? pas, je ? chez mon père à Genève.
Clara: Et qu'est-ce que vous faites?
Jade: Samedi après-midi, mon père et moi, nous ? au minigolf du Lignon.
Samedi soir, mon père et ma belle-mère ? au cinéma, alors, moi, je garde mes frères.
Clara: Ah bon, vous n' ? pas au cinéma ensemble?
Jade: Non, on préfère jouer sur l'ordinateur.

Écouter et comprendre

5 a Qu'est-ce qui va ensemble? Écoute et note. | Welches Bild passt zu welcher Uhrzeit?

1. 7:45
2. 10:00
3. 11:00
4. 12:30
5. 16:15
6. 17:00

A, B, C, D, E, F

b Raconte la journée de Théo.

c Et toi? Raconte ta journée. Utilise *le matin, à midi, l'après-midi, le soir*.
(▶ Repères, Qu'est-ce qu'on dit? p. 98)

▶ p. 157

VOLET 1 **VOLET 2** VOLET 3 LA FRANCE EN DIRECT TÂCHES – AU CHOIX REPÈRES **5**

Regarder et comprendre

6 a Regarde la séquence et réponds aux questions.

1. Qu'est-ce que Tristan a le jeudi?
2. Qu'est-ce que Tristan fait après l'école?

b Utilise tes réponses de a et raconte la journée de Tristan.

| le matin | à midi | l'après-midi |
| après l'école | le soir | à ___ heures |

Apprendre à apprendre

7 Wie du Texte schreiben und korrigieren kannst (2)   (▶ Méthodes, p. 167/20)
Wenn du einen Text geschrieben hast, solltest du dir immer Zeit nehmen, ihn nach Fehlern zu durchsuchen. Lies ihn mehrmals durch und achte bei jedem Lesen nur auf einen bestimmten Punkt. Benutze dazu die Fehlerliste.

8 a Es ist oft leichter, Fehler in einem Text zu finden, den du nicht selbst geschrieben hast. Tauscht deswegen eure E-Mails aus Volet 1 aus und korrigiert den Text eures Partners / eurer Partnerin mit Hilfe der Fehlerliste.

b Besprecht eure Fehler gemeinsam und korrigiert eure Texte.

Vocabulaire

9 Qu'est-ce qui va ensemble? Il y a plusieurs possibilités! | Die Ausdrücke kannst du in der nächsten Aufgabe verwenden.

avoir   retrouver   manger   surfer   emprunter   être bon   faire

un CD   une interro   du sport   sur Internet   cours   ses copains   en français   à la cantine   ses devoirs

Écrire

10 a Présente tes activités, tes endroits, ... préférés. Explique pourquoi tu aimes ces choses.

Ma journée préférée,
Mes matières préférées,
Mes endroits préférés,
___,

| c'est | | |
| ce sont | ___ | parce que ___. |

b Korrigiere, was du in a geschrieben hast, mit Hilfe der Fehlerliste.   (▶ Méthodes, p. 167/20)
Kannst du Fehler entdecken? Welche Fehler hast du gemacht? Achte in Zukunft besonders auf deine „Lieblingsfehler".

Le programme

Préparer la compréhension

1 Écoute. Qui parle? Où est-ce qu'ils sont? De quoi est-ce qu'ils parlent? (▶ Méthodes, p. 162/9)

Les élèves de la sixième A vont passer une journée avec leurs correspondants de Lahr. Ils préparent le programme avec leur professeur d'allemand.

5　**Mme Vidal:** Qui note les idées?
　Lara: Moi, Madame!
　Amandine: Quand est-ce que nos corres arrivent au collège?
　Mme Vidal: Lundi, à 8 heures et demie.
10　D'abord, nous allons visiter le collège. Et après, qu'est-ce que nous allons faire?
　Théo: J'ai une idée! On va au Musée du chocolat.
　Lukas: Super! On peut aussi manger là-bas,
15　à midi!
　Mme Vidal: Non, Lukas, nous mangeons à la cantine. En plus, le musée est fermé le lundi. Alors, où est-ce que nous allons?
　Maxime: Au Vaisseau, Madame!
20　**Lara:** Oh non, on ne va pas aller au Vaisseau!
　Théo: Oh si! Il y a un atelier sur les fossiles en ce moment!
　Clara: Mais le Vaisseau aussi est fermé le lundi …
25　**Yasmine:** On peut visiter Strasbourg en bateau.
　Élèves: Super! Ça, c'est une bonne idée!
　Mme Vidal: Très bien. Tu notes, Lara?
　Lara: Oui, Madame. À quelle heure est-ce qu'on va faire la balade en bateau?
30　**Mme Vidal:** Après la visite du collège, vers 10 heures.
　Maxime: Madame, est-ce qu'on peut faire un rallye, aussi?
　Élèves: Oh oui, Madame, un rallye!

35　Avant la récréation, tout le monde est d'accord sur le programme.

Programme	
8 h 30:	Arrivée des correspondants au collège et visite du collège
10 h:	Départ pour la visite de Strasbourg en bateau
12 h:	Retour au collège en car
12 h 15:	Déjeuner à la cantine
14 h:	Rallye dans le centre-ville
17 h:	Retour en car à la passerelle Mimram, photo de groupe

Lire et comprendre

DELF 2 a Réponds aux questions. (▶ Texte et programme, p. 92)

1. À quelle heure est-ce que les correspondants arrivent lundi?
2. Qui veut visiter le musée du chocolat?
3. Est-ce que Lara est d'accord avec Maxime?
4. Qu'est-ce qu'il y a au Vaisseau, en ce moment?
5. Pourquoi est-ce que les élèves ne visitent pas le Vaisseau?
6. À quelle heure est-ce que les élèves vont faire le rallye?

b Trouve encore trois questions sur le texte pour ton/ta partenaire. Il/Elle répond. Utilise:

> Est-ce que ___?   Qui___?
> Pourquoi est-ce que___?
> À quelle heure est-ce que___?
> Où est-ce que___?

Parler

DELF 3 Un copain français est chez toi. Vous cherchez des activités pour le week-end. Faites le dialogue. (B ▶ p. 150)

A
- Du machst einen Vorschlag.
- Du reagierst auf den Vorschlag von **B**.
- Am Ende einigt ihr euch.

Mögliche Vorschläge:

> *visiter* le musée ___
> *aller* au cinéma
> *aller* chez ___
> *faire* une balade dans le centre-ville
> *faire* une balade à vélo
> *regarder* un DVD avec ___
> *écouter* des CD
> *faire* du foot / ___

Mögliche Reaktionen:

:)
Je suis pour.
Ça, c'est une bonne idée!
Oh, oui, super!
D'accord!
C'est intéressant!
C'est trop cool!
Ça marche.

:|
Bon, c'est d'accord.
Bof.
Oh, je ne sais pas.
Je ne suis pas trop d'accord.
Ce n'est pas mon truc.

:(
Je suis contre.
Oh non, c'est l'horreur.
Je ne suis pas d'accord.
Ce n'est pas intéressant.
C'est nul.

5 VOLET 3

Recherche

4 Cherche sur Internet et note les informations sur le Vaisseau dans ton cahier.

1. Quand est-ce qu'on peut visiter le Vaisseau? (jours et heures)
2. Note l'adresse et le numéro de téléphone.
3. Est-ce qu'on peut manger au Vaisseau?
4. Qu'est-ce qu'on peut faire au Vaisseau, en ce moment?

Vocabulaire

5 Trouve les intrus. | Welches Wort passt nicht in die Reihe? Begründe deine Antwort.

1. le secrétariat – la cantine – le gymnase – le centre-ville
2. super – bon – bavard – intéressant
3. le matin – l'heure – l'après-midi – le soir
4. le vendredi – le dimanche – la journée – le jeudi
5. le bateau – le départ – le car – le vélo

Découvrir

6 Was bedeutet *nous allons visiter le collège*? Um welche Zeit handelt es sich? Welche weiteren Formen dieser Zeit kommen im Text vor? Erstelle eine Tabelle und trage die fehlenden Formen mit Hilfe der *Repères* auf S. 99/4 ein.

je
tu
il/elle/on
nous   allons   visiter le collège

S'entraîner

7 a C'est bientôt samedi. Qu'est-ce que Jade va faire? Imagine.

> écouter des CD
> chatter avec ___
> regarder la télé
> surfer sur Internet
> aller chez ___
> faire une balade ___
> retrouver les copines
> ___

b Qu'est-ce qu'elle ne va pas faire? Imagine.

8 a Et toi, qu'est-ce que tu vas faire samedi? Qu'est-ce que tu ne vas pas faire?
Écris un petit texte.

b Tauscht eure Texte aus und führt eine Partnerkorrektur durch. (▶ Méthodes, p. 167/20)

- Ist die Form des *futur composé* richtig? (▶ Repères, p. 99/4)
- Steht die Verneinung an der richtigen Stelle? (▶ Repères, p. 99/4)
- Welche Fehler findest du noch?

9 Les élèves de Strasbourg passent la journée à Lahr. Ils parlent de l'école de leurs correspondants. Complète par *leur* ou *leurs*.

1. ? collège est moche, mais ? gymnase est super!
2. ? profs sont sympa!
3. Oui, mais avec ? prof de maths, ils ne rigolent pas!
4. ? livres sont intéressants!
5. ? emploi du temps est trop cool!
6. Oui, et après ? devoirs, ils peuvent encore avoir des activités l'après-midi!

10 a Les élèves de Strasbourg posent aussi des questions à leurs correspondants. Complète par *quand est-ce que* ou *où est-ce que*. Il y a plusieurs possibilités.

1. ? vous avez EPS?
2. ? vous passez vos récréations?
3. ? vous allez pendant la récréation?
4. ? vous mangez à midi?
5. ? vous rentrez à la maison?
6. ? vous avez français?

b À vous. Répondez aux questions de a.

Écouter et parler

11 Ton/Ta correspondant/e te pose des questions. Écoute et réponds.

L'emploi du temps de la sixième B

	Lundi	Mardi	Mercredi	Jeudi	Vendredi
8–9 h		Physique	Anglais		EPS
9–10 h	Français	Physique	Histoire Géo	Techno	EPS
10–11 h	Musique	Arts Plastiques	Maths	SVT	Histoire Géo
11–12 h	Allemand	Allemand	Maths	SVT	Anglais
12–13 h					
13–14 h	EPS			Maths	
14–15 h	Maths	Français		Permanence	Français
15–16 h	Anglais	Français		Histoire Géo	Français
16–17 h				Allemand	Vie de classe

1 Quels mots est-ce que tu comprends?

2 Comparez votre emploi du temps avec l'emploi du temps de la sixième B.

Nous avons ___ heures d'anglais / de maths / ___.
Nous (n') avons (pas) cours, le matin / l'après-midi / de ___ à ___ heures.

Le CDI du collège

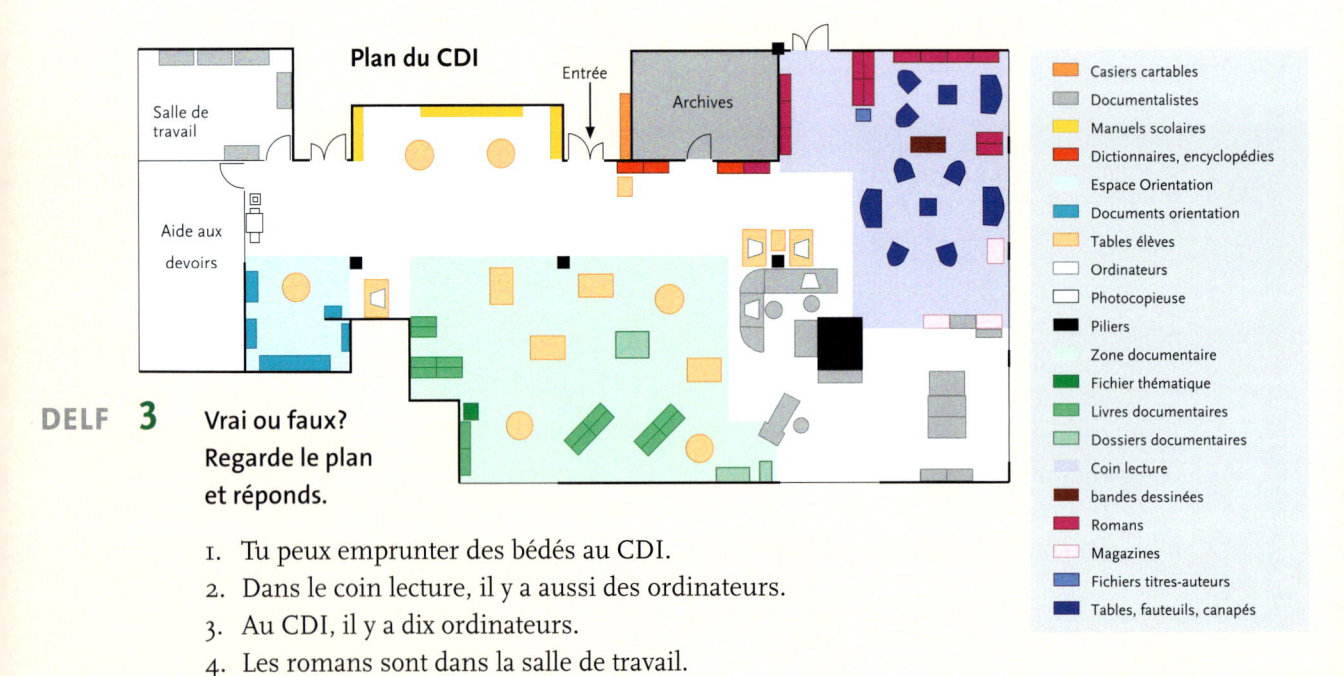

Plan du CDI

Entrée
Archives
Salle de travail
Aide aux devoirs

Casiers cartables
Documentalistes
Manuels scolaires
Dictionnaires, encyclopédies
Espace Orientation
Documents orientation
Tables élèves
Ordinateurs
Photocopieuse
Piliers
Zone documentaire
Fichier thématique
Livres documentaires
Dossiers documentaires
Coin lecture
bandes dessinées
Romans
Magazines
Fichiers titres-auteurs
Tables, fauteuils, canapés

DELF 3 Vrai ou faux? Regarde le plan et réponds.

1. Tu peux emprunter des bédés au CDI.
2. Dans le coin lecture, il y a aussi des ordinateurs.
3. Au CDI, il y a dix ordinateurs.
4. Les romans sont dans la salle de travail.

4 Comment est-ce qu'on dit ces mots en français?   1. Wörterbuch   2. Kopierer   3. Eingang

Wähle eine der beiden Aufgaben aus.

A Ma journée

Écris un mail à un copain français ou une copine française. Présente deux journées de ta semaine.

> - Welche Tage willst du beschreiben und wie? Sammle Ideen und ordne sie.   (▶ Méthodes, S. 166/19)
> - Wie beginnst du deine E-Mail und wie beendest du sie?
> - Korrigiere deine E-Mail mit Hilfe der Fehlerliste.   (▶ Méthodes, S. 167/20)

Nützliche Ausdrücke findest du in den *Repères* (*Qu'est-ce qu'on dit,* p. 98) und im Text (p. 88).

Salut,
Voilà deux journées de ma semaine:
Le mardi, c'est ma journée préférée.
Le matin, j'ai cinq heures de cours. J'ai deux heures d'allemand et deux heures d'anglais. C'est super, parce que les profs sont sympa et ce sont mes matières préférées. De onze heures et demie à douze heures et quart, j'ai maths – c'est pénible, parce que ce n'est pas mon truc, mais je fais souvent mes devoirs avec Sophie et elle est bonne en maths. À douze heures et quart je rentre et je mange chez ma grand-mère. Après, je fais mes devoirs jusqu'à deux heures et demie.
L'après-midi, je n'ai pas cours. Je vais souvent chez Sophie et nous faisons une balade à vélo. C'est trop cool. :-)
Le soir, je garde ma sœur et nous regardons la télé ensemble.
Le jeudi, c'est l'horreur …

B On cherche des correspondants en France

Votre classe partenaire va bientôt arriver. Formez deux groupes.
– Le groupe 1 prépare un programme pour deux jours avec vos partenaires.
– Le groupe 2 présente votre école.

> **Gruppe 1:**
> Was wollt ihr mit euren französischen Austauschpartnern unternehmen?
> - Sammelt Ideen, diskutiert und einigt euch auf ein Programm.
> - Schreibt das Programm auf und stellt es der anderen Gruppe vor.
>
> **Gruppe 2:**
> Was sollten eure Austauschpartner über eure Schule wissen?
> - Wer und was ist an welchem Ort zu finden?
> - Wie wollt ihr die Informationen darstellen?
>
> Korrigiert euer Programm / eure Collage, bevor ihr sie ins Reine schreibt.

Nützliche Ausdrücke findet ihr in den *Repères* (*Qu'est-ce qu'on dit,* p. 98) und im Text (p. 84–85).

Qu'est-ce qu'on dit?

Du sprichst über die Schule:
Voilà (notre cantine / nos surveillants).
Là, nous sommes (dans la cour / au gymnase).
Au gymnase, on peut (faire du sport).
Ils sont comment, vos profs?
Ça dépend.

Du sprichst über deinen Tagesablauf:
Quand est-ce que (tu vas à l'école)?
À quelle heure est-ce que (tu as cours)?
Où est-ce que (tu vas après les cours)?

À huit heures, / ___	je rentre.
Le matin, / ___	je vais au collège.
Le lundi, / ___	je mange à la cantine.

> Unterscheide:
> **Le** lundi, je fais du sport. (immer montags)
> Lundi, je fais du sport. (an diesem Montag)

Du sprichst über deine Schulfächer:
J'ai cours (de 8 à 10 / jusqu'à 5 heures).
Je n'ai pas cours (le mercredi après-midi).
J'ai français/allemand/anglais/___.
Je suis bon(ne) / nul(le) en anglais.
Ma matière préférée, c'est ___.
J'ai une heure d'allemand / de SVT / ___.

Du fragst nach einem Grund:
Pourquoi est-ce que (tu ne manges pas à la cantine)?

Du begründest etwas:
Parce que (je n'aime pas le poisson).

Ihr diskutiert über eure Pläne:
Qu'est-ce qu'on va faire demain?
Où est-ce qu'on va aller?
On peut (faire un rallye)?
Ah non! On ne va pas (aller au musée)!
Oh, si!
Ce n'est pas intéressant.
C'est fermé. / C'est ouvert.
Je suis contre. / Je suis pour.
C'est nul.
Trop cool!
Super!
Bonne idée!
(Je suis) d'accord.

Du beginnst eine E-Mail:
Chère (Yasmine), / Cher (Noah),
Salut! / Bonjour!

Du beendest eine E-Mail:
Grosses bises / À plus! / Salut!

Grammaire

Du drückst eine Zugehörigkeit aus:

GH 23

1 Voilà **notre** gymnase.
Ils sont comment, **vos** profs?
Voilà les élèves de Lahr avec **leur** prof.

→ Dazu brauchst du:

die Possessivbegleiter
notre/nos, votre/vos, leur/leurs

Singulier

♂		♀
livre	notre	bédé
ami	votre	amie
	leur	

Pluriel

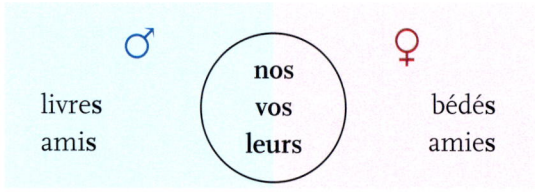

♂		♀
livres	nos	bédés
amis	vos	amies
	leurs	

| VOLET 1 | VOLET 2 | VOLET 3 | LA FRANCE EN DIRECT | TÂCHES – AU CHOIX | REPÈRES | **5** |

Du sagst, wo du bist oder wohin du gehst: Dazu brauchst du:

GH 22   **2**
GH 24

Je **suis au** collège. → *être* + *à* + bestimmter Artikel
Je **vais à la** cantine.   *aller* + *à* + bestimmter Artikel

Nous sommes **à la** cantine. (**la** cantine)
Il va **à l'**infirmerie. (**l'**infirmerie)
Vous allez **au** gymnase? (**le** gymnase)   ❗ à + le = au
Elle est **aux** toilettes. (**les** toilettes)   ❗ à + les = aux

Lege eine Verbkarteikarte für *aller* an. Die Konjugation von *aller* findest du auf S. 175.

Du stellst Fragen: Dazu brauchst du:

GH 28   **3**

Quand est-ce que tu vas à l'école? → **Fragewörter** + *est-ce que*

Quand est-ce que tu vas à l'école?
À quelle heure est-ce que tu as cours?
Où est-ce que tu vas après les cours?
Pourquoi est-ce que tu n'aimes pas le rap?

> 👥 **Übt und wiederholt gemeinsam**
>
> Frage deine/n Partner/in
> wann er/sie Sport hat; um wie viel Uhr er/sie
> heute nach Hause geht; wo er/sie hingeht;
> warum er/sie nicht in die Kantine geht.
> (▶ Solutions, p. 177)

Du sprichst über Zukunftspläne: brauchst du:

GH 29   **4**

Qu'est-ce qu'on **va faire** demain? → **das** *futur composé*

Je	**vais**	noter	les idées.
Tu	**vas**	manger	à la cantine?
Il/Elle/On	**va**	faire	une balade.
Nous	**allons**	visiter	le collège
Vous	**allez**	préparer	le programme?
Ils/Elles	**vont**	arriver	à huit heures.

Ils **ne** vont **pas** manger à la cantine.
Nous **n'** allons **pas** visiter la cathédrale.

> 👥 **Übt und wiederholt gemeinsam**
>
> Formuliert die Regeln.
> – Wie wird das *futur composé* gebildet?
> – Wo stehen die Verneinungswörter beim
>   *futur composé*?
> (▶ Solutions, p. 177)

Weitere Verben:

GH 30   **5**

manger → ❗ *nous mang**e**ons*   ▶ *Verbes*, p. 174

quatre-vingt-dix-neuf   **99**

MODULE facultatif

Poèmes et chansons (2)

CD2 27 **L'automne**[1]

Il pleut[2]
des feuilles[3] jaunes[4]
il pleut
des feuilles rouges[5]

5 L'été[6] va
s'endormir[7]
et l'hiver[8]
va venir[9]
sur la pointe[10]
10 de ses souliers[11]
gelés[12]

Anne-Marie Chapouton,
Poèmes petits

CD2 28 **Le canon des flocons**

Les flocons[1] jour et nuit
Les flocons tombent[2] sans bruit[3]
Tous les toits[4] sont recouverts[5]
On a compris c'est l'hiver[6]

Jean-Luc Moreau,
Le manège de la neige

1 l'automne *(m.)* der Herbst
2 il pleut es regnet
3 la feuille das Blatt
4 jaune gelb
5 rouge rot
6 l'été *(m.)* der Sommer
7 s'endormir einschlafen
8 l'hiver *(m.)* der Winter
9 venir kommen
10 la pointe die Spitze
11 le soulier der Schuh
12 gelé/e gefroren

1 le flocon die (Schnee)flocke
2 tomber fallen
3 sans bruit lautlos
4 le toit das Dach
5 recouvert/e bedeckt
6 l'hiver *(m.)* der Winter

Choisis un des deux poèmes et apprends-le par cœur.
Wähle eines der beiden Gedichte aus und lerne es auswendig.

CD2 29 **Pendant l'année**

En janvier, j'ai un nouveau calendrier.
En février, je me déguise[1] de la tête aux pieds[2].
En mars, je continue à faire des farces[3].
En avril, je fais des tours en ville.
5 En mai, je fais ce qui me plaît[4]!
En juin, je retrouve mes copains.
En juillet, je fais la grasse matinée[5].
En août, je joue tous les jours au foot.
En septembre, je range ma chambre[6].
10 En octobre, je rêve, je n'aime pas octobre.
En novembre, j'attends[7] le mois de décembre!

Catherine Jorißen

1 je me déguise ich verkleide mich
2 de la tête aux pieds von Kopf bis Fuß
3 faire des farces Streiche spielen
4 ce qui me plaît was mir gefällt
5 faire la grasse matinée lange schlafen
6 je range ma chambre ich räume mein Zimmer auf
7 attendre qc auf etw. warten

Et toi? Qu'est-ce que tu fais en janvier, en février …? Écris ton poème.

BILAN DES COMPÉTENCES   facultatif

PRÉPARATION AU DELF

Hier kannst du überprüfen, was du in den *Unités* 4 und 5 gelernt hast. Unter www.cornelsen.de/webcodes APLUS-1-101 kannst du diese Aufgaben herunterladen und dann ausfüllen.

Compréhension orale

CD 2 30–31

1 Écoute et note les lettres dans ton cahier.

1. Qui va passer le samedi après-midi ensemble?
   a Ben et Léa.
   b Maxime et Alex.
   c Léa et Maxime.

2. À la journée portes ouvertes on peut faire …
   a du foot.
   b de la danse.
   c de l'aviron.

3. Alex va faire du foot avec …
   a son père et un copain.
   b son cousin et sa sœur.
   c son frère et son cousin.

Compréhension écrite

2 C'est la rentrée. Agathe et Nicolas vont aller en sixième. Ils surfent sur le site Internet de leur collège. Ils cherchent une activité après les cours. Regarde la page Internet et trouve une activité pour Agathe et Nicolas.

Le hobby d'Agathe, c'est la musique. Ses matières préférées sont la géo, les SVT et la musique! Le mercredi après-midi, elle est toujours chez sa grand-mère, à Illkirch.

Nicolas adore le sport, mais le foot, ce n'est pas trop son truc. Ses matières préférées à l'école sont l'EPS et le français. Il aime discuter pendant des heures.
Le week-end, il est chez son père à Lyon.

Salut! Tu rentres en 6ᵉ …
Dans notre collège, il y a huit clubs:

→ **L'atelier santé:** Mme Kern, l'infirmière, organise un atelier à l'infirmerie, le lundi à 12 heures 30.
→ **Le club géologie:** Tu aimes les pierres et les fossiles? Alors, va au club géo le jeudi à 12 heures 15.
→ **Le club aviron:** C'est le week-end, on fait des balades sur l'Ill près de Strasbourg.
→ **L'activité journal:** Nous faisons un journal sur VOS problèmes à l'école. Nous parlons aussi de livres et nous discutons. Rendez-vous le mercredi après-midi à 14 heures au CDI.
→ **Le club de foot:** Le vendredi de 17 heures à 19 heures. C'est pour les garçons et les filles.
→ **Le club musique et chant:** Le mercredi après-midi, on chante, on fait des percussions, on écoute des CD et on danse même parfois! Demande à M. Arnaud, le prof de musique (salle 14).
→ **Le club d'anglais:** On regarde des films en anglais, le jeudi de 16 à 17 heures, pour les 4ᵉ.
→ **Le club musées:** On visite les musées de notre ville. Le programme du club musées est au CDI.

BILAN DES COMPÉTENCES   facultatif

Production orale

3 Tu es chez un ami / une amie à Strasbourg. Vous discutez. Qui est A, qui est B? Préparez votre rôle et jouez le dialogue en classe.   (B ▶ p. 150)

1. D'abord, vous parlez de vos hobbys.
   Tu aimes:

2. Après, vous préparez le programme pour le week-end. Tu proposes des activités et vous discutez.
   Samedi après-midi:
   – faire de l'aviron
   Samedi soir:
   – regarder des DVD
   Dimanche matin:
   – aller au Musée du chocolat
   Dimanche après-midi:
   – faire une balade à vélo
   Dimanche soir:
   – surfer sur Internet

A

Production écrite

4 Eure französische Partnerklasse kommt bald zu Besuch. Ihr habt ein Programm vorbereitet. Nun erhältst du folgende E-Mail von Jérémy aus eurer Partnerklasse. Du kennst ihn schon ganz gut. Beantworte seine E-Mail.

Salut!
Qu'est-ce qu'on va faire chez vous?
Est-ce qu'on va aller en cours avec vous?
Jusqu'à quelle heure? On mange où?
À la cantine?

À plus!

Jérémy

Programme

9.00	Arrivée des Français Visite du collège
9.30	Cours avec les Français
11.15	Récréation
11.30	Spectacle de l'atelier théâtre (Mme Philipp)
13.00	Buffet au gymnase
14.30 – 17.00	Rallye sportif dans le parc du collège (M. Mersch, Mme Mann)
17.30	Départ des Français

Unité 6 À Strasbourg

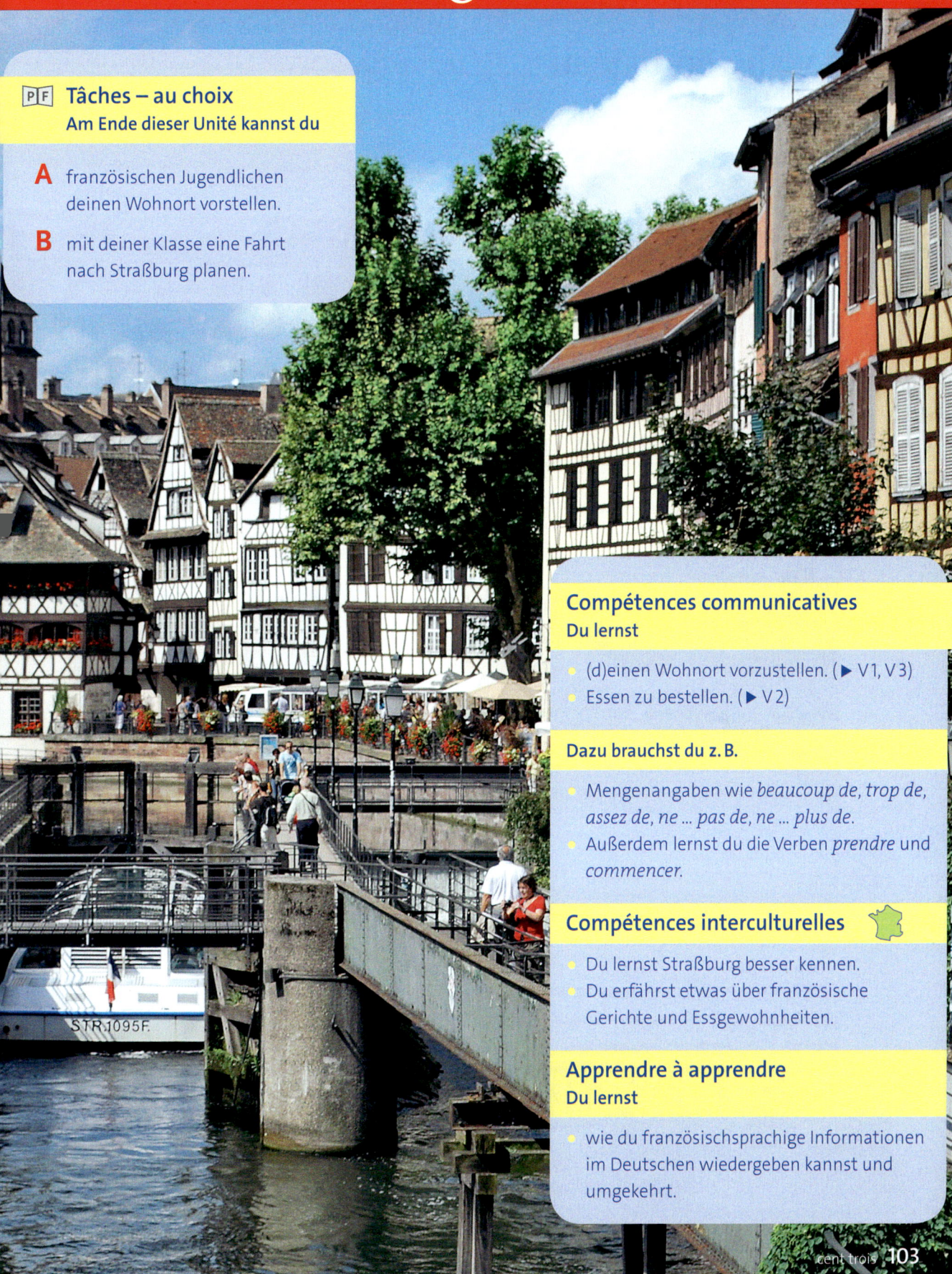

PF Tâches – au choix
Am Ende dieser Unité kannst du

A französischen Jugendlichen deinen Wohnort vorstellen.
B mit deiner Klasse eine Fahrt nach Straßburg planen.

Compétences communicatives
Du lernst

- (d)einen Wohnort vorzustellen. (▶ V1, V3)
- Essen zu bestellen. (▶ V2)

Dazu brauchst du z. B.

- Mengenangaben wie *beaucoup de, trop de, assez de, ne … pas de, ne … plus de*.
- Außerdem lernst du die Verben *prendre* und *commencer*.

Compétences interculturelles

- Du lernst Straßburg besser kennen.
- Du erfährst etwas über französische Gerichte und Essgewohnheiten.

Apprendre à apprendre
Du lernst

- wie du französischsprachige Informationen im Deutschen wiedergeben kannst und umgekehrt.

cent trois 103

6 VOLET 1

VOLET 2   VOLET 3   LA FRANCE EN DIRECT   TÂCHES – AU CHOIX   REPÈRES

La visite en bateau

CD2 32

Lundi, 21 avril: les correspondants de Lahr sont là. À 10 h 30, le groupe monte dans le bateau près du Palais Rohan. La visite de la ville peut commencer.

1
Salut! Moi, c'est Théo. Et toi?
Nous commençons notre visite …
Moi, c'est Tom.

2 
Le bateau passe par le quartier de la Petite France avec ses maisons du Moyen Âge et ses ponts. C'est très joli mais assez touristique.

3 
Voilà le musée d'Art moderne.
À côté du musée, on peut faire du skate.

4 
Le bateau passe par le Quartier allemand.
Voilà la place de la République et le théâtre.

5 
Voilà les bureaux d'Arte, la télévision franco-allemande.

6 
Et voilà le Parlement européen …

104 cent quatre

| VOLET 1 | VOLET 2 | VOLET 3 | LA FRANCE EN DIRECT | TÂCHES – AU CHOIX | REPÈRES | **6** |

... et le Conseil de l'Europe.

À 11 h 45, les élèves retournent au collège.

Lire et comprendre

1 a Retrouve le circuit des élèves sur la carte. | Welche der drei Bootstouren (A, B oder C) hat die Schülergruppe gemacht?

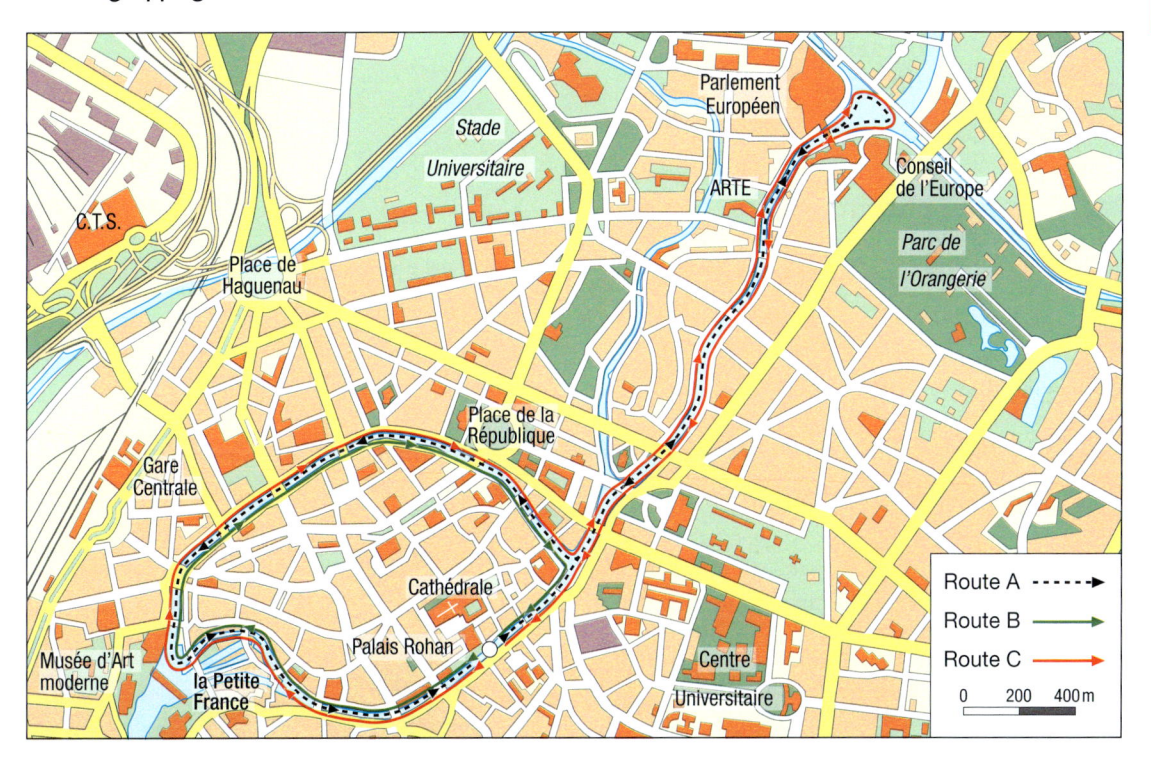

b Belege anhand des Textes, ...

1. ... dass Straßburg eine alte Stadt ist.
2. ... dass Europa in Straßburg eine wichtige Rolle spielt.

cent cinq 105

6 VOLET 1   VOLET 2   VOLET 3   LA FRANCE EN DIRECT   TÂCHES – AU CHOIX   REPÈRES

Parler

2 Travaillez à deux. A regarde ici. B regarde p. 151. Trouvez six différences.
Utilisez *à côté de* ou *près de*. (B ▶ p. 151)

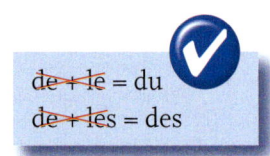

de + le = du
de + les = des

Exemple:
A: Sur mon dessin, il y a un chat.
B: Où est-ce qu'il est?
A: Il est à côté de la boulangerie. Et sur ton dessin?
B: Sur mon dessin, le chat est près des toilettes.

Vocabulaire

3 Fais un associogramme sur *la ville*. Complète ton associogramme au cours de l'unité. |
Lege ein Vokabelnetz zum Thema *la ville* an. Vervollständige es im Laufe der *Unité*. Du kannst es für die *Tâche A* (p. 114) gut gebrauchen.

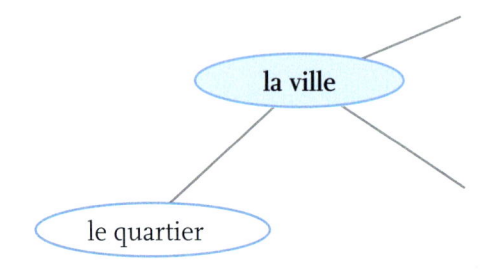

la ville

le quartier

Regarder et comprendre

DVD 9 **4** Regarde la séquence. | Welche Orte in Straßburg erkennst du wieder?

Activité

DELF

5 Préparez un séjour à Strasbourg. Demandez des informations. | Bereitet eine Klassenfahrt nach Straßburg vor. Fordert Informationsmaterial an. Ihr braucht es für die *Tâche B* (p. 114).   ▶ p. 157

Office de Tourisme de Strasbourg

17, place de la Cathédrale
67082 STRASBOURG CEDEX

E-mail: info@otstrasbourg.fr

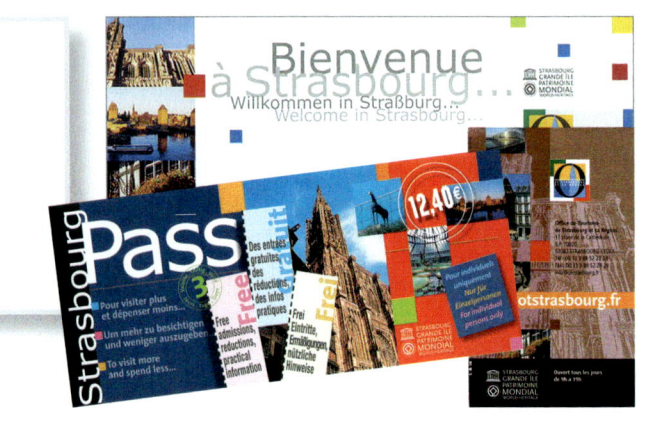

106 cent six

| VOLET 1 | **VOLET 2** | VOLET 3 | LA FRANCE EN DIRECT | TÂCHES – AU CHOIX | REPÈRES | **6** |

À la cantine

CD 2 33–34

Après la visite en bateau, tout le monde a faim! Les Français et les Allemands vont ensemble à la cantine.

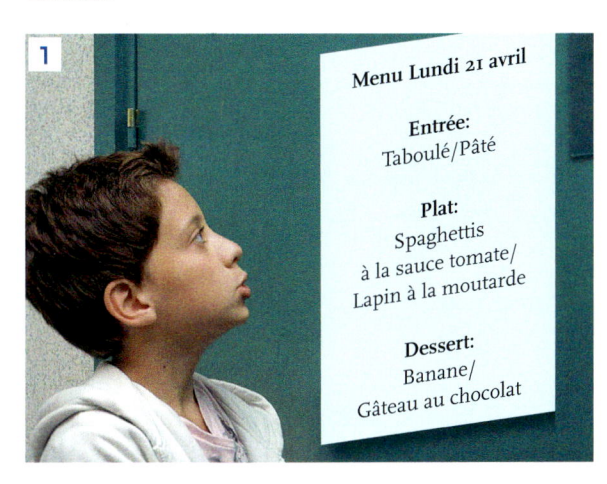

> In Frankreich gibt es überall Schulkantinen. Dort wird ein dreigängiges Menü angeboten. Brot und Wasser gibt es immer dazu.

Menu Lundi 21 avril

Entrée:
Taboulé/Pâté

Plat:
Spaghettis
à la sauce tomate/
Lapin à la moutarde

Dessert:
Banane/
Gâteau au chocolat

Théo: Qu'est-ce qu'il y a à la cantine aujourd'hui? ... Moi, je prends le pâté, le lapin et le gâteau! Et vous, qu'est-ce que vous prenez?
Yasmine: Le taboulé et le lapin.
Clara: Je déteste le lapin. Je vais prendre les spaghettis et comme dessert ... le gâteau. Et toi, Tom?

Tom: Qu'est-ce que ça veut dire, «lapin»?
Théo: Euh ... C'est ... Zut! Je ne sais plus ... Regarde!
Tom: Hum ... Je ne comprends pas.
Lukas: Das heißt «Kaninchen».

Théo: J'ai soif! Tu me passes l'eau, s'il te plaît?
Yasmine: Voilà!
Théo: Merci! Bon appétit!
Clara: Lukas, tu me passes le pain, s'il te plaît?
Tom: Seit wann isst man Brot zu Spaghetti!? Comment est-ce qu'on dit «Schmeckt das?» en français?
Lukas: «C'est bon?»
Tom: C'est bon, le pain avec les spaghettis?
Clara: Très bon!

Théo: Clara, tu ne manges plus?
Clara: Non. Tu veux mon dessert?
Théo: Oui! Le gâteau au chocolat, c'est trop bon!

cent sept **107**

6

VOLET 1 **VOLET 2** VOLET 3 LA FRANCE EN DIRECT TÂCHES – AU CHOIX REPÈRES

Lire et comprendre

DELF 1 Quel résumé correspond au texte? | Welche Zusammenfassung passt zum Text?

1. La 6ᵉ A et les élèves de Lahr sont à la cantine. Les garçons prennent le lapin. Clara et Yasmine préfèrent les spaghettis à la sauce tomate. Tom demande à Clara: «C'est bon?»

2. Aujourd'hui, à la cantine, il y a des spaghettis. Théo préfère le lapin, Yasmine aussi. Clara n'aime pas le lapin, elle prend les spaghettis. Théo a faim, il mange deux desserts.

3. Les élèves mangent ensemble à la cantine. Théo et Yasmine prennent le lapin à la moutarde. Clara et Tom préfèrent les spaghettis. Clara mange aussi le gâteau au chocolat de Théo.

Parler

DELF 2 Regardez le menu (p. 107). Qu'est-ce que vous prenez? Jouez le dialogue. (▶ Méthodes, p. 163/12)

1. – Qu'est-ce que tu prends, aujourd'hui?
2. – Je prends ___ et ___. Et toi?
3. – Moi (aussi), je prends ___. / Je déteste ___, je vais prendre ___.
4. – Et comme dessert?
5. – Je vais prendre ___ (c'est trop bon). Et toi?
6. – Moi (aussi), je prends ___. / Moi, je préfère ___.

S'entraîner

55|4 3 Qu'est-ce qui a changé pour Lukas? Raconte. | Was hat sich für Lukas verändert? (▶ Repères, p. 115/1)
Exemple: Lukas n'habite plus à Berlin. Maintenant, il habite à Strasbourg.

1. *habiter* à Berlin / à Strasbourg
2. *aller* à l'école «Regenbogen» / au collège «Maxime Alexandre»
3. *manger* à la maison à midi / à la cantine
4. *rentrer* à 13 heures / à 16 heures
5. *faire* ses devoirs avec Nils / avec Théo
6. *être* fan de Hertha BSC / du Racing Club de Strasbourg

Écouter et prononcer

le musée   vite   je suis   le bureau   les fruits   la guitare
le rallye   nul   huit   aujourd'hui   le stylo   le jus

CD2 35 4 a Écoute et répète.

54|2 b Fais un tableau dans ton cahier. Note les mots de **a** dans la bonne colonne.

[y]	[i]	[ɥ]
le musée	vite	je suis

CD2 36 c Écoute et répète.

108 cent huit

| VOLET 1 | **VOLET 2** | VOLET 3 | LA FRANCE EN DIRECT | TÂCHES – AU CHOIX | REPÈRES | **6** |

Écouter et parler

CD2 37 DELF

5 Tu es à la cantine avec Théo et ses copains. Ils te posent des questions. Réponds.

Activité

DELF 56|6

6 Tu es chez ton/ta correspondant/e en France. Vous mangez à la cantine. Regardez le menu et jouez le dialogue. (B ▶ p. 151)

Menu
Entrée Salade de concombres/Melon
Plat Spaghettis bolognaise/
 Gratin de pommes de terre
Dessert Yaourt/Pomme

– Ihr fragt euch gegenseitig, was ihr essen wollt.
– Du fragst **B** nach den Wörtern, die du auf dem Speiseplan nicht verstehst.
– Beim Essen hast du Durst und bittest **B**, dir das Wasser zu reichen.
– Du reagierst auf einen Vorschlag von **B**.

A

Apprendre à apprendre

7 **Zwischen zwei Sprachen vermitteln** (▶ Méthodes, p. 168/21)
Du kannst in Gesprächen zwischen Franzosen und Deutschen als Sprachmittler helfen. Du stehst sozusagen in der Mitte und hilfst den einen auf Deutsch, den anderen auf Französisch. Übersetze nicht Wort für Wort, sondern teile jedem in seiner Sprache nur das mit, was er wissen möchte oder wissen sollte. Probiere es in der nächsten Übung aus. Vergleiche deine Lösung mit der deiner Mitschüler.

Médiation

55|5

8 Avec tes parents, tu es dans un restaurant en France. Tes parents ne parlent pas français. Quelles informations sont importantes? Qu'est-ce que tu dis? | Welche Informationen sind wichtig?

1. **Serveur:** Bonjour, messieurs dames. Voilà la carte. … Ah, pardon, vous êtes allemands? Il y a beaucoup de touristes dans notre ville … Nous avons aussi une carte en allemand. Je vais la chercher …
Toi à tes parents: ?

2. **Ton père:** Das ist aber ein nettes Restaurant! Hmm, was nehme ich denn …? Da steht „Kaninchen à la dijonnaise". Was ist denn das? Ah, da kommt der Kellner wieder! Fragst du ihn?
Toi au serveur: ?

3. **Serveur:** Ah, c'est une spécialité de la maison! Un lapin à la moutarde, à la moutarde de Dijon. Il est très bon, tout le monde adore notre lapin. Vous allez l'adorer aussi!
Toi à tes parents: ?

4. **Ta mère:** Das klingt gut, das nehmen wir. Und einen Nachtisch würde ich nachher gern probieren. Der Schokoladenkuchen, den unsere Nachbarn haben, sieht lecker aus. Den nehme ich auch.
Toi au serveur: ?

6 — VOLET 3

Ma ville, mon quartier

Préparer la lecture

CD 2 / 38–41

1 Écoute. Est-ce qu'ils aiment leur ville / leur quartier? | Finde nur heraus, ob die interviewten Personen ihre Stadt / ihr Viertel mögen. (▶ Méthodes, p. 162/10)

la dame — le monsieur — la fille — le garçon

Les élèves de Lahr sont sur la place Kléber et font des interviews pour leur cours de français.

Tom: Was soll ich denn sagen?
Mesut: Du stellst uns vor und sagst, was wir vorhaben. Das ist doch ganz einfach!

Tom parle à une dame.
Tom: Bonjour, Madame! Nous sommes de Lahr, en Allemagne. Nous faisons des interviews. Est-ce que vous aimez votre ville?
Dame: Oui, j'aime Strasbourg. Le centre-ville n'est pas très grand. On peut faire beaucoup de choses à pied, c'est un peu comme dans un village. C'est pratique.
Tom: Merci, Madame!

Mesut demande à un monsieur.
Mesut: Monsieur, s'il vous plaît, est-ce que vous aimez Strasbourg?
Monsieur: Oui, beaucoup!
Mesut: Et qu'est-ce que vous aimez?
Monsieur: La cathédrale, les parcs ... Moi, je vais souvent au parc de l'Orangerie.
Mesut: Est-ce que vous aimez votre quartier?
Monsieur: J'habite en face de la cathédrale. Ce n'est pas toujours drôle parce qu'il y a trop de touristes, mais j'aime quand même mon quartier.
Mesut: Merci, Monsieur!
Mesut: Äh, mag er nun sein Viertel oder nicht?
Tom: Ich habe es auch nicht ganz verstanden ...

Julia parle à deux jeunes.

Julia: Salut! Qu'est-ce que vous aimez à Strasbourg?
Garçon: Moi, j'aime les cinés, le centre commercial Rivétoile ...
Fille: Moi, j'aime bien le centre, mais je n'aime pas mon quartier!
Julia: Pourquoi?
Fille: Parce qu'il n'y a pas d'activités pour les jeunes. Et puis, il n'y a pas assez de magasins. Pfff! Depuis des mois, il n'y a plus de café! Il y a un supermarché et une boulangerie, c'est tout.
Garçon: Moi, j'aime mon quartier. C'est loin du centre et c'est petit, mais tout près il y a une piscine et un stade, c'est cool.
Julia: Merci, salut!

Julia: Mann, die haben aber viel gesagt ...
Felix: Du musst ja nicht alles aufschreiben!

Felix parle à deux dames.
Felix: Bonjour! Nous sommes de Lahr et nous faisons ...
Touriste: Ach je! Ich verstehe kein Wort! Wir sind aus Deutschland! [...]

VOLET 1 VOLET 2 VOLET 3 LA FRANCE EN DIRECT TÂCHES – AU CHOIX REPÈRES 6

Médiation

2 Aide les élèves de Lahr. Fais la médiation. | Übertrage die Hauptaussagen der Franzosen ins Deutsche (a, b) und die der Deutschen ins Französische (c). (▶ Méthodes, p. 168/21)

a **Mesut:** „Äh, mag er nun sein Viertel oder nicht?"
Tom: „Ich habe es auch nicht ganz verstanden …"

Was hast du verstanden? (Zeile 16–26)

b **Julia:** „Mann, die haben aber viel gesagt …"
Felix: „Du musst ja nicht alles aufschreiben!"

Was könnte Julia aufschreiben? (Zeile 31–45)

CD 2
41

c **Felix:** „Was schreibe ich denn jetzt?"

Wie würdest du Felix' Gespräch mit den Touristen zusammenfassen? (Zeile 50– Ende des Hörtextes)

Parler

3 Et vous? Est-ce que vous aimez votre ville/ quartier/village? Dans votre classe, interviewez trois personnes. (▶ Banque de mots, p. 179)

DELF
57|1

> Tu aimes ___? /
> Qu'est-ce que tu aimes à ___?

> Oui, j'aime ___. /
> Non, je n'aime pas ___. /
> J'aime beaucoup ___.

Regarder et comprendre

DVD
10

4 Est-ce que les personnes interviewées aiment Strasbourg?
Qu'est-ce qu'elles aiment? Qu'est-ce qu'elles n'aiment pas? Pourquoi?

Découvrir

Koop

5 a Lies noch einmal den Text auf S. 110. Wie sagt man das auf Französisch? (▶ Repères, p. 115/2)

1. Es gibt **keine** Freizeitangebote.
2. Es gibt **kein** Café **mehr**.
3. Es gibt **nicht genug** Geschäfte.
4. Man kann **viele** Sachen machen.
5. Es gibt **zu viele** Touristen.

b Qu'est-ce qu'il y a dans ta ville / ton quartier / ton village?
Utilise *ne … plus de*, *assez de*, *beaucoup de*, *trop de*, *ne … pas de*, *ne … pas assez de*.
(▶ Banque de mots, p. 179, ▶ Listes des mots, p. 214)

57|2
58|3

Dans mon quartier, il y a ___.

cent onze 111

S'entraîner

6 a In einem Chat triffst du Cyril. Du willst ihn näher kennen lernen und fragst ihn:
– wo er wohnt und ob es dort genug Freizeitangebote für Jugendliche gibt,
– ob er viel Zeit vor dem Computer verbringt,
– ob er auch zu viele Hausaufgaben hat.
Schreibe Cyril eine E-Mail. ▶ p. 158

b Stell dir vor, Cyril hätte dir diese Fragen gestellt. Beantworte sie.

Médiation

7 Ihr wollt eine dreitägige Klassenfahrt nach Straßburg unternehmen, von Dienstag bis Donnerstag. Dort wollt ihr etwa vier Mal am Tag mit der Straßenbahn fahren. Finde auf der Übersicht das für euch günstigste Ticket heraus und erkläre dies deinen Mitschülern.

Nouveau réseau Tram
3 Lignes à la Gare !

Tarifs > Tickets

Les tickets de transport
Tickets valables dans la Communauté Urbaine de Strasbourg (CUS) et Kehl.

- **ALLER SIMPLE**
Ticket valable pour un aller simple.
1 ticket   1.40 €
10 tickets   12.20 €

- **24 H TRIO**
Ticket valable pendant 24 heures du lundi au vendredi, pour 2 à 3 personnes.
1 ticket   5.50 €

- **ALLER SIMPLE Tarif réduit**
Tickets valables pour un aller simple, pour les enfants de moins de 12 ans et les séniors de plus de 65 ans.
1 ticket   1.05 €
10 tickets   9.50 €

- **24 H TRIO WEEK-END**
Ticket valable pendant 24 heures le samedi ou le dimanche, pour 2 à 3 personnes.
1 ticket   5.00 €

⚠ Attention: Commandez les tickets TRIO trois semaines avant votre départ!

VOLET 1   VOLET 2   VOLET 3   **LA FRANCE EN DIRECT**   TÂCHES – AU CHOIX   REPÈRES   **6**

«Un sandwich, s'il vous plaît!»

Boulangerie St Antoine

Prix:

Sandwich (au choix: jambon, fromage, thon, poulet)	2.45 €
Petite salade	4.00 €
Grande salade	6.50 €
Quiche/Pizza	3.30 €
Plat du jour	6.50 €
Boisson*	1.50 €

Formules:

Quiche ou pizza + dessert du jour + boisson*	6.30 €
Sandwich + petite salade + boisson*	7.00 €
Sandwich + boisson*	4.10 €

* boisson au choix 33 cl (eau minérale, coca, limonade, jus de pomme)

Vocabulaire

Coop

1 a Regarde la carte. Qu'est-ce que tu comprends?

b Et ton partenaire? Comparez.

Médiation

2 Tu es avec un ami dans une boulangerie en France. Deux jeunes sont devant vous.

CD 2 / 42

a Écoute le dialogue entre les jeunes et la vendeuse. Ton ami ne comprend pas le français. Fais la médiation. | Hör dir das Gespräch zwischen den Jugendlichen und der Verkäuferin an. Erkläre deinem Freund, der kein Französisch versteht, was die Jugendlichen kaufen.

CD 2 / 42

b Travaillez à deux. Écoutez le dialogue encore une fois et trouvez comment on dit.
Le partenaire A écoute la vendeuse, le partenaire B écoute les deux jeunes.

A
1. Wie fragt die Verkäuferin, wer an der Reihe ist?
2. Wie fragt die Verkäuferin, ob der Junge noch einen Wunsch hat?

B
1. Wie sagt das Mädchen, was es möchte?
2. Wie sagt der Junge, dass er sonst nichts möchte?

CD 2 / 43

c À toi. Écoute et réagis. | Antworte der Verkäuferin und vermittle zwischen ihr und deinem Freund, der kein Französisch versteht.

d Travaillez à trois. Choisissez votre rôle. Faites un dialogue comme en **c** et jouez-le.

cent treize **113**

6 VOLET 1 VOLET 2 VOLET 3 LA FRANCE EN DIRECT | TÂCHES – AU CHOIX | REPÈRES

Wähle eine der beiden Aufgaben aus.

P|F A Ma ville

Prépare une affiche sur ta ville / ton quartier / ton village.

- Schreibe kurze Texte über deine Stadt / dein Viertel / dein Dorf.
- Schreibe auch über das, was du dort nicht so gut findest.
  (▶ Banque de mots, p. 179, ▶ Liste des mots, p. 214)
- Wenn dir Wörter fehlen, kannst du sie in einem Wörterbuch nachschlagen oder deinen Lehrer / deine Lehrerin fragen. (▶ Dictionnaire en ligne, p. 179)
- Korrigiert die Texte gegenseitig, bevor ihr eure Plakate gestaltet.
  (▶ Méthodes, p. 167/20)
- Suche zu den Texten passende Bilder und gestalte ein Plakat.

Nützliche Ausdrücke findest du in den *Repères* (*Qu'est-ce qu'on dit?*, p. 115) und im Text (p. 110).

P|F B Un séjour à Strasbourg

a Teilt die Klasse in Kleingruppen auf. Jede Gruppe bereitet ein Programm für einen zweitägigen Aufenthalt der Klasse in Straßburg vor. Benutzt auch das Informationsmaterial, das ihr vom *Office de tourisme* bekommen habt. Wenn ihr nichts bekommen habt, geht auf
www.cornelsen.de/webcodes   APLUS-1-114.

- Informiert euch gegenseitig über das Material. (▶ Méthodes, p. 168/21)
- Was würdet ihr in Straßburg mit der Klasse gern unternehmen? Wo möchtet ihr hingehen?
- Findet diese Orte auf einem Stadtplan wieder.
- Erarbeitet ein Programm und haltet es schriftlich fest.

b Jede Gruppe stellt ihren Programmvorschlag vor. Dann stimmt über für ein Programm ab.

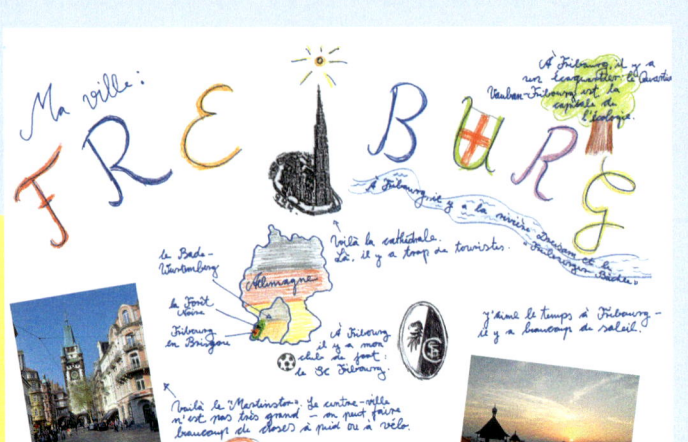

114 cent quatorze

| VOLET 1 | VOLET 2 | VOLET 3 | LA FRANCE EN DIRECT | TÂCHES – AU CHOIX | REPÈRES | **6** |

Qu'est-ce qu'on dit?

▶ 54|1

Du sprichst über eine Stadt / ein Stadtviertel
Le centre-ville est petit/grand.
C'est un peu comme dans un village.
(Mon quartier) est loin/près du centre.
On peut faire beaucoup de choses à pied.
Il y a trop de (touristes).
Il n'y a pas assez de (magasins).
Depuis trois mois, il n'y a plus de (café).

Du sprichst mit jemandem über das Essen
Qu'est-ce que tu prends?
Moi, je prends (le pâté).
Bon appétit!
C'est bon? – Très bon.
J'ai soif. / J'ai faim.
Je n'ai plus soif. / Je n'ai plus faim.
Tu me passes (l'eau), s'il te plaît?

Grammaire

Du sagst, dass jemand etwas nicht mehr tut: Dazu brauchst du:

GH 33 **1**

Il **ne** mange **plus**. ➔ die Verneinung mit *ne ... plus*

Je **ne** sais **pas**.   ... nicht.   ⟷   Je **ne** sais **plus**.   ... nicht mehr.

Du gibst Mengen an: Dazu brauchst du:

GH 34 **2**

Il y a **assez de** magasins. ➔ Mengenangaben

Il y a	**beaucoup**	**de**	parcs.	viele		Il n'y a	**pas assez**	**d'**	activités.	nicht genug
Il y a	**trop**	**de**	touristes.	zu viele		Il n'y a	**pas**	**de**	cinéma.	kein/e
Il y a	**assez**	**de**	magasins.	genug		Il n'y a	**plus**	**de**	café.	kein/e ... mehr

Weitere Verben:

▶ 54|3 **3**
GH 32

Je **prends** les spaghettis. ➔ das Verb *prendre*

Lege eine Verbkarteikarte für *prendre* an.
Die Konjugation von *prendre* findest du auf S. 175. ✓

Das Verb *comprendre* wird wie *prendre* konjugiert.

👥 Übt und wiederholt gemeinsam

Werft einen Würfel und eine Münze. Der Würfel bestimmt die Person, die Münze das Verb (Kopf – *comprendre*, Zahl – *prendre*). Bildet die Verbform. Wechselt euch ab.

GH 31 commencer ➔ ❗ *nous commençons* ▶ Verbes, p. 174

cent quinze **115**

MODULE facultatif

Fêtes et traditions en France

Janvier — Le 6 janvier, c'est la fête des Rois.

Février — Le 2 février, à la Chandeleur, on mange des crêpes.

Avril — Le 1er avril, on colle des poissons en papier dans le dos des gens.

Mars — À Pâques, les cloches apportent des œufs, des poules et des poissons en chocolat.

Mai — Le 1er mai, on offre du muguet et on ne travaille pas : c'est la fête du travail.

Juin — Le 21 juin, les gens font de la musique dans les rues et dans les parcs.

Juillet — Le 14 juillet est le jour de la fête nationale. Le soir, on danse dans les rues et il y a des feux d'artifice.

Septembre — En septembre, après les grandes vacances, les élèves rentrent à l'école.

Octobre — Le 31 octobre, on fête Halloween.

Décembre — À Noël, on décore un sapin. On ouvre les cadeaux le matin du 25 décembre.

Vergleicht die französischen Feste mit denen, die ihr von zu Hause kennt. Was ist gleich? Was ist anders?

116 cent seize

FAIS LE POINT   facultatif

Hier kannst du überprüfen, was du in den *Unités* 5–6 gelernt hast. Unter www.cornelsen.de/webcodes APLUS-1-117 kannst du diese Aufgaben herunterladen und dann ausfüllen.

Vocabulaire

1 Quels mots vont ensemble?

| avoir faim   être ouvert   l'arrivée
près de   la ville   en car
grand   être nul   le matin   l'entrée |

| à pied   le village   loin de   petit
le dessert   avoir soif   être bon
le soir   être fermé   le départ |

Grammaire

L'article contracté avec *à*

2 Où est-ce qu'ils sont?

1. Lukas et Yasmine – cantine 
2. Jade et Clara – infirmerie
3. Noah – CDI
4. Théo – toilettes

Les prépositions et l'article contracté avec *de*

3 Regarde le dessin et complète le texte. Parfois, il y a plusieurs possibilités. | Ergänze den Text mit den Ortsangaben und achte auf den zusammengezogenen Artikel.

Dans le centre-ville, il y a une cathédrale. [?] cathédrale, il y a un musée, le musée de la musique. [?] musée, il y a le collège «Jacques Brel». [?] cathédrale, il y a une place. [?] place, il y a un théâtre. La boulangerie «Pain du pont» est [?] théâtre. [?] boulangerie, il y a un pont. Et sur le pont, des gens dansent!

à gauche	du ___
à droite	de la ___
en face	de l' ___
	des ___

cent dix-sept **117**

FAIS LE POINT   facultatif

Les déterminants possessifs

4 Voilà la famille de Tom Krämer. Complète par *son*, *sa*, *ses*, *leur* ou *leurs*.

1 Voilà Tom avec ? parents.

2 Voilà Tom avec ? sœur, Pauline.

3 Voilà Tom et Pauline avec ? parents.

4 Voilà Tom avec ? frère, Jonas.

5 Voilà Tom et Jonas avec ? sœur.

6 Voilà M. et Mme Krämer avec ? enfants.

Les verbes irréguliers *aller* et *prendre*

5 a Complète par les formes du verbe *aller*.

1
– Tu ? à la piscine?
– Non, je ? au stade.

2
– Vous ? chez Sophie?
– Non, on ? chez Louise!

3
Mes parents ? au cinéma. On est tranquille …

b Complète par les formes du verbe *prendre*.

Bonjour les enfants. Qu'est-ce que vous ? ?

Moi, je ? les spaghettis, s'il vous plaît.

Moi aussi!

Ils ne ? pas le lapin? Mmh, moi si!

Les questions

6 Travaillez à deux. Posez des questions et répondez. Utilisez:

?

!

Est-ce que ___?
Qu'est-ce que ___?
Où est-ce que ___?
Quand est-ce que ___?
Pourquoi est-ce que ___?
À quelle heure est-ce que ___?

Unité 7 On fait la fête!

PF Tâche
Am Ende dieser Unité kannst du

A/B ein Geburtstagsfest für einen französischen Austauschschüler planen.

Compétences communicatives
Du lernst

- zu sagen, wann du Geburtstag hast. (▶ V1)
- eine Geburtstagseinladung zu schreiben. (▶ V1)
- über ein Geschenk zu sprechen. (▶ V2)
- ein Rezept zu verstehen und Mengen anzugeben. (▶ V2, V3)
- jemandem zum Geburtstag zu gratulieren und ein Geburtstagslied zu singen. (▶ V3)

Dazu brauchst du z. B.

- die Monatsnamen.
- das Verb *acheter*.
- weitere Mengenangaben.
- *il faut*.
- die direkten Objektpronomen.
- Außerdem lernst du die Verben *attendre* und *entendre* kennen.

Compétences interculturelles

- Du erfährst, wie man in Frankreich Geburtstag feiert.

Apprendre à apprendre
Du lernst

- wie du dir eine Merkhilfe anfertigen kannst.

cent dix-neuf **119**

7 VOLET 1

VOLET 2   VOLET 3   LA FRANCE EN DIRECT   TÂCHES – AU CHOIX   REPÈRES

C'est quand, ton anniversaire?

CD 2
44–46

Préparer la lecture

1 Regarde les mois. Qu'est-ce que tu comprends?

6 JANVIER Samedi

29 NOVEMBRE Samedi

3 SEPTEMBRE Mercredi

1er JUIN Dimanche

21 AOÛT Jeudi

25 JUILLET Vendredi

13 MAI Mardi

10 FÉVRIER Dimanche

31 MARS Lundi

14 OCTOBRE Mardi

25 DÉCEMBRE Jeudi

2 AVRIL Mercredi

Pour Lukas
Je t'invite à ma fête d'anniversaire
Quand? Samedi, 31 mai à 15 heures
Où? 100, avenue Jean Jaurès
   (tram Jean Jaurès)
Tél.: 03.88.73.64.96
Portable: 06.78.54.99.82
Je compte sur toi!
Théo

In Frankreich gibt man zuerst die Hausnummer und dann die Straße an: *100, avenue Jean Jaurès*.

5 Moi, mon anniversaire, c'est en juillet!

6 Oh, c'est bête! C'est pendant les vacances.

1 L'invitation de Théo est trop cool!

2 Bof! Les mangas, ce n'est pas trop mon truc. Et toi, c'est quand, ton anniversaire?

3 C'est le 1er avril!

4 Sans blague!

120 cent vingt

VOLET 1

Lire et comprendre

DELF 2 C'est quand, leur anniversaire? Réponds.

1. L'anniversaire de Yasmine, c'est ___.
2. L'anniversaire de Lukas, c'est ___.
3. La fête d'anniversaire de Théo, c'est ___.

Écouter et chanter

3 Écoute et chante.

> **Les mois de l'année[1]**
>
> Écoute d'abord et répète après!
> Chante avec moi les mois en français!
> Janvier, février, mars, avril,
> Regarde, c'est facile![2]
> 5 Mai, juin, juillet, août,
>
> Ensemble, on fait la route![3]
> Septembre, octobre, novembre, décembre,
> On reste[4] dans sa chambre!
> Écoute d'abord et répète après!
> 10 Chante avec moi les mois en français!
>
> 1 l'année f. das Jahr 2 facile leicht 3 Ensemble, on fait la route! Wir gehen den Weg gemeinsam! 4 rester bleiben

Parler

4 a Faites le tour de la classe. Trouvez la date d'anniversaire de cinq camarades de classe et notez-les.

C'est quand, ton anniversaire?

C'est le ___. Et toi, c'est quand, ton anniversaire?

C'est le ___.

b Faites un calendrier d'anniversaire de la classe. | Erstellt einen Geburtstagskalender.

A: C'est quand, l'anniversaire de Sophie?
B: C'est le 6 juin.

So gibst du das Datum an:
le 1er mai, le 2 juin, le 31 octobre …

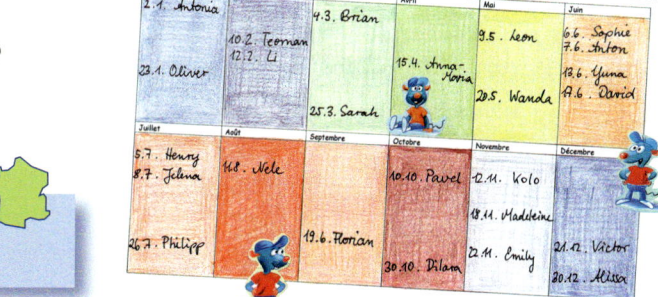

cent vingt et un 121

7 VOLET 1 — VOLET 2 — VOLET 3 — LA FRANCE EN DIRECT — TÂCHES – AU CHOIX — REPÈRES

Jouer

5 Jouez au domino des chiffres. | Spielt Zahlendomino. Setzt die Reihe fort.

13 – 37 – 76 …

6 Conjuguez. A dit un chiffre entre 11 et 99. B conjugue le verbe et forme une phrase. Puis changez de rôle.
Exemple: – 31. – Il fait des photos.

1 je	1 faire
2 tu	2 prendre
3 il	3 aller
4 elle	4 être
5 on	5 avoir
6 nous	6 manger
7 vous	7 appeler
8 ils	8 préférer
9 elles	9 détester

du sport   le tram   au cinéma
bavard/e   soif   faim   des photos
un jus de fruits   un sandwich
le sport   la musique classique
à la cantine   une balade
une amie   chez un copain   ____

Découvrir la civilisation

7 Schau dir die Karte an. Welche Vorwahlen haben Paris, Straßburg, Lyon, Bordeaux und Rennes?
Exemple: Strasbourg, c'est le 03.

In Frankreich werden die Telefonnummern in zweistelligen Zahlen angegeben: 03. 88. 73. 64. 96.
Handynummern beginnen mit 06 oder 07.

Écouter et comprendre

8 a Écoute et note les numéros de téléphone, puis lis-les. | Lies die Telefonnummern laut vor.

b Vergleicht zu zweit eure Ergebnisse.

c Dicte ton numéro de téléphone à ton/ta partenaire. | Diktiere deinem Partner / deiner Partnerin deine Telefonnummer.

C'est quoi, ton numéro?

C'est le ____.

122   cent vingt-deux

| VOLET 1 | **VOLET 2** | VOLET 3 | LA FRANCE EN DIRECT | TÂCHES – AU CHOIX | REPÈRES | **7** |

Les cadeaux

Mardi, 27 mai, après les cours:
Clara, Yasmine, Jade et Lukas sont chez Noah et parlent de la fête d'anniversaire. Ils veulent faire un cadeau à Théo. Ils vont acheter une figurine. Théo adore les figurines et il les collectionne. Les cinq jeunes veulent aussi faire une surprise à leur copain. Ils trouvent vite beaucoup d'idées: ils vont faire un gâteau au chocolat parce que Théo adore ça! Yasmine va apporter son DVD d'Omar et Fred: Théo aime beaucoup leurs sketches. Et puis, c'est sympa pour un anniversaire! Noah aussi a une bonne idée: il va composer une chanson!

Yasmine: C'est trop bien! Et on la chante ensemble!
Noah: Bien sûr!
Clara: Bon, qui fait quoi? Noah compose la chanson ...
Lukas: Moi, j'achète la figurine.
Yasmine: Ça coûte combien, une figurine? C'est cher? Moi, je n'ai pas beaucoup d'argent.
Lukas: Ça dépend ... À la librairie «Album», ils ont des figurines à 10 ou 15 euros. Qui veut m'accompagner?
Clara: Moi, je t'accompagne et on l'achète ensemble! Euh ... demain à quatre heures et demie, ça va?
Lukas: Ça marche! Je te retrouve devant le magasin.
Clara: D'accord!
Jade: Et comment est-ce qu'on fait pour le gâteau?
Noah: Ben, on peut le faire ensemble, tu peux m'aider. Tu passes chez moi samedi matin. On mange ici à midi et après, on va chez Théo.
Jade: D'accord! Et je fais les courses avant. Qu'est-ce que j'achète?
Noah: Attends! Je cherche la recette sur Internet et tu fais la liste. Zut! Je ne la trouve pas ... Ah si ... la voilà! Tu notes? Alors, tu achètes:

- un kilo de farine
- un paquet de sucre
- un paquet de beurre
- une bouteille de lait
- six œufs
- deux tablettes de chocolat noir

Lire et comprendre

1 a Retrouve les cadeaux de Théo. | Welche dieser Geschenke bekommt Théo?

b Qui fait quoi?   Noah   Lukas   Clara   Jade   Yasmine

cent vingt-trois 123

7

VOLET 1 | **VOLET 2** | VOLET 3 | LA FRANCE EN DIRECT | TÂCHES – AU CHOIX | REPÈRES

Parler

2 a Tu as 12 euros et tu cherches un cadeau pour un copain. Qu'est-ce que tu achètes? | Frage B, wie viel die Gegenstände kosten. Entscheide dich dann für ein Geschenk.   (B ▶ p. 152)
Exemple:
A: Le skateboard coûte combien?
B: ___.
A: Je l'achète. / Ah, c'est trop cher.

b Maintenant, c'est à B. | Tauscht die Rollen.
Exemple:
B: Le DVD coûte combien?
A: ___.
B: Je l'achète. / Ah, c'est trop cher.

Découvrir

3 Wofür stehen *le*, *la*, *l'*, *les*?

1. Théo adore les figurines et il **les** collectionne.
2. Où est la recette? Je ne **la** trouve pas!
3. – On fait le gâteau ensemble?   – Oui, on **le** fait ensemble.
4. – J'achète la figurine?   – On **l'**achète ensemble.

S'entraîner

4 a Qu'est-ce que c'est? Retrouve les noms. Utilise *C'est ___* / *Ce sont ___*.
Exemple:
– On l'achète à la boulangerie. Qu'est-ce que c'est?   – C'est le pain.

1. On l'achète à la boulangerie.
2. Théo les collectionne.
3. Les touristes la visitent à Strasbourg.
4. Noah et Jade le font ensemble.
5. On les emprunte au CDI.
6. On l'achète à la Vitamine C.
7. On les fait en permanence.
8. Noah la cherche sur Internet.

le pain · la cathédrale · la recette · le jus de fruits · les livres · les figurines · le gâteau au chocolat · les devoirs

b À toi. Fais des devinettes pour ton/ta partenaire comme dans 4a.   ▶ p. 158
Exemple:
– Les singes les aiment beaucoup. Qu'est-ce que c'est?   – Ce sont les bananes.

124 cent vingt-quatre

| VOLET 1 | **VOLET 2** | VOLET 3 | LA FRANCE EN DIRECT | TÂCHES – AU CHOIX | REPÈRES | **7** |

▶ 64|5 **5** Complète les dialogues. Utilise *me/m'*, *te/t'*. (▶ Repères, p. 133/3)

1
- Qui veut ? aider?
- Moi, je peux ? aider.

2
- Yasmine ...
- Tu ? énerves!

3
- Tu ? aimes?
- Je ? aime.

4
- Tu ? invites à ton anniversaire? Super!
- Voilà!

5
- Je ? retrouve devant le magasin.
- D'accord.

6
- Demain à quatre heures?
- Oui, je passe ? chercher.

▶ 65|6
▶ 65|7 **6** Pour sa fête d'anniversaire, Théo prépare des crêpes et une mousse au chocolat.
(▶ Repères, p. 132/3)

1. Pour les crêpes il achète ____.

2. Pour une mousse au chocolat il achète ____.

Écouter et comprendre

CD 2
52
DELF

7 Écoute. C'est où? Quelle photo correspond à quel dialogue? | Welcher Dialog passt zu welchem Foto? (▶ Méthodes, p. 162/9)

A   B   C   D

cent vingt-cinq **125**

7 VOLET 2

Activité

8 a Yasmine et Noah cherchent un cadeau pour l'anniversaire de Clara. Retrouvez leur dialogue et notez le mot-clé.

- O – D'accord. On l'achète ensemble?
- V – Elle aime la musique de ZAZ.
- T – C'est une super idée! Ça coûte combien?
- T – C'est trop cher. Moi, je n'ai pas beaucoup d'argent.
- A – 12 euros 99.

- I – Qu'est-ce qu'on achète?
- N – Je ne sais pas. Qu'est-ce qu'elle aime?
- I – Alors, on achète un poster de ZAZ. Ça coûte 6 euros 95.
- I – On peut acheter un CD de ZAZ.
- N – Oui, je passe chez toi demain.

b Jouez le dialogue.

c À vous. Vous cherchez un cadeau pour un/une camarade de classe. Faites le dialogue et jouez-le.

Regarder et comprendre

9 a Regarde les trois séquences. Retrouve l'ordre des activités. Attention! Il y a une activité en trop.

| faire les courses | aller chez Laura | acheter un cadeau | écrire la liste |

| aller au supermarché | attendre sa copine | préparer un gâteau |

b Compare avec ton/ta partenaire et échangez vos informations.

c Utilise les réponses de **a** et raconte la journée de Rachida et de Laura.

Apprendre à apprendre

10 Wie du dir eine Merkhilfe anfertigen kannst (1)
(▶ Méthodes, p. 169/23)

Wenn du Schwierigkeiten hast, dir neue Vokabeln oder eine Grammatikregel zu merken, kannst du ein persönliches Lernplakat anfertigen. Gestalte es so, dass es eine Hilfe für dich ist. Neben Stichpunkten kannst du zum Beispiel Bilder malen oder Symbole verwenden.
Hänge das Lernplakat zu Hause an einer Stelle auf, an die du oft schaust. Das kannst du mit den Mengenangaben ausprobieren.
Bringt eure Lernplakate mit und stellt sie aus.

Joyeux anniversaire!

Samedi, 31 mai à 14 heures, le buffet est prêt. Il y a des chips, des bretzels, des biscuits, des bonbons et une salade de fruits avec des pommes, des poires et des fraises. Théo prépare
5 un cocktail avec des oranges et des ananas.
À 14 heures 45, Théo attend ses copains. Est-ce qu'ils vont arriver en retard? Non, ils sont à l'heure!
Théo regarde son cadeau. Il est très content: la
10 figurine de Titeuf est super!
Ensuite, Théo et ses copains font un jeu vidéo dans sa chambre.
Une heure après, les filles ne veulent plus jouer.

Les garçons, on vous aime bien, mais on préfère regarder le DVD d'Omar et Fred maintenant.

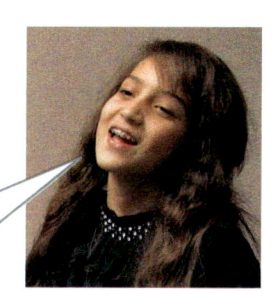

Alors, ils regardent le DVD. Les sketches d'Omar
15 et Fred sont très drôles. Lukas ne comprend pas tout, mais il rigole bien quand même.
Un moment après, les copains écoutent des CD. Ils dansent maintenant sur une chanson de Stromae: «Alors, on danse ... ». Il y a une super
20 ambiance! Théo ne danse pas. Il regarde Clara.

Elle danse bien!

Elle est bien, la musique!

Comment? Je n'entends pas!

Il dit qu'il aime la musique!

La fête continue. Théo est content. Ses copains attendent un moment, puis Jade apporte le gâteau.

Théo, tu nous écoutes? On a une surprise pour toi! Les copains, vous êtes prêts? Alors, on y va!

C'est ton anniversaire ...

C'est ton anniversaire

C'est ton anniversaire,
L'ambiance est super.
On est là et on fait la fête!
5 Tout le monde fait la fête!

Tes copains sont là
Pour être avec toi
Le jour de tes 12 ans.
C'est la fête maintenant!
10 Regarde tes cadeaux
Et voilà ton gâteau!
Souffle tes bougies
Et vive la vie!
Un, deux, trois, chantons:

15 «Joyeux anniversaire!
Joyeux anniversaire!
Joyeux anniversaire, Théo!
Joyeux anniversaire!»

Noah Pérec

7 VOLET 3

Lire et comprendre

DELF 1 Voilà un résumé du texte. Corrige-le. | Korrigiere die Fehler.

> Théo regarde son cadeau. Super! Une figurine du Marsupilami!
> Théo et ses copains font un jeu vidéo.
> Dix minutes après, les filles ne veulent plus jouer. Les copains regardent un DVD avec des sketches, mais Lukas ne rigole pas.
> Ensuite, Théo et ses copains dansent. Il y a une super ambiance.

Parler

DELF 2 Qu'est-ce que tu fais à ton anniversaire? | Spielt „Kofferpacken".
Exemple:
– Je prépare un buffet.
– Je prépare un buffet et je danse.

préparer un buffet	préparer un cocktail
de jus de fruits	faire un jeu vidéo
écouter des CD	regarder un DVD
manger un gâteau	faire un rallye
chanter une chanson	aller à la
piscine / au cinéma	danser

Vocabulaire

3 a Fais un associogramme sur le thème de l'anniversaire.   (▶ Méthodes, p. 160/7)

b Gibt es Wörter zum Thema Geburtstag, die du für dein Vokabelnetz verwenden willst und die im Text nicht vorkommen? Suche sie in einem Wörterbuch.   (▶ Dictionnaire en ligne, p. 179)

S'entraîner

4 Forme des phrases. | Bilde mindestens fünf sinnvolle Sätze.   (▶ Repères, p. 133/4)

J' Tu Noah/Lukas Clara/Jade Nous Vous Les garçons Les filles Les élèves	attendre	Manon Théo Yasmine le prof de maths les élèves —	devant la salle des professeurs. à la Vitamine C. dans le parc de l'orangerie. en face du cinéma. dans la cour. devant la cathédrale. à côté de la boulangerie. au supermarché. à la cantine. devant le théâtre. dans la salle de séjour.

VOLET 1 VOLET 2 VOLET 3 LA FRANCE EN DIRECT TÂCHES – AU CHOIX REPÈRES

7

67|4 **5** Complète les dialogues. Utilise *me/m'*, *te/t'*, *nous* ou *vous*. | Vervollständige die Dialoge mit *me/m'*, *te/t'*, *nous* oder *vous*. (▶ Repères, p. 133/3)

1
Eh Théo, tu **?** écoutes?
Oui, je **?** écoute.

2
Tu passes **?** chercher après les cours?
Oui, je **?** retrouve devant l'école à 16 heures.

3
Vous **?** comprenez?
Oui, on **?** comprend.

4
On **?** retrouve à quatre heures. D'accord?
Oui, je **?** attends devant le cinéma.

Écouter et comprendre

CD 2
56

6 C'est bientôt l'anniversaire de Samira. Qu'est-ce qu'elle va faire avec ses amis? Note.

Apprendre à apprendre

7 **Wie du dir eine Merkhilfe anfertigen kannst (2)**
(▶ Méthodes, p. 169/23)

Ein Lernplakat kann auch im Klassenzimmer hängen. Dann muss es so gestaltet sein, dass alle auf einen Blick das Wichtige erkennen können.
Erstellt in Gruppen Lernplakate zu den direkten Objektpronomen. Vergleicht eure Lernplakate und wählt eines aus, das ihr dann im Klassenzimmer aufhängt.

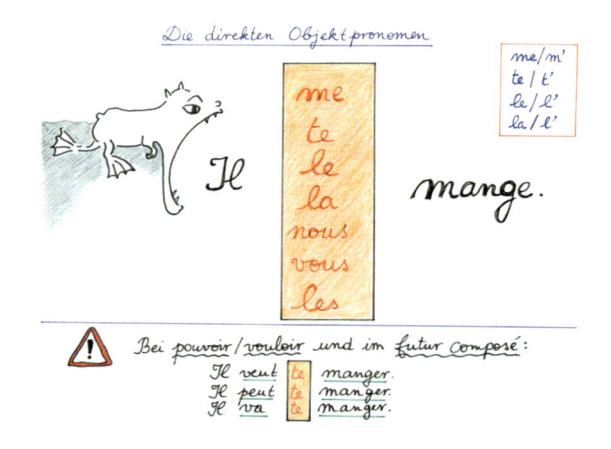

Die direkten Objektpronomen

me/m'
te/t'
le/l'
la/l'

Il me te le la nous vous les mange.

⚠ Bei *pouvoir/vouloir* und im *futur composé*:
Il veut te manger.
Il peut te manger.
Il va te manger.

cent vingt-neuf **129**

Recettes

Le gâteau au chocolat

Pour le gâteau, il faut:
100 g de farine
100 g de chocolat noir
100 g de sucre
70 g de beurre
10 cl de lait
4 œufs
un peu de sel

Pour la sauce, il faut:
60 g de chocolat noir
30 g de beurre

Thermostat: 200 °C
Préparation: 20 minutes
Cuisson: 35 minutes

1 *Faire fondre 100 g de chocolat avec 70 g de beurre.*

2 *Ajouter le lait, puis les jaunes d'œuf. Puis ajouter la farine, le sucre et le sel.*

3 *Battre les blancs d'œuf et ajouter au mélange.*

4 *Verser dans un moule. Laisser au four pendant 35 minutes.*

5 *Faire fondre 60 g de chocolat avec 30 g de beurre et verser sur le gâteau.*

Le cocktail fraise-tomate-basilic

Pour deux personnes:
250 g de fraises
1 tomate
3 feuilles de basilic
2 cl d'huile d'olive

Mixer les fraises, la tomate, les feuilles de basilic et l'huile d'olive.

Médiation

Du bist zu Besuch bei deiner Oma. Ihr wollt einen Schokoladenkuchen backen und einen Cocktail mixen. Du bringst diese Rezepte mit. Was braucht ihr? In welcher Menge? Erkläre deiner Oma die Rezepte.

VOLET 1 VOLET 2 VOLET 3 LA FRANCE EN DIRECT TÂCHES – AU CHOIX REPÈRES **7**

A/B Organiser une fête d'anniversaire

Vos correspondants français sont chez vous et c'est l'anniversaire de Christophe. Vous invitez tout le monde à une fête d'anniversaire. Préparez la fête. | In Kleingruppen plant ihr ein Fest für Christophes Geburtstag.

Christophe, 12 ans

Invitation à la fête surprise pour Christophe

Quand ? Samedi, 28 mai à 16 heures
Où ? Kirchstraße 13
Portable : 0177 - 298253764

À plus ! Marie

Gruppe 1:
- Formuliert eine Einladungskarte und gestaltet sie.
- Überlegt euch ein Programm für die Party:
  - Was wollt ihr tun?
  - Welche Musik möchtet ihr hören?
  - Wollt ihr auch eine Überraschung vorbereiten?
- Stellt eure Einladungskarte und euer Programm vor.

Gruppe 2:
- In eurer Gruppe überlegt ihr, was ihr Christophe schenkt.
- Was könnte ihm gefallen und wie viel Geld habt ihr zur Verfügung?
- Bereitet eine Diskussion vor und spielt sie den anderen vor.

Gruppe 3:
- Studiert ein Geburtstagslied ein. Ihr könnt ein eigenes Lied schreiben. Ihr könnt aber auch das Lied von Noah nehmen und verändern.
- Tragt euer Lied vor.

Chanson pour Christophe

Tu vas avoir 12 ans, Christophe.
Ce n'est pas la catastrophe !
Souffle les bougies !
Vive la vie !
Pour l'ambiance :
Alors, on danse !
Ce n'est pas cher.
Joyeux anniversaire !

Nützliche Ausdrücke findet ihr in den *Repères (Qu'est-ce qu'on dit?*, p. 132–133) und in den Texten (p. 120, p. 123 und p. 127).

cent trente et un **131**

7 REPÈRES

VOLET 1   VOLET 2   VOLET 3   LA FRANCE EN DIRECT   TÂCHES – AU CHOIX

Qu'est-ce qu'on dit?

Du sprichst über einen Geburtstag
C'est quand, ton anniversaire?
L'anniversaire de (Clara), c'est le (23 mars). /
C'est en (juillet).
Je t'invite à ma fête d'anniversaire.
Je compte sur toi.
Joyeux anniversaire!

Du kaufst etwas ein
Je voudrais (un kilo de pommes).
Ça coûte combien?
Ça coûte (2,60 €).
C'est cher. / Ce n'est pas cher.
Je n'ai pas beaucoup d'argent.

Du bereitest mit Freunden eine Party vor
Qui fait quoi?
Qui fait les courses?
Qu'est-ce que j'achète?
Moi, j'achète (des pommes).
Qui veut m'accompagner / m'aider?
Moi, je t'accompagne / t'aide.
Comment est-ce qu'on fait pour (le gâteau)?
On peut faire une surprise à (Théo).
Moi, je vais apporter un DVD.
Moi, je veux composer une chanson.
Il dit que la musique est super.

Grammaire

GH 35 1

Du sagst, dass du etwas einkaufen willst:

On **achète** un CD.   ➔   Dazu brauchst du:
das Verb *acheter*

acheter → j'achète, tu achètes, …

Lege eine Verbkarteikarte für *acheter* an.
Die Konjugation von *acheter* findest du auf S. 174.

GH 36 2

Du gibst eine Menge an:

Il faut **un kilo de** farine.   ➔   Dazu brauchst du:
Mengenangaben

un kilo de	farine	ein Kilo
un paquet de	sucre	eine Packung
une bouteille de	lait	eine Flasche
deux tablettes de	chocolat	zwei Tafeln

👥 Übt und wiederholt gemeinsam

Übersetzt die Einkaufsliste:
*ein Kilo Bananen, eine Packung Kekse,
zwei Packungen Butter, eine Flasche Apfelsaft,
eine Tafel Schokolade*

(▶ Solutions, p. 177)

VOLET 1   VOLET 2   VOLET 3   LA FRANCE EN DIRECT   TÂCHES – AU CHOIX   **REPÈRES** **7**

Du verweist auf eine Person oder eine Sache: Dazu brauchst du:

GH 37   **3**   Théo collectionne **les figurines**. → **die direkten Objektpronomen**
Il **les** collectionne.

– Tu	**me**	comprends?
– Oui je	**te**	comprends.
– Qui fait le gâteau? – On	**le**	fait ensemble.
– Qui chante la chanson? – On	**la**	chante ensemble.
– Clara accompagne Lukas? – Oui, elle	**l'**	accompagne.
– Noah aide Jade? – Oui, il	**l'**	aide.
– Eh, Théo! Tu	**nous**	écoutes?
– Oui, je	**vous**	écoute.
– Théo adore les figurines et il	**les**	collectionne.

ne me te le la nous vous les **verbe** **pas**

! Lukas   **nous** aide.
     Lukas ne **nous** aide pas.
     Jade   **les** invite.
     Jade ne **les** invite pas.

👥 Übt und wiederholt gemeinsam

Übersetzt die Sätze:
1. *Ich lade euch ein.*
2. *Begleiten Sie uns nicht?*
3. *Du nervst uns.*
4. *Wartest du auf mich?*
5. *Kannst du mir helfen?*
6. *Können Sie uns helfen?*
7. *Ich kann dich nicht begleiten.*
8. *Ich werde nicht auf euch warten.*

(▶ Solutions, p. 177)

! Clara   va   **nous** aider.
     Clara ne va pas **nous** aider.
     Noah   veut   **nous** aider.
     Noah ne veut pas **nous** aider.

Weitere Verben:

GH 38   **4**   J' **attends** mes amis. → **die Verben auf** *-re*

j' attends
tu attends
il/elle/on attend
nous attendons
vous attendez
ils/elles attendent

Lege eine Verbkarteikarte für *attendre* an.

✓ Das Verb *entendre* wird wie *attendre* konjugiert.

cent trente-trois 133

MODULE facultatif

Qu'est-ce que tu as fait hier*?

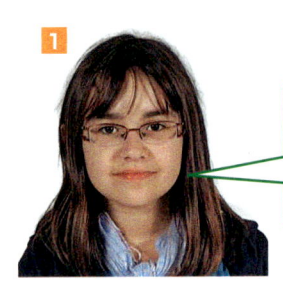

1 Hier, je suis allée chez ma grand-mère, on a fait un gâteau et une balade dans les Vosges.

2 Je suis allé chez Lukas. D'abord, on a fait des jeux et après, on a regardé un match de foot à la télé.

3 J'ai invité Jade. On a écouté des CD et on a chanté! À midi, on a fait des spaghettis. Puis, j'ai fait mes devoirs.

4 Hier, je suis allé au cinéma avec Karim. Après, j'ai fait mes devoirs et j'ai surfé sur Internet.

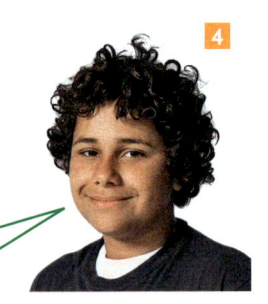

* **hier** gestern

1 Regarde les dessins et écoute. Quel dessin correspond à quel texte? Il y a un dessin en trop. | Welches Bild passt zu welchem Text? Ein Bild ist zuviel.

A B C D

2 Et toi, qu'est-ce que tu as fait hier? Raconte. Utilise:

	du tennis / du foot / du théâtre / du vélo.
	de l'aviron / de l'athlétisme.
J'ai fait	de la danse / de la musique / de la guitare / de la flûte.
	des percussions / des jeux.
	mes devoirs / une balade à vélo / ___.

J'ai regardé ___.
J'ai écouté ___.
J'ai mangé chez ___.
J'ai surfé sur Internet. / J'ai chatté avec ___.
J'ai passé le week-end chez ___.

Je suis allé / allée | chez ___.
                    | au cinéma / ___.

134 cent trente-quatre

BILAN DES COMPÉTENCES   facultatif

PRÉPARATION AU DELF

Hier kannst du überprüfen, was du in den *Unités* 6 und 7 gelernt hast. Unter www.cornelsen.de/webcodes APLUS-1-135 kannst du diese Aufgaben herunterladen und dann ausfüllen.

Compréhension écrite

1 Schau dir die Überschriften und die Bilder an. Worum geht es? Antworte auf Deutsch.

Ça va être ta fête!

Tu organises une fête et ça te stresse? Pas de panique: déco, buffet, musique … Voilà quelques idées et des conseils!

Idées pour le buffet!

Mini-Club-sandwichs
Salés: Il te faut des tranches de pain, une boîte de pâté, un peu de fromage …
Sucrés: Il te faut un pot de confiture, une pâte à tartiner au chocolat …

Brochettes arc-en-ciel
Sucrées: Il te faut[1] des fruits (melon, pommes, poires, fraises, bananes, ananas, oranges) et des bonbons!
Salées: Il te faut des concombres, des carottes, des tomates, un peu de fromage et des mini-saucisses!

C'est pratique

Conseils pour ta fête!
- Prépare ta fête avec des amis. C'est super pour l'ambiance!
- Demande aux invités d'apporter leurs CD préférés.
- Il vous faut de la place pour danser. Mets les chaises contre les murs! C'est pratique!
- Tes amis ne veulent peut-être[2] pas danser. Pense à des activités: jeux, karaoké, sketches, mini-tombola …
- Parle avec tes parents. L'idéal: Ils ne sont pas avec vous, mais ils ne sont pas loin parce que tu peux avoir un problème …

[1] **il te faut / il vous faut** du brauchst / ihr braucht
[2] **peut-être** vielleicht

2 Vrai (v) ou faux (f)? Lis le texte et corrige les phrases fausses en allemand.

1. Es ist besser, eine Party alleine vorzubereiten.
2. Eine Party ist nur zum Tanzen da. Alles andere spielt keine Rolle.
3. Am besten machst du deine Party, wenn deine Eltern weit weg sind!

Médiation

3 Ein Freund findet bei dir die Seite „Ça va être ta fête!". Da er gerade eine Party vorbereitet, möchte er Folgendes wissen: Gibt es auch Vorschläge für süße Speisen? Wenn ja welche? Welche Tipps gibt es zur Musik? Antworte auf seine Fragen.

BILAN DES COMPÉTENCES facultatif

Compréhension orale

CD2 59

4 Quelle facture va avec quel dialogue? Il y a une facture en trop. | Ordne die Dialoge den Rechnungen zu. Eine Rechnung bleibt übrig.

A Chez Eugène
2 cafés: 5 €
1 jus: 3 €
3 gâteaux: 11,85 €
Total: 19,85 €

B Café de la Petite France
3 cafés: 6,90 euros
3 gâteaux au chocolat: 12 euros
Total: 18,90 euros

C RESTAURANT DU PONT
Menus: 16€ X 2 = 32€
Jus: 2,60€ X 2 = 5,20€
Bouteille d'eau: 3€
Total: 40,20€

D Vitamine C
Salade de fruits: 3,50 €
Jus mélange exotique: 3,70 €
Total: 7,20 €

Production orale

5 C'est l'anniversaire de Louise. Vous cherchez un cadeau. Qui est A, qui est B? Préparez votre rôle et jouez le dialogue en classe.

1. – A fragt, wann Louise Geburtstag hat.
2. – B antwortet.
3. – A macht einen Geschenkvorschlag.
4. – B ist nicht einverstanden und schlägt ein anderes Geschenk vor.
5. – A will wissen, wie viel es kostet.
6. – B antwortet.
7. Am Ende einigt und verabredet ihr euch, um das Geschenk zu kaufen.

Production écrite

6 Dein französischer Austauschpartner hat dir diese E-Mail geschrieben. Antworte ihm.

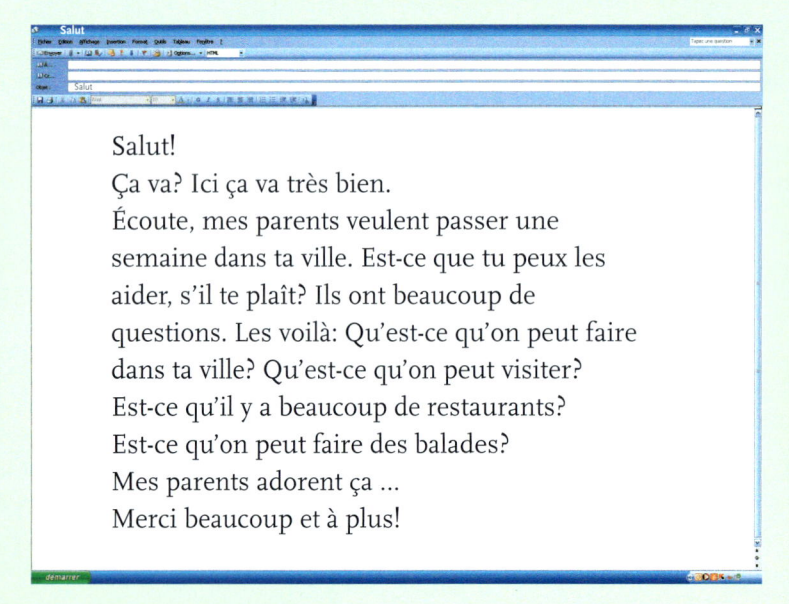

Salut!
Ça va? Ici ça va très bien.
Écoute, mes parents veulent passer une semaine dans ta ville. Est-ce que tu peux les aider, s'il te plaît? Ils ont beaucoup de questions. Les voilà: Qu'est-ce qu'on peut faire dans ta ville? Qu'est-ce qu'on peut visiter?
Est-ce qu'il y a beaucoup de restaurants?
Est-ce qu'on peut faire des balades?
Mes parents adorent ça …
Merci beaucoup et à plus!

Unité 8 Vive les vacances!

PF Tâches – au choix
Am Ende dieser Unité kannst du

dich über Feriencamps in verschiedenen französischen Regionen informieren, ein Camp auswählen und

A in einer E-Mail deine Wahl begründen.

B eine Postkarte aus dem Feriencamp schreiben.

Compétences communicatives
Du lernst

- zu sagen, was du in den Ferien unternehmen wirst. (▶ V 1)
- über verschiedene Ferienaktivitäten zu sprechen. (▶ V 2)
- über das Wetter zu sprechen. (▶ V 2)

Dazu brauchst du z. B.

- das Relativpronomen *où*.
- den Nebensatz mit *quand*.

Compétences interculturelles

- Du lernst verschiedene Möglichkeiten kennen, wo und wie du in Frankreich die Ferien verbringen kannst.
- Du bekommst Informationen darüber, was die Stadt Paris im Sommer zu bieten hat.
- Du lernst den französischen Nationalfeiertag kennen.

Apprendre à apprendre
Du lernst

- das Lesen von Texten zu trainieren.

cent trente-sept **137**

8

VOLET 1 — VOLET 2 — TÂCHES – AU CHOIX — REPÈRES

Qu'est-ce que tu vas faire pendant les vacances?

A

B

C

D

E

1 Qu'est-ce que vous allez faire pendant les vacances?

2 Moi, je vais passer deux semaines chez des cousins à Marseille. On va aller à la plage!

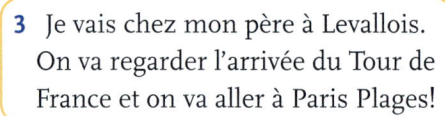

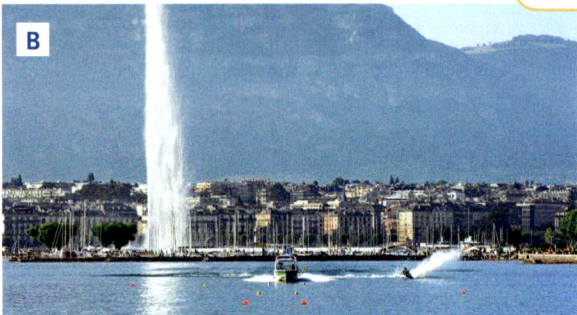

3 Je vais chez mon père à Levallois. On va regarder l'arrivée du Tour de France et on va aller à Paris Plages!

4 Nous, on va dans les Pyrénées, mes parents adorent les randonnées en montagne. Moi, ce n'est pas trop mon truc, mais on va faire du camping, et ça, c'est cool!

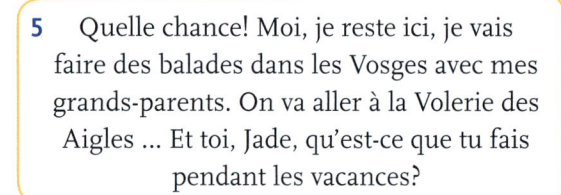

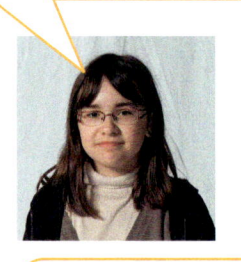

5 Quelle chance! Moi, je reste ici, je vais faire des balades dans les Vosges avec mes grands-parents. On va aller à la Volerie des Aigles … Et toi, Jade, qu'est-ce que tu fais pendant les vacances?

6 D'abord, je vais chez mon père, en Suisse. On va passer une semaine au bord du lac Léman. Et après, je vais à Lyon, chez ma tante.

138 cent trente-huit

| VOLET 1 | VOLET 2 | TÂCHES – AU CHOIX | REPÈRES | **8** |

■ Lire et comprendre

DELF 1 a Quelle photo va avec quelle personne? Justifie ta réponse. | Welches Foto passt zu welcher Person? Begründe deine Antwort.

> La photo A va avec ___ parce qu'il/elle | va aller chez/à/en ___.
> va passer une/deux semaine(s) chez/à ___.

b Retrouve *Marseille*, *Paris*, *les Pyrénées*, *les Vosges*, *le lac Léman* et *Lyon* sur une carte de France.

■ Parler

2 Faites le tour de la classe. Interrogez cinq camarades de classe et répondez à leur question.

A: Qu'est-ce que tu vas faire pendant les vacances?

B: Je vais / On va

	passer	___ jours/semaines à/chez ___.
	aller	à la mer / à la plage / à la montagne. à/chez ___.
	faire	du camping. des randonnées/balades. un atelier de ___.
	rester	ici / chez moi / à ___.

■ Écouter et comprendre

CD2 61
DELF 3 Écoute. Quel dessin correspond à quelle personne? Attention: il manque une activité! Dessine-la! | Wer macht was? Ordne zu. Eine Unternehmung fehlt! Zeichne sie!

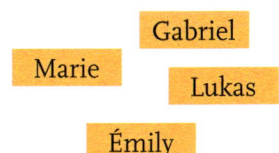

Marie   Gabriel   Lukas   Émily

■ Écrire

4 a Clara reste à Strasbourg pendant les vacances. Qu'est-ce qu'elle peut faire? Regarde dans ton livre et fais un associogramme. (▶ Méthodes, p. 160/7)

b Fais une recherche sur Internet: Qu'est-ce qu'on peut faire encore à Strasbourg? Complète ton associogramme de **a**.

c Qu'est-ce que Clara va faire pendant ses vacances? Imagine. Utilise ton associogramme de **a**.

cent trente-neuf 139

8 VOLET 1   VOLET 2   TÂCHES – AU CHOIX   REPÈRES

Apprendre à apprendre

5   **Wie du das Lesen von Texten trainieren kannst**   (▶ Méthodes, p. 165/17)

Wenn du nur bestimmte Informationen in einem Text finden sollst, musst du diesen Text nicht vollständig lesen und verstehen. Lies zunächst die Fragen oder Arbeitsaufträge genau durch. Suche dann nur nach den benötigten Informationen im Text und notiere dir die Ergebnisse. Wende diese Lesetechnik beim Text über *Paris Plages* an.

Lire et comprendre

DELF   **6**   **Lis le texte et réponds aux questions suivantes.**

1. Von wann bis wann findet *Paris Plages* statt?
2. Kannst du dort Fußball spielen? Und Badminton?
3. Finden die Konzerte vormittags oder nachmittags statt?
4. Wie sind die Öffnungszeiten?

Paris Plages, c'est bientôt!

Du 20 juillet au 20 août, Paris Plages se trouve, comme d'habitude, sur la voie Georges-Pompidou et autour du Bassin de la Villette. Pendant 30 jours, la capitale va ressembler à une station balnéaire. Les Parisiens qui passent l'été à Paris, peuvent avoir des moments de détente.

5   Au programme:
Des plages de sable aménagées avec transats et palmiers comme au bord de la mer.
Des jeux de plage et des activités sportives: pédalo, voile, aviron, canoë-kayak, mais aussi badminton, danse, pétanque, beach-volley ou taï-chi.

10   Pour participer aux activités, il suffit de s'inscrire sur place, tôt dans la journée.
Pour bien terminer la journée, à 17 heures, des musiciens donnent des concerts gratuits sur le parvis de l'Hôtel de ville.
Une nuit magique est programmée le 24 juillet pour observer les étoiles.
15   Paris Plages est un évènement gratuit, ouvert tous les jours de 8 heures à 20 heures.

Regarder et comprendre

DVD 12   **7 a**   Retrouve le parcours des jeunes à Paris. | Finde die richtige Reihenfolge wieder.

A le Jardin des plantes   **B** la station de métro Tolbiac   **C** la tour Eiffel

D la cité des sciences et de l'industrie   **E** la station de métro Gare d'Austerlitz

F le parc du Champ de Mars

b   Décris l'après-midi de Mehdi et de Félix.

D'abord, ils font du skate près de ____.
Après ____.

140   cent quarante

Souvenirs d'été

1

Chère Clara,   Le 13 juillet

Ça y est, je suis à Marseille! La ville est super! Ici il y a beaucoup de soleil. Mes cousins sont cool et on fait un tas de trucs ensemble. Quand il fait chaud,
5 on va à la plage, on nage dans les calanques. L'eau est bonne et j'adore la mer!
Demain soir, on va aller au Vieux Port où il y a toujours beaucoup de monde. On va regarder le feu d'artifice!
10 Et toi, comment ça va? Je t'appelle quand je rentre! Je t'embrasse.

Yasmine

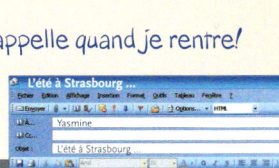

2

Bjr, sa va?
C super ici!
jnage ds le lac.
jt'apel qd j'ariv
ché ma tante.
A+ Jade

3

Salut, Yasmine!
Merci pour ta carte! Ici ça va bien. Il ne fait pas très beau, mais on fait des balades quand même!
Demain, on va au château du Haut-Kœnigsbourg avec mes
5 grands-parents. On va fêter les neuf ans de ma sœur. Camille va être la princesse d'un jour … Elle est trop contente!
Après, on va passer deux jours au lac Blanc. Alexandre va faire un stage de VTT. Camille et moi, on va faire des balades à cheval. Quand est-ce que tu rentres à Strasbourg?
10 Bises
Clara

4

Salut, Clara!   Le 18 juillet
Comment ça va, à Strasbourg?
On fait du camping à Gavarnie, mais le temps n'est pas génial. Il pleut souvent
5 et la nuit, il fait froid sous la tente …
On fait quand même des randonnées. Je n'aime pas ça mais là où on va, la nature est super. On peut observer un tas d'animaux avec des jumelles! Je
10 voudrais les prendre en photo, mais ils sont trop loin!
À bientôt!   Théo

Mlle Clara Fabre
10, rue de l'Observatoire
67000 Strasbourg

cent quarante et un **141**

8 VOLET 2

Lire et comprendre

1 a Lis les textes (p. 141). Quel temps est-ce qu'il fait à Marseille, à Strasbourg et à Gavarnie? | Wie ist das Wetter in Marseille, in Straßburg und in Gavarnie?

b Fais des devinettes pour ton/ta partenaire. Il/Elle trouve de qui tu parles.
Exemple:

> Il ou elle nage dans les calanques. C'est qui?

> C'est Yasmine!

c «Demain, […] on va regarder le feu d'artifice!» (l. 7–9)
Trouve la date* du feu d'artifice. Pourquoi est-ce qu'il y a un feu d'artifice?
(▶ Module p. 116)

* la date das Datum

Parler

2 Lukas écrit deux cartes postales. A regarde la carte pour Clara, B regarde la carte pour Jade. Comparez les informations. (B ▶ p. 152)

Sur ma carte, Lukas est à ___.
 il est chez/avec ___.
Ses activités: ___.
Le temps: ___.

Salut, Clara!   Rügen, le 3 août
Je passe une semaine au bord de la mer avec mes parents. Il fait super beau. On fait du camping, c'est génial! On fait des balades à vélo et à midi, on mange devant la tente. Après, je vais à la plage et je nage quand il fait trop chaud. Mais la nuit, il fait froid! Brrr! Demain, on va à Berlin.
À plus!   Lukas

3 Qu'est-ce qu'on peut dire quand …? Posez des questions et trouvez des réponses.
(▶ Repères p. 146/2)   ▶ p. 158
Exemple:
– Qu'est-ce qu'on peut dire quand on ne comprend pas?
– Quand on ne comprend pas, on peut dire «Pardon?»

1. On ne comprend pas.
2. On présente une copine.
3. Les vacances commencent.
4. On aime bien l'idée d'un copain.
5. On n'est pas d'accord avec l'idée d'un copain.
6. Le prof entre* dans la classe.
7. On cherche son portable.
8. On est à la boulangerie.

* entrer dans qc in etw. hineingehen

S'entraîner

4 a Qu'est-ce que c'est? Explique. Utilise: *C'est un endroit où ___.* (▶ Repères, p. 146/1)

1. un cinéma
2. un CDI
3. un gymnase
4. une cantine
5. une librairie
6. une cour
7. une salle de permanence
8. un supermarché

> Dir fällt die Bezeichnung eines bestimmten Ortes nicht ein? Umschreibe ihn mit *où*!

b Compare tes résultats de a avec ton/ta partenaire.

Vocabulaire

5 a Qu'est-ce qu'on peut faire en été, quand il fait beau? Et quand il ne fait pas beau? Fais un associogramme.

nager — il fait beau — **le temps** — il ne fait pas beau

b Compare avec ton/ta partenaire.

Regarder et comprendre

6 a Vrai ou faux? Regarde la météo* du 13 juin.

* la météo der Wetterbericht

1. Il ne fait pas beau à Paris.
2. Il pleut un peu à Strasbourg.
3. Il fait chaud à Lyon.
4. Il fait très froid à Marseille.
5. Il y a beaucoup de soleil à Toulouse.
6. Il fait assez beau à Tours.

b Erkläre, wie du vorgegangen bist, um a zu beantworten.

c In jeder Region gibt Toobo für eine Stadt die Temperatur an. Welche Städte nennt er? Wie warm ist es dort jeweils?

Écouter et comprendre

7 C'est le 24 juillet. Les jeunes sont en vacances depuis trois semaines. Écoute. Qui peut faire une balade au soleil aujourd'hui?

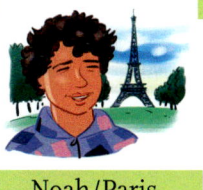

Théo/Pyrénées Jade/Lyon Clara/Strasbourg

Yasmine/Marseille Noah/Paris

cent quarante-trois 143

8

VOLET 1 VOLET 2 TÂCHES – AU CHOIX REPÈRES

▶ Tu aimes l'aventure?

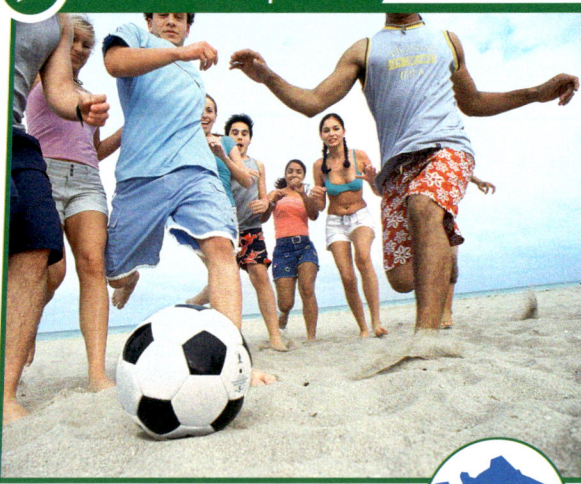

Chez nous, c'est l'aventure dans la nature!
- **Activité:** Dans la vallée, on peut faire beaucoup de randonnées et de balades en VTT. On va observer des animaux avec des jumelles. On va aussi faire une excursion et chercher des fossiles et des pierres.
- **Âge:** 10 à 13 ans
- **Lieu:** La Bresse dans les Vosges
- **Date:** du 23 juillet au 7 août

▶ On fait du sport!

Quand il fait beau, on fait du sport!
(Il fait toujours beau ...)
- **Activité:** Tu adores le sport? Tu aimes rencontrer des copains? Alors, passe tes vacances avec des jeunes près de Marseille! Au programme: nager dans la mer, jouer au foot et au tennis. Tu peux aussi faire des balades à cheval.
- **Âge:** 11 à 14 ans
- **Lieu:** Marseille
- **Date:** du 6 au 21 août

Pour les prochaines vacances, tes parents te proposent de participer à un stage en France. | Lies die Texte über vier verschiedene Feriencamps in Frankreich. Welches Feriencamp gefällt dir am besten? (▶ Méthodes, p. 164/15–166/18)

Wähle eine der beiden Aufgaben aus.

DELF A Schreibe deinem Austauschpartner eine E-Mail, in der du ihn über deine Ferienpläne informierst.

Erkläre ihm, warum du in dieses Feriencamp fahren möchtest.

144 cent quarante-quatre

TÂCHES – AU CHOIX

▶ Allô, allô – on va à l'eau!

Ici, on rigole bien!
- **Activité:** Le lac est juste devant notre maison. L'eau est bonne: c'est une invitation pour nager, faire de l'aviron et du canoë-kayak. Et pour les fans de mangas et de B.D.: l'atelier dessin vous attend.
- **Âge:** 10 à 14 ans
- **Lieu:** Thonon-les-Bains / Lac Léman
- **Date:** du 16 au 31 juillet

▶ Tu joues avec nous?

Atelier théâtre et musique!
- **Activité:** Ensemble, nous faisons du théâtre: nous écrivons et jouons des sketches. Nous composons aussi des chansons et nous les chantons. (Tu n'aimes pas chanter? Apporte ton instrument!) Quand il fait chaud, nous allons à la piscine.
- **Âge:** 11 à 13 ans
- **Lieu:** Chaville, près de Paris
- **Date:** du 30 juillet au 14 août

DELF B Stell dir vor, du bist jetzt in dem ausgewählten Feriencamp. Schreibe deinem Austauschpartner eine Postkarte.

> Erzähle ihm, wie es dort ist, was du unternimmst und wie das Wetter ist.

Nützliche Ausdrücke findest du in den *Repères* (*Qu'est-ce qu'on dit,* p. 146) und im Text (p. 141).

cent quarante-cinq **145**

8 VOLET 1   VOLET 2   TÂCHES – AU CHOIX   REPÈRES

Qu'est-ce qu'on dit?

▶ 71|3

Du sprichst über deine Ferien
Qu'est-ce que tu fais pendant les vacances?
Où est-ce que tu vas passer tes vacances?
(Moi,) je vais aller (à Lyon / dans les Vosges / chez ma tante).
(Moi,) je reste ici.
Je vais passer (deux jours / trois semaines) à Marseille.
On va faire du camping (au bord du lac Léman).
On va faire (des randonnées en montagne).
Je t'appelle quand (j'arrive chez ma tante).

Du sprichst über das Wetter
Il y a beaucoup de soleil.
Il fait beau.
Il ne fait pas très beau.
Il fait chaud.
Il fait froid.
Le temps n'est pas génial.
Il pleut.

Du findest etwas beneidenswert
Quelle chance!

Grammaire

Du machst nähere Angaben zu einem Ort:

GH 39 **1** On va au Vieux Port **où** il y a beaucoup de monde. → **das Relativpronomen** *où*

Là **où** on va, la nature est super!

> **👥 Übt und wiederholt gemeinsam**
>
> Jeder nennt drei Satzanfänge, in denen ein Ort vorkommt. Der/Die andere führt den Satz mit *où* fort. Korrigiert euch gegenseitig. Ihr könnt auch lustige Sätze bilden.
>
> *Demain, on va aller au collège …*
>
> *… où il y a des singes en liberté!*

Du bringst zwei Tätigkeiten in einen zeitlichen Zusammenhang:

Dazu brauchst du:

GH 40 **2** Je t'appelle **quand** je rentre. → **den Nebensatz mit** *quand*

Je t'appelle **quand** j'arrive chez ma tante.
Quand il fait chaud, on va à la plage.

146 cent quarante-six

MODULE facultatif

Un été à Paris

Le 15 juillet, Noah prend le TGV[1] pour Paris. Il arrive à la gare de l'Est[2] où son père l'attend. Il y a beaucoup de monde à la gare: des Parisiens et beaucoup de touristes aussi. Monsieur Pérec et son fils prennent le métro pour Levallois.

Là-bas, il y a une surprise pour Noah: Les cousins de Martinique sont là pour les vacances! Il y a le frère de Monsieur Pérec, Thierry, Hélène, sa femme et leurs trois fils: Lilian, 21 ans, Emmanuel, 19 ans et Florent, 14 ans. Noah est très content. Le soir, c'est la fête chez les Pérec.

Les vacances se passent bien[3]. Lilian et Emmanuel visitent la capitale[4]. Lilian est amoureux[5] de Paris. Il veut tout visiter et prendre un tas de photos!
Noah et Florent font un stage d'aviron sur la Seine. Ce n'est pas facile[6] quand on n'a pas l'habitude[7], mais ils rigolent bien. Et dans leur groupe, ils trouvent vite des copains: Célia, Fanta, Guillaume, Lim et Rachid. Ensemble, ils vont aussi à Paris Plages.
Célia dit qu'elle voudrait aller en Martinique, un jour. Elle pose un tas de questions à Florent. Ils parlent beaucoup ensemble. Le lendemain[8], Florent apporte des CD de musique antillaise[9]. Célia et Florent les écoutent ensemble.

Le temps passe vite. Noah est content de ses vacances, mais Florent est triste[10]! Depuis deux jours, il ne parle pas beaucoup. Est-ce qu'il a un problème? Non. Il ne mange plus. Est-ce qu'il est malade[11]? Non plus. Mais alors, qu'est-ce qu'il a? Il ne veut pas le dire. Alors, Noah ne pose plus de questions.

Le dernier[12] jour des vacances, Noah et ses cousins veulent faire plaisir à Florent[13]: ils vont au concert d'Amadou et Mariam. Florent adore leur musique.
Il y a beaucoup de monde au concert. Dans la foule[14], les quatre cousins rencontrent[15] Célia et son frère. Le monde[16] est petit ... Ah! Ça y est! Noah comprend tout maintenant!

1 **le TGV (le train à grande vitesse)** der Hochgeschwindigkeitszug; 2 **la gare (de l'Est)** der (Ost-)Bahnhof; 3 **se passer bien** gut verlaufen; 4 **la capitale** die Hauptstadt; 5 **amoureux/-euse de** verliebt in; 6 **facile** einfach; 7 **avoir l'habitude** etw. gewohnt sein; 8 **le lendemain** am nächsten Tag; 9 **antillais/e** von den Antillen; 10 **triste** traurig; 11 **malade** krank; 12 **dernier/dernière** letzte/r; 13 **faire plaisir à qn** jdm eine Freude bereiten; 14 **la foule** die Menschenmenge; 15 **rencontrer qn** jdn treffen; 16 **le monde** die Welt

a Retrouve l'ordre des titres. | Bringe die Überschriften in die richtige Reihenfolge.

A Une surprise pour Florent
B Est-ce que Florent va bien?
C L'arrivée de Noah à Paris
D Un peu de sport et beaucoup de copains
E Un oncle, une tante et trois cousins
F Le programme de Lilian

b «Noah comprend tout maintenant!» (l. 26–27) Qu'est-ce qu'il comprend?

cent quarante-sept 147

PARTENAIRE B

Module

page 26

a B buchstabiert die folgenden französischen Wörter. A schreibt sie auf. Überprüft dann eure Ergebnisse.

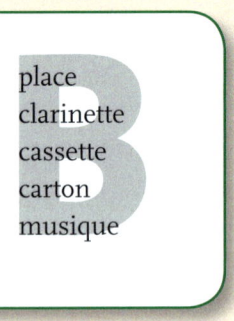

B
place
clarinette
cassette
carton
musique

Unité 2

page 34

6 Où est l'ordinateur? | Du siehst nur einige Gegenstände. A sieht andere. Ergänzt eure Informationen.

a B pose des questions à A. A répond.

B: Où est / Où sont ___?
A: Il/Elle est ___.
   Ils/Elles sont ___.

| l'ordinateur | la chaise | l'étagère |
| la minichaîne | les stylos | les livres |

b A pose des questions à B. B répond.

sous   sur
devant   derrière
dans   entre

Bilan des compétences

page 64

4 Du lernst in den Ferien einen deutschen Jungen / ein deutsches Mädchen kennen. Ihr stellt fest, dass ihr beide ein bisschen Französisch könnt und unterhaltet euch. Du bist der italienische Junge / das italienische Mädchen und das ist deine Rollenkarte.

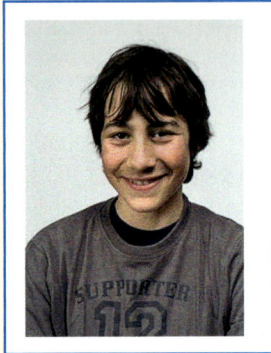

Corleone

Massimo, 12 Jahre alt
Frascati (bei Rom)
keine Geschwister

Garibaldi

Sandra, 11 Jahre alt
Frascati (bei Rom)
ein Bruder

148 cent quarante-huit

PARTENAIRE B

Unité 4

page 73

4 Donnez-vous rendez-vous par téléphone. | Verabredet euch telefonisch. Bereitet eure Rollen vor und übt euer Telefonat so, dass ihr es der Klasse vorspielen könnt.

DELF

> *regarder* la télé ensemble
> *regarder* un DVD chez moi
> *faire* une balade dans les Vosges / à Strasbourg / à ___
> *écouter* des CD
> *faire* de l'aviron / des percussions / ___

*Du sitzt gerade an deinen Hausaufgaben, als **A** dich anruft.*
– Du meldest dich am Telefon.
– Du findest den Vorschlag von **A** nicht gut, du machst einen Gegenvorschlag.
– Ihr einigt und verabschiedet euch.

- Non, je préfère ___.
- Salut, ça va?
- Oui, d'accord.
- Ça ne va pas, je ___.
- Ça marche.
- Tu es encore là?

Vous pouvez aussi utiliser: | Ihr könnt auch verwenden:

page 74

6 B pose des questions et utilise *est-ce que*. A répond par *oui* ou par *non*. (▶ Repères, p. 78/5)

1. Tu as des animaux? → Est-ce que tu as des animaux?
2. Tu as un ordinateur?
3. Tu chattes souvent avec tes copains?
4. Tu aimes la musique?
5. Tu fais de l'aviron?

Unité 5

page 86

3 Ils sont où? A pose des questions. B répond. Puis B pose des questions et A répond.
Exemple: A: Où est le CPE? B: Il est au CDI.

Tes informations pour **A**

1 2 3 4

Tes questions à **A**
5. l'infirmière?
6. la documentaliste?
7. la surveillante?
8. le prof de français?

à	la cantine
	l'infirmerie
au	CDI
	gymnase
	secrétariat
dans	la cour
	la salle de classe
	la salle des profs

cent quarante-neuf 149

PARTENAIRE B

page 93

3 Tu es chez un copain. Vous cherchez des activités pour le week-end. Faites des dialogues.

DELF

- Du bist nicht einverstanden.
- Du machst einen anderen Vorschlag.
- Du reagierst auf den Vorschlag von **A**.
- Am Ende einigt ihr euch.

Mögliche Vorschläge:

visiter le musée ___
aller au cinéma
aller chez ___
faire une balade dans le centre-ville
faire une balade à vélo
regarder un DVD avec ___
écouter des CD
faire du foot / ___

Mögliche Reaktionen:

Je suis pour.
Ça, c'est une bonne idée!
Oh, oui, super!
D'accord!
C'est intéressant!
C'est trop cool!
Ça marche.

Bon, c'est d'accord.
Bof.
Oh, je ne sais pas.
Je ne suis pas trop d'accord.
Ce n'est pas mon truc.

Je suis contre.
Oh non, c'est l'horreur.
Je ne suis pas d'accord.
Ce n'est pas intéressant.
C'est nul.

page 102

3 Tu es chez un/e ami/e à Strasbourg. Vous discutez. Qui est A, qui est B? Préparez votre rôle et jouez le dialogue en classe.

1. D'abord, vous parlez de vos hobbys.
   Tu aimes:

2. Après, vous préparez le programme pour le week-end. Ton ami/e propose des activités et vous discutez.
   Tu aimes:
   le cinéma, la musique, le sport
   Tu n'aimes pas:
   les musées, les balades à vélo

150 cent cinquante

PARTENAIRE B

Unité 6

page 106

2 Travaillez à deux. B regarde le dessin ici. Trouvez six différences.
Utilisez *à côté de* ou *près de*.

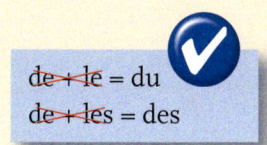

de + le = du
de + les = des

Exemple:
A: Sur mon dessin, il y a un chat.
B: Où est-ce qu'il est?
A: Il est à côté de la boulangerie. Et sur ton dessin?
B: Sur mon dessin, le chat est près des toilettes.

page 109

6 Ton/Ta correspondant/e allemand/e est chez toi en France. Vous mangez à la cantine.
Regardez le menu et jouez le dialogue.

DELF

Menu

Entrée Salade de concombres/Melon
Gurkensalat/Honigmelone

Plat Spaghettis bolognaise/
Gratin de pommes de terre
Spaghetti bolognese/Kartoffelauflauf

Dessert Yaourt/Pomme
Joghurt/Apfel

– Ihr fragt euch gegenseitig, was ihr essen wollt.
– Du erklärst die Wörter, die **A** nicht versteht.
– Beim Essen reagierst du auf einen Wunsch von **A**.
– Am Ende bist du satt und bietest **A** deinen Nachtisch an.

cent cinquante et un 151

PARTENAIRE B

Unité 7

page 124

2 **DELF**

a A a 12 euros et cherche un cadeau pour un copain. | A fragt dich, wie viel die Gegenstände kosten. Du gibst Auskunft.

Exemple:
A: Le skateboard coûte combien?
B: ___.
A: Je l'achète. / Ah, c'est trop cher.

b Maintenant, c'est à toi. | Tauscht die Rollen.

Exemple:
B: Le DVD coûte combien?
A: ___.
B: Je l'achète. / Ah, c'est trop cher.

Unité 8

page 142

2 Lukas écrit deux cartes postales. A regarde la carte pour Clara, B regarde la carte pour Jade. Comparez les informations.
Tu es B, et voilà «ta» carte.

Sur ma carte, Lukas est à ___.
　　　　　　il est chez/avec ___.
Ses activités: ___.
Le temps: ___.

Salut, Jade!　　　　　　Berlin, le 10 août
Je suis chez mes grands-parents maintenant. Il pleut souvent, c'est bête. Mais je suis toujours avec mon cousin. On fait un tas de jeux. Et quand il fait beau, on fait du skate dans les parcs. Dans une semaine, je rentre à Strasbourg. Je vais t'apporter une surprise …!
À bientôt
Lukas

152　cent cinquante-deux

DIFFÉRENCIATION

Unité 1

page 15

6 Écoute et écris les noms. | Hör zu und schreibe die Namen der Personen auf.

Klara?/Clara?   Schmidt?/Schmitt?
Carl?/Karl?
Théo?/Léo?   Furnier?/Fournier?

page 18

4 Écoute et réponds. | Kannst du über dich Auskunft geben? Hör zu und antworte in den Pausen.

1. – Super. / Ça va. / Pas mal. / Bof.
2. – Je m'appelle ___.
3. – Je suis en ___.
4. – Je suis dans la classe de ___.
5. – Je suis l'ami/l'amie de ___.
6. – Au revoir. / Salut.

Unité 2

page 31

6 e Qu'est-ce qu'il y a dans la classe?

Il y a un/une/des ___.

tables   chaises   élèves   professeur
étagères   livres   posters   globe
minichaîne   collection de pierres

page 36

2 Faites des dialogues et jouez-les. Utilisez aussi les phrases de **1b**. | Spielt die Dialoge vor. Verwendet auch Sätze aus **1b**.

A

| Tu | regardes / écoutes | des photos / la télé / des CD | avec moi? |

| On | écoute / regarde / cherche | des CD / la télé / des photos / des informations sur Internet | ensemble? |

B
Non, pas maintenant. Je ___.
C'est non!
Tu m'énerves!
D'accord.

Je chant ?
tu chant ?
? chant ?
? chant ?
et qui écout ??
Vous écout ?
Karim, Lukas, Théo
Vous écout ??
Non, vous rêv ?!

page 37

5 b Écoute et écris le poème. | Wie hast du das Gedicht aufgeschrieben? Es gibt mehrere Möglichkeiten.

cent cinquante-trois 153

DIFFÉRENCIATION

Unité 3

près **de** Lyon
près **d'**Avignon

page 50

7 a Ils habitent où? Réponds. Utilise **à**, *près de*, **entre**.
Exemple:
 1. Les grands-parents de Clara
    habitent **à** Sélestat.
    C'est **entre** Strasbourg et Colmar.

 1. Les grands-parents de Clara
    habitent **?** Sélestat.
    C'est **?** Strasbourg et Colmar. → 1
 2. L'oncle de Lukas habite **?** Laval.
    C'est **?** Rennes et Le Mans. → 2
 3. La tante de Jade habite **?** Vienne.
    C'est **?** Lyon. → 3
 4. Le père de Noah habite **?** Levallois.
    C'est **?** Paris. → 4
 5. Les grands-parents de Théo habitent **?** Fléac. C'est **?** Angoulême. → 5
 6. Les cousins de Yasmine habitent **?** Cassis. C'est **?** Marseille et Toulon. → 6
 7. L'oncle de Théo habite **?** Agen. C'est **?** Toulouse et Bordeaux. → 7
 8. Les grands-parents de Jade habitent **?** Olivet. C'est **?** Orléans. → 8

page 52

4 Présente David et Annika. Utilise *son*, *sa*, *ses*. (▶ Repères, p. 59/1)

David habite à Paris. **?** **parents** sont séparés. David habite chez **?** **mère**, mais le week-end, il est chez **?** **père**. **?** **sœurs** Rose et Iris ont 3 et 5 ans. Maintenant, David est dans **?** **chambre**, devant **?** **ordinateur**.

Annika habite à Berlin. **?** **parents** sont séparés. Annika habite chez **?** **mère**, mais le week-end, elle est chez **?** **père**. **?** **sœurs** Ella et Mia ont 4 et 8 ans. Maintenant, Annika est dans **?** **chambre**, devant **?** **ordinateur**.

5 c *Être* ou *avoir*? Choisis le verbe correct, puis réponds à Julien. (▶ Repères, p. 60/2)

Salut, je m'appelle Julien. Je/J' **suis/ai** en 5ᵉ et je/j' **suis/ai** 12 ans. Je/J' **suis/ai** une sœur, Sara, elle **est/a** 11 ans et elle **est/a** en 6ᵉ. Avec Sara, nous **sommes/avons** au collège «Maurice Ravel» à Paris. À la maison, je/j' **suis/ai** toujours dans ma chambre. Elle **est/a** super: je/j' **suis/ai** un coin musique avec une guitare. Et toi?

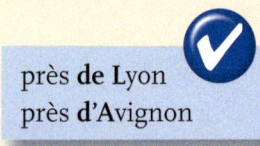

DIFFÉRENCIATION

page 53

6 b Écris d'autres strophes. | Schreibe weitere Strophen. Finde zuerst heraus, welche Namen sich mit welchen Wörtern reimen, z. B. *Dario → sept photos*. Dann ergänze das Gedicht.

?
a ?.
? et ?
ont ?.
Toi et ?,
vous avez ?.
Et moi, qu'est-ce que j'ai, moi?
Je ne sais pas, je ne sais pas …

Dario	Yasmine	Léo
toi et Amandine		toi et Camille
Albin et Valentin		Frédéric et Monique

trois cousins	un coin musique
une collection de figurines	
cinq stylos	une copine
sept photos	deux familles

page 56

4 c Philippe parle de ses animaux. Mais qui est qui? Écoutez. | Philippe spricht über seine Haustiere. Findet heraus, welches Tier wie heißt.
Schaut euch das Bild an:
– Welche Tiere hat Philippe?
– Wie heißen diese Tiere auf Französisch?
– Sind die Nomen männlich oder weiblich?
Nun hört euch an, was Philippe sagt und achtet auf die Endung der Adjektive.

Odousse ____.
Pirate et Génie ____.
Maxi et Mini ____.
Caracas ____.

Unité 4

page 71

9 b Écoute encore une fois. Qui fait quoi? Note la lettre correspondante.

A les percussions B le théâtre C le foot D la guitare E la danse F l'athlétisme

Merke:
Il/Elle fait de + le = **du** (théâtre).
de + les = **des** (percussions).
de + la = **de la** (danse).
de + l' = **de l'** (athlétisme).

cent cinquante-cinq 155

DIFFÉRENCIATION

page 73

2 Travaillez à deux. Écoutez le texte encore une fois. Le partenaire A écoute Lukas, le partenaire B écoute Théo. Trouvez comment on dit cela en français. Notez les numéros et les lettres.

A	Lukas
	1. Wie meldet sich Lukas am Telefon?
	4. Was antwortet Lukas auf Théos Frage?
	6. Wie sagt Lukas, dass er seine Eltern um Erlaubnis bittet?
	8. Wie fragt Lukas, wann sie wieder nach Hause kommen?

B	Théo
	2. Wie beginnt Théo das Gespräch?
	3. Wie fragt Théo, was Lukas am Wochenende vorhat?
	5. Wie drückt Théo seine Einladung aus?
	7. Wie sagt Théo, dass sie Lukas abholen?

B On passe chez toi à 10 heures.
C Et on rentre à quelle heure?
D Je t'invite.
A Allô!
E Je ne sais pas encore.
F Salut, Lukas, c'est moi, Théo! Ça va?
G Qu'est-ce que tu fais ce week-end?
H Je demande à mes parents.

Unité 5

page 86

5 C'est où? Écoute et réponds. (▶ Méthodes, p. 162/9)

| à | la cantine
l'infirmerie | au | CDI
gymnase
secrétariat | aux | toilettes | dans | la cour
la salle de classe
la salle des profs |

Exemple: C'est dans la cour.

page 87

6 Lis et complète le mail de la sixième B par *notre*, *nos*, *votre*, *vos*. (▶ Repères, p. 98/1)

Salut,
Nous sommes en sixième B au collège «Maxime Alexandre» à Lingolsheim. C'est près de Strasbourg. Nous cherchons une classe en Allemagne. Dans notre/nos classe, nous sommes 28 élèves, 16 filles et 12 garçons. Et dans votre/vos classe?
5 Notre/Nos professeurs sont super. Avec notre/nos prof d'allemand, Mme Hengele, nous jouons beaucoup et nous chantons en allemand. Avec notre/nos prof de français, M. Moulin, nous travaillons beaucoup. C'est pénible. Mais nous faisons aussi du théâtre, c'est cool, non? Est-ce que votre/vos profs sont sympa?

DIFFÉRENCIATION

Dans notre/nos collège, il y a aussi un CDI. C'est notre/nos endroit préféré. Nous pouvons
10 emprunter des livres ou des bédés, surfer sur Internet et faire notre/nos devoirs sur un
ordinateur. C'est pratique. Notre/Nos documentaliste, Mme Lemaire, est toujours là pour
nous. Et votre/vos endroit préféré, c'est aussi le CDI?
Notre/Nos salles de classe sont moches. Mais la salle de géo est notre/nos salle préférée: il y a un
coin géo avec un globe et une collection de pierres. Est-ce que votre/vos salles de classe
15 sont bien?
Et votre/vos école, elle est comment?
Vous cherchez une école en France? Répondez vite!

À plus!
Les élèves de la sixième B de Lingolsheim

page 87

8 Réponds au mail de la sixième B. (▶ p. 87/6). | Schau dir die Fragen, die dir die Schüler in der E-Mail stellen, genau an. Beantworte sie und gliedere deinen eigenen Text danach. Hebe deine Antwort auf, du wirst sie im *Volet* 2 benötigen.

DELF

> Dans notre classe, nous sommes ___.
> Nos professeurs sont ___.
> Dans notre collège, il y a ___.
> Avec M. / Mme ___, nous ___.
>
> Notre endroit préféré, c'est ___.
> Nos salles de classe sont ___.
> Dans notre salle de ___, il y a ___.

page 90

5 c Et toi? Raconte ta journée. Utilise *le matin*, *à midi*, *l'après-midi*, *le soir*.
(▶ Repères, Qu'est-ce qu'on dit? p. 98)

> *aller* à l'école
> *manger* à la cantine / à la maison
> *avoir* cours de français / ___
> *être / aller* au gymnase
> *faire* ses devoirs
> *retrouver* les copains
> *faire* du sport ___

Unité 6

page 106

4 Préparez un séjour à Strasbourg. Demandez des informations. | Bereitet eine Klassenfahrt nach Straßburg vor. Fordert Informationsmaterial an. Ihr braucht es für die *Tâche B* (p. 114).

DELF

> Nous sommes ___.
> Nous avons ___ ans.
> Nous voulons ___.
> Est-ce que vous pouvez nous envoyer* des informations / ___?
>
> * **nous envoyer** uns schicken

cent cinquante-sept **157**

DIFFÉRENCIATION

page 112

6 a In einem Chat triffst du Cyril. Du willst ihn näher kennen lernen und fragst ihn:
– wo er wohnt und ob es dort genug Freizeitangebote für Jugendliche gibt,
– ob er viel Zeit vor dem Computer verbringt,
– ob er auch zu viele Hausaufgaben hat.
Schreibe Cyril eine E-Mail.

> il y a ? activités pour les jeunes
> *passer* ? temps devant l'ordinateur
> *avoir* ? devoirs

Unité 7

page 124

4 b À toi. Fais des devinettes pour ton/ta partenaire comme dans **4a**.
Exemple:
– Les singes les aiment beaucoup. Qu'est-ce que c'est? – Ce sont les bananes.

1. Les singes / *aimer* beaucoup → les bananes
2. Théo / *prendre* à Jean Jaurès → le tram
3. Lukas / *acheter* à la librairie «Album» → la figurine
4. Les copains / *chanter* pour l'anniversaire de Théo → la chanson
5. On / *écouter* sur une minichaîne → le CD
6. Théo / *inviter* à son anniversaire → les copains

Unité 8

page 142

3 Qu'est-ce qu'on peut dire quand ...? Posez des questions et trouvez des réponses.
(▶ Repères, p. 146/2)
Exemple: – Qu'est-ce qu'on peut dire quand on ne comprend pas?
           – Quand on ne comprend pas, on peut dire ___.

1. On ne comprend pas.
2. On présente une copine.
3. Les vacances commencent.
4. On aime bien l'idée d'un copain.
5. On n'est pas d'accord avec l'idée d'un copain.
6. Le prof entre* dans la classe.
7. On cherche son portable.
8. On veut acheter des croissants à la boulangerie.

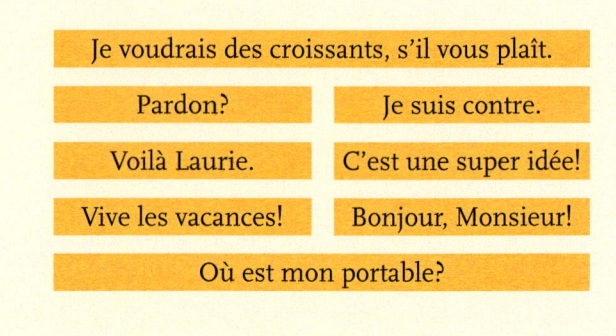

> Je voudrais des croissants, s'il vous plaît.
> Pardon?
> Je suis contre.
> Voilà Laurie.
> C'est une super idée!
> Vive les vacances!
> Bonjour, Monsieur!
> Où est mon portable?

* **entrer dans qc** in etw. hineingehen

MÉTHODES | VOCABULAIRE

Apprendre le vocabulaire | Vokabeln lernen – einprägen – wiederholen

Vokabeln kann man auf unterschiedliche Weise lernen. Wir stellen dir hier mehrere Möglichkeiten vor. Probiere sie im Laufe des Schuljahres alle aus um festzustellen, welche Art Vokabeln zu lernen die beste für dich ist. Egal für welche Art du dich entscheidest, lerne regelmäßig! Lieber täglich ein paar Minuten als ganz viel auf einmal.

TIPP Was du geschrieben oder gezeichnet hast, kannst du dir leichter merken!

1 Mit der Wortliste lernen

Verwende die Schablone aus deinem *Carnet d'activités*, p. 104, um mit der *Liste des mots*, p. 180–223 zu lernen.
1. Decke die mittlere Spalte ab und prüfe, ob du die deutsche Bedeutung kennst.
2. Decke die linke Spalte ab und prüfe, ob du das französische Wort kennst.

2 Mit dem Vokabelheft lernen

So gehst du vor:
1. Übertrage die neuen Wörter aus deinem Französischbuch in dein Vokabelheft: links die französischen Wörter, rechts die deutsche Bedeutung.
   TIPP Als Merkhilfe für das Geschlecht der Nomen kannst du weibliche Nomen rot und männliche Nomen blau schreiben.
2. Übe die Vokabeln, indem du immer eine Spalte abdeckst: zuerst die deutsche, dann die französische.
   TIPP Lies die Wörter beim Üben laut.

le lit	das Bett
la table	der Tisch
...	...

3 Mit Karteikarten lernen

1. Schreibe auf die eine Seite der Karteikarte das französische Wort und dazu einen französischen Beispielsatz, in dem dieses Wort vorkommt (z. B. den Beispielsatz aus der *Liste des mots*).
2. Auf die andere Seite schreibst du die deutsche Übersetzung des Wortes. Du kannst auch ein Bild malen.

le tram
À Strasbourg, il y a le tram.

die Straßenbahn

So lernst du mit den Karteikarten:
Zuerst liest du das französische Wort laut und sagst die deutsche Bedeutung dazu. Dann kontrollierst du, ob das richtig war. Im nächsten Durchgang liest du die deutsche Bedeutung, sagst das französische Wort und kontrollierst dich wieder.

Übung
Lege zehn Karteikarten mit dem Wortschatz der *Unité* an, die ihr gerade behandelt. Lerne zuerst die zehn Vokabeln auf deinen Karteikarten. Tausche dann die Karteikarten mit deinen Lernpartnern und lerne „ihre" zehn Wörter. Danach hört ihr euch gegenseitig ab.

4 Mit Bildern lernen

Zeichnest du gerne? Dann denke dir zu den Wörtern, die du lernen willst, kleine Zeichnungen aus, die zur Bedeutung der Wörter passen. Zeichne sie in dein Vokabelheft oder auf deine Karteikarten. Du kannst auch ein Wort so gestalten, dass seine Bedeutung auf den ersten Blick klar wird.

chaise

Übung
Jede/r gestaltet fünf Wortbilder. Hängt eure schönsten Wortbilder im Klassenzimmer auf.

MÉTHODES | VOCABULAIRE

5 Mit Merkzetteln lernen

Schreibe Wörter, die du dir merken willst, auf kleine Klebezettel. Die Zettel klebst du dann bei dir zuhause an Stellen, die du oft ansiehst. Diese Technik eignet sich sehr gut für Wörter, die du dir schlecht merken kannst oder bei denen du immer wieder Fehler machst.

Du kannst auch Gegenstände in deinem Zimmer oder in deinem Klassenzimmer beschriften und damit die französischen Wörter für diese Gegenstände lernen.

Übung

Suche in der *Liste des mots*, p. 180–223 sieben Wörter, die du dir schlecht merken kannst. Schreibe sie auf kleine Zettel und klebe sie gut sichtbar an verschiedene Stellen bei dir zuhause. Prüfe nach einer Woche, ob du die Wörter nun kannst.

6 Mit digitalen Medien lernen

Es gibt viele Vokabellernprogramme, die du auf deinem Computer oder deinem Handy nutzen kannst. Du kannst digitale Geräte aber auch einfach als Aufnahmegeräte verwenden und mit deinen eigenen Aufnahmen lernen.

So gehst du vor:
1. Bei der Aufnahme sagst du zuerst das deutsche Wort und machst dann eine Pause von etwa 5 Sekunden. Danach sagst du das französische Wort.
2. Wenn du die Datei abspielst, hörst du das deutsche Wort, sagst in die Pause das französische Wort und hörst dir dann die Lösung an.
   TIPP Die Aussprache der Wörter kannst du dir in Online-Wörterbüchern anhören.
   TIPP Sprich das Wort, das du dir einprägen willst, auf unterschiedliche Weise aus: Du kannst es singen, rufen, flüstern, es fröhlich, genervt oder traurig aussprechen.

7 Durch Ordnen lernen

1. Wortpaare bilden

Lerne Wörter paarweise. Suche zu neuen Wörtern ein „Partner-Wort", das zu ihnen passt, z. B. das Gegenteil, ein Wort mit einer ähnlichen Bedeutung oder auch ein Wort aus der gleichen Familie.

> Monsieur – Madame
>
> génial – super
>
> chanter – la chanteuse

Übung

1 Suche ein „Partner-Wort" für die folgenden Wörter:
   aimer – ? ; *le père –* ? ; *merci –* ? ;
   la sœur – ? ; *joli –* ?

2 Bereite für deinen Lernpartner / deine Lernpartnerin fünf Wortpaare wie in der Übung 1 vor. Er/Sie findet die dazu passenden Wörter.

MÉTHODES | VOCABULAIRE

2. Wörter und Ausdrücke in einem Vokabelnetz ordnen *(associogramme)*

Wörter, die zu einem Thema gehören, kannst du in einem Vokabelnetz anordnen. So gehst du vor:

la cinquième, les profs, les élèves, la classe, les surveillants, la cour, rentrer ensemble, la sixième

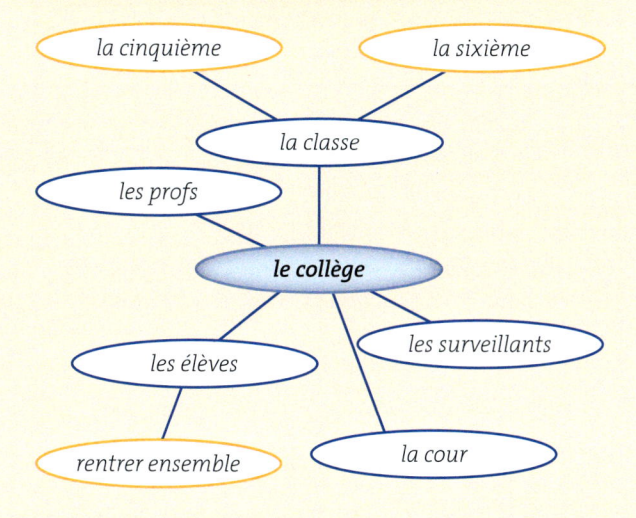

1. Du hast zum Thema *le collège* z. B. diese Wörter gesammelt.
2. In die Mitte deines Blattes schreibst du das Thema *(le collège)*.
3. Dann bestimmst du mögliche Oberbegriffe (z. B. *la classe*) und trägst sie in dein Vokabelnetz ein.
4. Ordne die anderen Wörter diesen Oberbegriffen zu (z. B. *la cinquième* und *la sixième*).
5. Fallen dir noch weitere Wörter ein, die zum Thema passen? Du kannst dein Vokabelnetz beliebig erweitern.

Übung
Erstelle Vokabelnetze zu den Themen *les animaux (Unité 3), les activités (Unité 4)* oder *mon anniversaire (Unité 7)*.

8 Sich Übungen ausdenken

Wenn du dir Übungen für andere ausdenkst, lernst du dabei selbst immer mit.

1. Wortschlange *(serpent de mots)*

Verstecke Wörter, z. B. Verbformen, in einer Wortschlange. Deine Lernpartner sollen die Formen finden und mit dem dazugehörigen Personalpronomen aufschreiben. Hier eine Wortschlange zum Verb *aller*:

Übung
Erstelle für deinen Lernpartner / deine Lernpartnerin eine Wortschlange zu einem dieser Verben: *être – avoir – faire – manger – vouloir*.

2. Wortgitter *(grille de mots)*

Verstecke Wörter in einem Wortgitter. Dein Lernpartner / deine Lernpartnerin soll sie finden.

TIPP Das geht leichter, wenn die Wörter inhaltlich zueinander passen und du die Anzahl der versteckten Wörter vorgibst.

X	V	A	C	L	I	E	P	P	E
A	P	C	H	A	R	C	O	E	F
P	E	H	E	P	A	H	M	H	R
M	R	A	N	I	M	A	L	A	O
H	R	T	A	N	C	X	V	M	B
P	U	I	A	N	M	T	O	S	Q
U	C	H	I	E	N	E	L	T	O
R	H	T	T	O	R	T	U	E	N
B	E	I	O	C	H	R	I	R	T
S	T	A	M	O	N	G	T	E	R

1. Trage die Wörter, die du verstecken willst, in das leere Gitter ein.
2. Fülle dann die leeren Kästchen mit beliebigen Buchstaben.

Übung
Verstecke Wörter zu einem Thema deiner Wahl in einem Wortgitter. Deine Lernpartner sollen sie finden.

cent soixante et un **161**

MÉTHODES | ÉCOUTER | PARLER

Écouter et comprendre | Hörverstehen

In diesem Buch triffst du auf zwei Arten von Höraufgaben: Je nach Aufgabenstellung musst du entweder grob verstehen, worum es in einem Text geht, oder nur ganz bestimmte Informationen heraushören. Für beide Aufgabenarten gilt:
− Du musst nicht jedes Wort verstehen. Deshalb: Bei unbekannten Wörtern nicht erschrecken, sondern weiterhören.
− Bevor du einen Hörtext hörst, lies dir die Aufgabenstellung genau durch und stell dir die beschriebene Situation vor.

9 Verstehen, worum es geht

Es gibt drei Fragen, die dir helfen, Hörtexte grob zu verstehen:
1. Wer spricht? *(Qui parle?)*
2. Wo findet das Gespräch statt? *(Où sont les personnes?)*
3. Worüber reden die Personen? *(De quoi parlent les personnes?)*

QUI?	2 garçons
OÙ?	à la maison, au téléphone
QUOI?	ce week-end, faire du foot

Wenn du diese drei Fragen beantwortet hast, kannst du kurz und bündig erklären, worum es im gehörten Text geht. Notiere deine Antworten, aber nicht in ganzen Sätzen, sondern als Stichworte.
Oft hörst du Hörtexte ein zweites Mal. Was hast du nach dem zweiten Hören zusätzlich verstanden? Notiere es dir.

TIPP Achte beim Hören auch auf den Klang der Stimmen und auf Hintergrundgeräusche. Sie geben dir zusätzliche Informationen über Orte und Stimmungen.

10 Einzelne Informationen heraushören

CD 2
70

Wenn die Aufgabenstellung von dir verlangt, bestimmte Informationen zu verstehen, bereite eine Tabelle vor, in die du die gehörten Informationen eintragen kannst.
Hier ein Beispiel: Auf einer Party stellt dir Romain, ein französischer Freund die anderen Gäste vor. Aber wer ist wer? Und wie alt sind die Gäste?
Beim Hören kreuzt du in der Tabelle an, wer die Gäste sind (Romains Geschwister, Cousins oder Freunde?) und trägst ihr Alter in Zahlen ein.

TIPP Lerne selbstständig: Wenn du z. B. die Altersangaben nicht verstanden hast, dann wiederhole die Zahlen!

Prénom	frère/ sœur	cousin/ cousine	ami/ amie	âge
Anaïs				
Quentin				
Rémi				
Mélodie				

Parler sans difficulté | Flüssig sprechen

Die Aussprache-Übungen in diesem Buch dienen dazu, die Besonderheiten der französischen Aussprache so zu üben, dass du beim freien Sprechen nicht über sie stolperst.

11 Laut lesen

Wenn du dir oder anderen Texte laut vorliest, lernst du, flüssiger zu sprechen. Lies dabei nicht Wort für Wort. Schau dir stattdessen den ganzen Satz an und sprich ihn dann mehrmals hintereinander als Ganzes aus.
Das laute Lesen kannst du auch mit der CD üben. Hör dir einen Text Satz für Satz an und sprich die Sätze nach. Sobald das gut gelingt, versuchst du laut mit der CD mitzulesen.

Übung

Arbeite mit einem Partner. Lest euch einen Text, den ihr schon behandelt habt, mehrmals laut vor und korrigiert euch gegenseitig. (Übrigens: Ihr findet alle *Volet*-Texte auf der CD im *Carnet d'activités*.)

162 cent soixante-deux

MÉTHODES | PARLER

12 Sätze einüben

Wenn du Ausdrücke oder Sätze auswendig gelernt hast, kannst du sie beim Sprechen leichter verwenden. Dadurch sprichst du flüssiger. Lerne vor allem:
- einzelne Sätze (z. B. aus einem *Volet*-Text), die dir besonders gut gefallen oder die du besonders schwierig findest,
- deine Rolle in einem Rollenspiel,
- die Sätze aus dem Abschnitt *Qu'est-ce qu'on dit?* in den *Repères*.

TIPP Es lohnt sich, diese Sätze auswendig zu lernen, weil du dann beim Sprechen nicht ständig einzelne Wörter oder Formulierungen suchen musst.

Egal, was du auswendig lernst: Sprich die Sätze laut und achte dabei auf die Bindung der Wörter. Sprich sie dir so lange vor, bis sie dir keine Schwierigkeiten mehr bereiten.

Übung

Lerne die Redewendungen aus dem Abschnitt *Qu'est-ce qu'on dit?* der *Unité 3*, p. 59 auswendig.
Übe dann mit einem Lernpartner / einer Lernpartnerin.
Hört euch gegenseitig ab und achtet dabei auf die Aussprache und die Bindung der Wörter.

Jouer une scène | Ein Rollenspiel oder eine Szene vorspielen

13 Vorbereitung

So geht ihr vor:
1. Sammelt zuerst Ideen zur vorgegebenen Situation und notiert sie in Stichpunkten. Welche Personen kommen vor? Was sagen sie? Wie verhalten sie sich?
2. Dann schreibt ihr das „Drehbuch" und verteilt die Rollen.
3. Danach arbeitet jeder für sich, um sich auf seine Rolle vorzubereiten und sie einzuüben:
   - Welche Bewegungen (Gestik) und Gesichtsausdrücke (Mimik) könnten deine Rolle beim Vortragen lebendiger machen? Bist du fröhlich, genervt oder traurig? Schreibe dir Hinweise in deinen Text (am besten in einer anderen Farbe).
   - Brauchst du Requisiten um deine Rolle anschaulicher zu gestalten (z. B. Schultasche, Jacke, Handy, Einkaufstasche)?
   - Lerne deinen Text auswendig.
4. Danach probt ihr gemeinsam euer Rollenspiel und übt dabei auch die Gestik und die Mimik ein. Denkt daran, euch beim Vorspielen auch anzusehen.

14 Vortrag – Der „Kniff mit dem Knick"

Ziel ist es, euren Dialog oder deine Rolle frei vorzutragen. Als Hilfestellung kannst du aber einen „erlaubten" Spickzettel verwenden: den „Kniff mit dem Knick".

So funktioniert er:
1. Du schreibst den Text, den du vortragen möchtest, auf den großen Teil des Blattes.
2. Du unterstreichst in deinem Text die wichtigsten Stichwörter.
3. Diese Stichwörter überträgst du auf den kleinen Teil des Blattes. Sie dienen dir beim Vortrag als Gedächtnisstütze.
4. Zum Vortragen klappst du den ausführlichen Text weg und schaust nur auf deine Stichwörter.
Wenn du nicht mehr weiter weißt, kannst du dein Blatt aufklappen, um in deinem Text nachzuschauen.

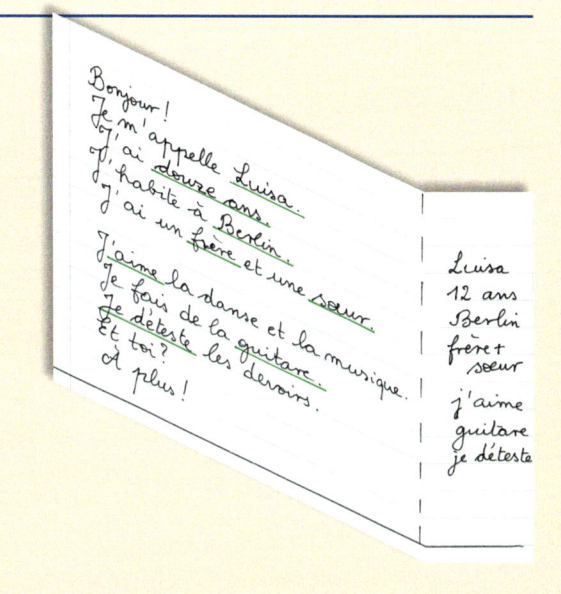

cent soixante-trois **163**

MÉTHODES | LIRE

Lire et comprendre des textes | Texte lesen und verstehen

In diesem Buch triffst du auf zwei Arten von Leseaufgaben: Je nach Aufgabenstellung musst du entweder grob verstehen, worum es in einem Text geht, oder nur ganz bestimmte Informationen herauslesen. Dabei gilt:
– Du muss nicht jedes Wort verstehen.
– Du musst nicht beim ersten Lesen alles im Detail verstehen, sondern kannst schrittweise vorgehen.
Hier erfährst du, wie das geht.

15 Vor dem Lesen

Das Aussehen eines Textes verrät dir oft schon etwas über seinen Inhalt. Schau dir Texte, die du lesen sollst, also erst einmal an:
1. Um welche Art von Text handelt es sich? (Wenn du das weißt, bist du auch dem Inhalt schon ein Stück näher, denn in einer Urlaubspostkarte erwartest du z. B. andere Informationen als in einer Geburtstagseinladung.)
2. Hat der Text eine Überschrift? Was sagt sie dir über den Textinhalt?
3. Ist der Text mit Bildern, Fotos oder anderen Illustrationen versehen? Welche Informationen liefern sie dir?

Textarten sind z. B.:

Gespräch	E-Mail	Werbeprospekt
Erzählung	SMS	Einladung
Gedicht	Postkarte	…

Übung

1 Schau dir den Text A an. Um welche Art von Text handelt es sich? Woran hast du das erkannt?

2 Seht euch zu zweit die Texte B, C und D an. Worum geht es in diesen Texten wahrscheinlich?

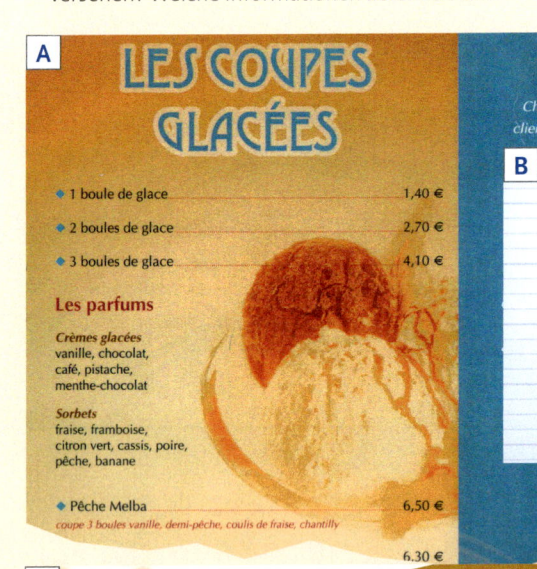

A LES COUPES GLACÉES

Chère clientèle,

- 1 boule de glace — 1,40 €
- 2 boules de glace — 2,70 €
- 3 boules de glace — 4,10 €

Les parfums

Crèmes glacées
vanille, chocolat, café, pistache, menthe-chocolat

Sorbets
fraise, framboise, citron vert, cassis, poire, pêche, banane

- Pêche Melba — 6,50 €
coupe 3 boules vanille, demi-pêche, coulis de fraise, chantilly

6,30 €

B Immenstadt, le 13 janvier 2012

Chère famille Dupuis,

Je vous remercie de m'avoir si gentiment reçu. J'ai passé des jours extraordinaires avec vous.

Je n'oublierai jamais le moment de mon arrivée où je n'ai rien compris de ce que vous m'avez dit. Vous m'avez beaucoup aidé à comprendre et à parler le français.

Mes parents et moi serions très heureux de recevoir Thomas chez nous.
Cordialement
Tobias

C On prépare une méga surprise pour son anniversaire !

On t'invite à l'anniversaire de **Robin**
le dimanche 5 juillet à 11 heures
chez Laurine: 6, rue Anatole France
Tél.: 01. 22. 25. 30. 26
On compte sur toi !

13 ans

Marie, Laurine et Nicolas

D AU BIOSCOPE, ON S'AMUSE ET ON APPREND EN FAMILLE !

Acteur, spectateur, reporter, explorateur… Profitez d'une myriade d'activités loufoques et originales pour fêter 'naturellement' l'année de l'amusement durable au cœur du premier parc de loisirs consacré à l'environnement !

12 hectares de loisirs, 4 grands spectacles, 1 grand labyrinthe, 8 animations originales, une aventure interactive en 4 D et bien plus encore…

Renseignements pratiques
Ouvert d'avril à novembre.
Parking gratuit.
Restaurants et boutiques

Dates et horaires d'ouvertures :
consultez notre site internet ou appelez nous !

Plan d'accès
à 18 km de Mulhouse
En venant de Strasbourg ou Colmar : A35 vers Mulhouse. Sortie direction Guebwiller. Rejoindre la RN 83 puis la RD 430 vers Mulhouse, sortie n°5 direction Bioscope.
En venant de Bâle, Mulhouse ou Belfort : A36, sortie n°18 (ou 18 bis en venant de Belfort) direction Guebwiller. Suivre la RD 430 jusqu'à la sortie n°5, direction Bioscope.

LE BIOSCOPE
68190 UNGERSHEIM
Tél : +33 (0)3 89 62 43 00
Fax : +33 (0)3 89 62 43 01

MÉTHODES | LIRE

16 Verstehen, worum es geht

Es gibt drei Fragen, die dir helfen, Lesetexte grob zu verstehen:
1. Um wen geht es? *(Qui?)*
2. Wo spielt die Handlung? *(Où?)*
3. Worum geht es? *(De quoi?)*

QUI?	*groupe de jeunes*
OÙ?	*à Strasbourg*
QUOI?	*concours de skate*

Wenn du diese drei Fragen beantwortet hast, kannst du mit wenigen Worten erklären, worum es in dem gelesenen Text geht.
Lies den Text einmal ganz durch, ohne dich von unbekannten Wörtern aufhalten zu lassen.
Notiere deine Antworten, aber nicht in ganzen Sätzen, sondern als Stichworte.

17 Einzelne Informationen herauslesen

Lies dir die Aufgabenstellung genau durch. Welche Informationen werden von dir verlangt? Überfliege den Text und suche ihn dabei nur nach diesen Informationen ab. Alles andere kannst du überlesen.
Hier ein Beispiel: Du liest eine Museumsbroschüre und sollst darin nur die Öffnungszeiten des Museums finden.
1. Lies kein einziges Wort, sondern halte nur nach Zahlen Ausschau. So findest du schnell den Abschnitt, in dem es um die Öffnungszeiten geht.
2. Wenn du den Abschnitt gefunden hast, lies ihn dir gut durch, um genau zu verstehen, an welchen Tagen das Museum wie lange geöffnet ist.
3. Notiere dir sofort, was du herausgefunden hast, damit du nicht später von vorne anfangen musst.

Übung

Du möchtest das Planetarium in Straßburg besuchen und suchst im Werbefaltblatt nach den Öffnungszeiten am Wochenende. Wie lauten sie?

Planétarium de Strasbourg

Le planétarium est l'Univers au cœur de la ville. Il propose des spectacles qui permettent de rêver et de s'informer sur l'actualité astronomique et spatiale.
On y découvre des images étonnantes qui dévoilent les merveilles du ciel.
C'est aussi un lieu d'émotion, un bel outil pédagogique qui permet de comprendre l'architecture et l'évolution de l'Univers qui nous entoure.
Et autour de lui, s'ouvre un lieu d'exposition et de découverte des plus beaux instruments du patrimoine de l'Observatoire de Strasbourg.

**Planétarium
13 rue de l'Observatoire
67000 Strasbourg**

Réservations et renseignements
03 68 85 24 50 — accueil@planetarium.u-strasbg.fr

Séances

Regards sur le Système solaire
Vous êtes les invités d'un grand voyage au cœur de notre Système solaire. Vous pourrez ainsi comprendre ce qui différencie les planètes du Soleil, découvrir si Mars abrite de l'eau liquide, rêver autour des anneaux de Saturne et observer de plus près les satellites de Jupiter. Tout ce périple pour se rendre compte que notre planète Terre est unique… et précieuse.
À partir de 12 ans

Le Rêve de Clara
Immergés sous la voûte étoilée du planétarium, vous allez accompagner une jeune passionnée d'astronomie dans son rêve, qui vous emmènera bien au-delà des planètes…
De 6 à 11 ans

Horaires d'ouverture

Lundi, mardi, jeudi et vendredi:
   Ouvert de 9h à 12h et de 14h à 17h
Mercredi:
   Ouvert de 14h à 17h
Dimanche:
   Ouvert de 14h à 18h
Fermé les samedis.

*L'Univers en mouvement
Spectacles
Visites guidées
Observations astronomiques*

cent soixante-cinq **165**

MÉTHODES | LIRE | ÉCRIRE

18 Unbekannte Wörter erschließen

Beim Lesen musst du nicht jedes unbekannte Wort im Wörterbuch nachschlagen, um zu verstehen, worum es geht. Viele Wörter kannst du auch verstehen, obwohl du sie noch nicht gelernt hast. Es gibt verschiedene Möglichkeiten, die Bedeutung eines unbekannten Wortes zu erschließen.

1. Wörter über Bilder erschließen
Bilder und Fotos, z. B. in Blogs, Werbeprospekten oder Speisekarten, können dir dabei helfen, die Bedeutung eines Wortes herauszufinden.
Hier ein Beispiel:
Aus dem Foto kannst du erschließen, dass *chien* „Hund" bedeutet.

2. Kenntnisse aus anderen Sprachen nutzen
Viele Wörter verschiedener Sprachen haben denselben Ursprung und sind sich deshalb ähnlich. Nutze dein Wissen aus anderen Sprachen, um dir französische Wörter zu erschließen.

- 🇫🇷 le supermarché
- 🇩🇪 der Supermarkt
- 🇬🇧 supermarket
- 🇹🇷 süpermarket

Foufou, un an
Mon chien est intelligent et adorable.

Übung
1. Was bedeuten diese Wörter auf Deutsch? *l'exercice, la question, le camion, l'hôpital, confortable, le lavabo, le dictionnaire, différent, comparer, le train.* Wie bist du darauf gekommen?
2. Kennst du andere Wörter, die sich in verschiedenen Sprachen ähneln? Tausche dich mit deinem Lernpartner / deiner Lernpartnerin aus und sammelt zu zweit weiter. Stellt anderen eure Wörter vor und lasst sie ihre Bedeutung erraten.

Écrire des textes | Texte schreiben

19 Vor dem Schreiben

Beim Schreiben von Texten gilt: Nicht einfach drauflosschreiben! Je besser du das Schreiben vorbereitest, desto besser werden deine Texte gelingen.
Hier erfährst du, wie das geht.

1. Lies dir genau die Aufgabenstellung durch und stell dir folgende Fragen:
   – Welche Art von Text wird verlangt?
     Sollst du eine Postkarte, eine E-Mail, einen Blog oder ein Programm schreiben?
     Was ist typisch für diese Art von Text? Für eine Postkarte sind z. B. typisch die Adresse, die Anrede am Anfang und die Grußformel am Ende.
   – Worum soll es im Text gehen?

Anrede · *Grußformel*

166 cent soixante-six

MÉTHODES | ÉCRIRE

2. Sammle anschließend Ideen zum Thema.
   – Formuliere sie am besten gleich auf Französisch und notiere sie in Stichpunkten. Du kannst sie auch in einem Vokabelnetz anordnen (▶ Méthodes, p. 160/7).

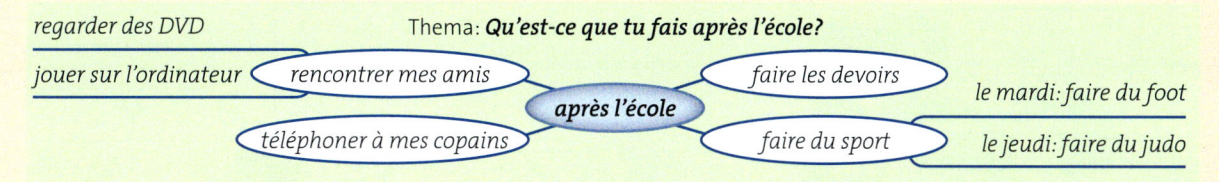

regarder des DVD   Thema: **Qu'est-ce que tu fais après l'école?**

jouer sur l'ordinateur   *rencontrer mes amis*   *faire les devoirs*   *le mardi: faire du foot*

                                         après l'école

            téléphoner à mes copains   *faire du sport*   *le jeudi: faire du judo*

– Wenn du nach geeigneten Ausdrücken suchst, schau auch in den *Repères* der jeweiligen *Unités* nach. Dort findest du unter *Qu'est-ce qu'on dit?* viele Redewendungen, die dir weiterhelfen.
3. Entscheide, wie du deinen Text aufbaust: Womit fängst du an? Was kommt danach? Wie beendest du den Text?

Übung
Schreibe einen Blog über deinen Lieblingsstar.
TIPP Lies zur Vorbereitung die Blogs auf S. 75.

20 Nach dem Schreiben

Wenn du deinen Text fertig geschrieben hast, lies ihn dir gründlich durch und achte dabei auf folgende Punkte:

1. Inhalt
Hast du dich an die Aufgabenstellung gehalten? Setze ein Häkchen hinter jede Vorgabe, die du erfüllt hast.

2. Sprache
Überprüfe deinen Text mit Hilfe der Fehlerliste.

Schreibe eine E-Mail an deinen Austauschpartner. Sag ihm,
- wie alt du bist ✔
- in welcher Stadt du wohnst ✔
- und in welche Klasse du gehst

les *copains*, **ma** *copine*	Passen Begleiter und Nomen zusammen?	✔
Les *copains* dans**ent**.	Passen Subjekt und Verbform zusammen?	✔
Nous allons au cinéma.	Stimmt die Satzstellung (Subjekt – Verb – Ergänzungen)?	✔
La **fille** *est jolie.*	Passen Nomen und Adjektiv zusammen?	✔
– *Où est-ce qu'il emprunte* **les** *DVD?* – *Il* **les** *emprunte au CDI.*	Passen die Objektpronomen zu den Wörtern, die sie ersetzen? Stehen sie an der richtigen Stelle?	✔
l'armoire, j'habite, tu n'as pas	Hast du an die Apostrophe gedacht?	✔
fête, là-bas, élève, Tu es où?	Hast du alle *accents* richtig gesetzt?	✔

Übung
1 Finde die Fehler im Text A mithilfe der Fehlerliste und korrigiere sie im Heft.
2 Überprüfe den von dir geschriebenen Blog (siehe Karteikarte oben).
3 Tauscht dann eure Blogs aus und korrigiert sie.

A Dans mon quartier, il y a des boulangeries et des cinéma. |
Ma famille et moi, nous habitent 5, rue de Paris. |
J'ai deux cochons d'Inde. Ils sont adorable. ||
Mon copine Laure habite 7, rue de Paris. |
Je la aime bien parce qu'elle sympa est. ||
Après l'ecole, on rentres et on passe par la ||
boulangerie de Monsieur Lepain.

TIPP Es ist leichter, Fehler in einem Text zu finden, den man nicht selbst geschrieben hat. Deswegen ist es sinnvoll, wenn du mit einem Partner / einer Partnerin den Text tauschst und ihr euch (mit Bleistift) gegenseitig korrigiert.

cent soixante-sept **167**

MÉTHODES | MÉDIATION

Faire une médiation | Sprachmitteln

21 Wichtige Informationen in die andere Sprache übertragen

> Vous aimez aussi la glace? Euh ... Eis?

> Ja, weißt du, als ich noch ein kleiner Junge war, da habe ich Eis geliebt. Aber irgendwann muss ich davon einfach zu viel gegessen haben, und seitdem lasse ich lieber die anderen das Eis essen.

> Non, il n'aime plus.

Falls deine Familie oder deine deutschen Freunde kein Französisch sprechen, bist du als Französischexpertin bzw. -experte gefordert. Umgekehrt werden dich französische Jugendliche, die dich z. B. in Deutschland besuchen, vielleicht bitten, deutsche Aussagen oder Texte ins Französische zu übertragen.
In beiden Fällen vermittelst du zwischen den Sprachen. Das nennt man Sprachmittlung.

Beachte dabei folgendes:
1. Übersetze nicht Wort für Wort oder Satz für Satz. Teile nur das mit, was der andere im jeweiligen Fall unbedingt wissen muss.
2. Bei deutschen Texten:
   – Überlege, wie du das Wichtigste mit deinen Französischkenntnissen ausdrücken kannst.
   – Versuche Wörter, die du nicht kennst oder die dir nicht einfallen, zu umschreiben oder nenne Beispiele für das, was du meinst.

Übung

Du fährst mit deinen Eltern für ein Wochenende nach Straßburg, aber die Anreise und die Übernachtung sind ziemlich teuer und ihr wollt vor Ort so wenig Geld wie möglich ausgeben. Du informierst dich im Internet über Angebote und entdeckst dabei diesen Pass. Erkläre deinen Eltern (auf Deutsch), was ihr damit alles umsonst machen könnt.

MÉTHODES | OUTILS POUR APPRENDRE

Outils pour apprendre | Lernhilfen

22 Verbkartei

Lege für die Verben, die du schon kennst, eine Verbkarteikarte an. Verwende dazu die Vorlage im *Carnet d'activités*, p. 103. Trage alle Verbformen ein, die du schon kennst. Mit Hilfe der Verbliste im Buch oder dem Grammatikheft überprüfst du, ob die Verbformen richtig sind. Die leeren Felder wirst du später ergänzen.

Und so arbeitest du mit der Verbkartei:
Im Verlauf des Schuljahres überprüfst du regelmäßig, ob du die Verbformen noch weißt. Das bietet sich vor allem vor einer Klassenarbeit an.
1. Du konjugierst die Verben schriftlich.
2. Du überprüfst mit Hilfe deiner Verbkartei, ob die Formen richtig sind.
3. Du bildest zu jedem Verb drei Sätze, in denen es vorkommt.

Wenn du mit einem Lernpartner / einer Lernpartnerin arbeitest, könnt ihr euch gegenseitig korrigieren.

23 Lernplakate

Lernplakate sind große Merkzettel, auf denen du alles Wichtige zu einem Thema übersichtlich darstellst. Du kannst ein Lernplakat für dich selbst oder für die Klasse herstellen.

1. Dein persönliches Lernplakat
Dieses Plakat ist nur für dich bestimmt und andere müssen nicht unbedingt etwas damit anfangen können.
Entscheidend ist, dass *du* damit gut lernen kannst!
1. Sammle die Lerninhalte, die du auf deinem Lernplakat darstellen willst.
2. Fertige eine Skizze des Plakats an. Du kannst Symbole (z. B.: → oder !), Kästchen, Farben und Unterstreichungen zur Verdeutlichung verwenden.
   Wie ist es für dich am übersichtlichsten und deutlichsten?
3. Überprüfe deine Skizze auf Fehler.
4. Übertrage deine Skizze ordentlich auf ein großes Blatt Papier oder einen Karton. Das fertige Plakat hängst du an einem Ort auf, an dem du es oft sehen kannst. Nach einer Woche überprüfst du, ob du jetzt auswendig weißt, was darauf steht.

2. Ein Lernplakat für deine Klasse
Dieses Plakat ist nicht nur für dich, sondern für die ganze Klasse. Es muss also klar und für alle nachvollziehbar sein.
1. Sammle die Lerninhalte, die du auf dem Lernplakat darstellen willst.
2. Fertige eine Skizze des Plakats an. Du kannst Symbole (z. B.: → oder !), Kästchen, Farben und Unterstreichungen zur Verdeutlichung verwenden.
3. Frage mindestens zwei Mitschüler, ob sie deine Skizze verstehen.
4. Lass sie von deinem Lehrer / deiner Lehrerin korrigieren.
5. Übertrage deine Skizze ordentlich und gut lesbar auf einen Karton, der in der Klasse als Lern- und Merkhilfe aufgehängt werden kann.

TIPP Überprüfe vor der Reinschrift, wie groß du schreiben musst, damit auch alle in der Klasse das Plakat lesen können.

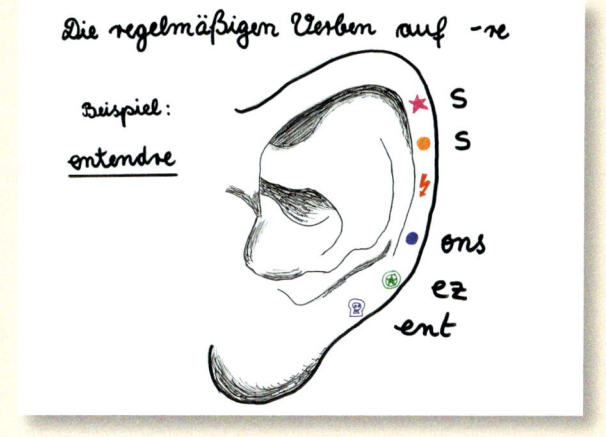

Übung

Fertige für deine Klasse ein Lernplakat zu dem Thema „Mengenangaben" an. Sammle darauf alle Mengenangaben, die ihr schon kennt.

PETIT DICTIONNAIRE DE CIVILISATION

Petit dictionnaire de civilisation | Kleines landeskundliches Lexikon

Personen

les BB Brunes [lebebebʀyn]
Französische Rockband, die 2001 gegründet wurde. Das zweite Album „Nico Teen love" erschien 2009. (→ U4/2)

Karim Benzema [kaʀimbɛnzema] (geb. 1987)
Französischer Fußballspieler (Stürmer) algerischer Abstammung. Begann seine Karriere bei Olympique Lyon und wechselte 2009 zu Real Madrid. 2007 erstes Spiel in der französischen Nationalmannschaft. (→ U4/2)

Maxime Alexandre [maksimalɛksɑ̃dʀ] (1899–1976)
Elsässischer Dichter. Er schrieb auf Französisch und Deutsch. (→ U1/3)

Omar et Fred [omaʀefʀɛd] (geb. 1978, 1977)
Zwei Komiker, die seit 2005 auf humorvolle Art in einer dreiminütigen Fernsehsendung die französischen Nachrichten kommentieren. (→ U7/2)

Sinik [sinik] (geb. 1980)
Sinik ist ein französischer Rapper mit algerischen Wurzeln. Er rappt, seit er 13 ist und gewann zweimal den *double disque d'or* (Goldene Schallplatte). (→ U4/2)

Stromae [stʀomaj] (geb. 1985)
Paul Van Haver ist ein belgisch-ruandischer Rapper und Musikproduzent (Hip-Hop und Elektro). Für seinen Künstlernamen Stromae hat er die Silben des Wortes *Maestro* vertauscht. (→ U7/3)

Titeuf [titœf]
Held der gleichnamigen Comic-Serie des Genfer Zeichners Zep. Titeufs Markenzeichen ist seine blonde Haartolle. *Titeuf* gibt es seit 2011 auch als Zeichentrickfilm. (→ U4/2)

ZAZ [zaz] (geb. 1980)
ZAZ ist eine französische Sängerin. Ihre Musik ist eine Mischung aus Jazz, Swing und lebendiger Straßenmusik. Mit ihrem ersten Album „Je veux" stürmte sie 2010 an die Spitze der französischen Musikcharts. (→ U4/2)

Geographische Namen

l'Alsace [lalzas] Elsass
An Deutschland grenzende Region im Osten Frankreichs, entlang des Rheins. Gehörte 1871–1918 und 1940–1944 zum Deutschen Reich. Größte Stadt ist Straßburg (→ Strasbourg). (→ U4/3)

le château du Haut-Kœnigsbourg [ləʃatodyokøniksbuʀ]
Bekannte Burgfestung im Elsass (→ *Alsace*). Sie stammt aus dem 15. Jahrhundert. Sie wurde nach mehrmaliger Zerstörung im Auftrag von Kaiser Wilhelm II. wieder aufgebaut. (→ U8/2)

Genève [ʒənɛv] Genf
Mit etwa 200 000 Einwohnern die zweitgrößte Stadt des gleichnamigen Kantons der französischen Schweiz. Genf liegt am Genfer See (→ lac Léman) und an der Rhône. Die Stadt ist Sitz bedeutender internationaler Organisationen wie z. B. der Weltgesundheitsorganisation. (→ U3/3)

l'Ill [lil] *m.*
Nach dem Rhein längster und wichtigster Fluss im Elsass. Die Ill fließt durch Straßburg. (→ U4/2)

le lac Léman [ləlaklemɑ̃]
Genfer See
Das Südufer des Sees gehört zu Frankreich, das Nordufer zur Schweiz. Die Grenze verläuft mitten durch den See. (→ U8/1)

Levallois [ləvalwa]
Vorort nordwestlich von → Paris mit 63 400 Einwohnern, den man von Paris aus mit der Metro erreicht. Durch Levallois fließt die Seine. (→ U8/1)

170 cent soixante-dix

PETIT DICTIONNAIRE DE CIVILISATION

Lyon [ljɔ̃]
Drittgrößte Stadt Frankreichs (nach → Paris und → Marseille) mit 480 000 Einwohnern. Sie liegt am Zusammenfluss der Rhône und der Saône. Zentrum der französischen Textil-, insbesondere der Seidenindustrie. (→ U3/3)

Marseille [maʁsɛj]
Stadt am Mittelmeer mit 860 000 Einwohnern. Älteste und nach Paris zweitgrößte Stadt Frankreichs. Heute ist Marseille Frankreichs bedeutendster Handelshafen. (→ U8/1)

Paris [paʁi]

Hauptstadt Frankreichs und größte Stadt des Landes mit über 2 Mio Einwohnern. Die Stadt liegt an der Seine. Bekannte Sehenswürdigkeiten sind u. a. die Kathedrale Notre-Dame, der Louvre und der Eiffel Turm. Hier endet jedes Jahr die *Tour de France*, das größte Radrennen der Welt. (→ U3/2, → U8/2)

la Passerelle Mimram [lapɑsʁɛlmimʁam]

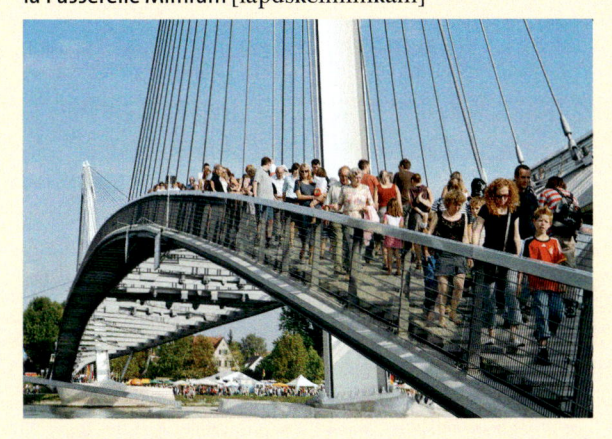

Fußgänger- und Radfahrerbrücke über den Grenzfluss Rhein, benannt nach ihrem Erbauer Marc Mimram. Im Volksmund wird sie aber *Passerelle des deux rives* (Brücke der zwei Ufer) genannt. Sie verbindet Straßburg (→ Strasbourg) und Kehl. Sie gilt als Symbol der engen deutsch-französischen Beziehungen. (→ U5/3)

les Pyrénées [lepiʁene] *f. pl.* **Pyrenäen**

Hoch- und Grenzgebirge zwischen Frankreich, Spanien und Andorra. Beliebte Wanderregion Im Departement Hautes-Pyrénées befindet sich das kleine Dorf Gavarnie, mit lediglich 149 Einwohnern. Der Tal-Kessel von Gavarnie mit seinen Wasserfällen steht als besonderes Naturerlebnis auf der Welterbeliste der UNESCO. (→ U8/1)

Strasbourg [stʁazbuʁ] **Straßburg**
276 200 Einwohner. Moderne Industrie- und Verwaltungsstadt im Osten Frankreichs und Hauptstadt des Elsass (→ Alsace). Wahrzeichen des Elsass ist das Straßburger Münster *(Cathédrale de Strasbourg)*, das circa 1180–1439 gebaut wurde. Seine Türme sind 140 Meter hoch.
In Straßburg gibt es zahlreiche europäische Einrichtungen: das Europäische Parlament *(le Parlement européen)*, den Europäischen Gerichtshof für Menschenrechte und den Europarat *(le Conseil de l'Europe)*. 1991/92 wurde hier der erste europäische Kulturkanal Arte gegründet. Der Sender strahlt sein Programm sowohl in Deutsch, als auch in Französisch aus.
Die grüne Lunge Straßburgs ist der *parc de l'Orangerie*. Mehr Geschichte bieten die historischen Viertel *la Petite France, le Quartier allemand*. Sehr lebendig und genauso beliebt ist die zentrale *place Kléber* und das 2005 gegründete Erlebnismuseum *le Vaisseau*: Dort entdecken Kinder und Jugendliche spielerisch und interaktiv Wissenschaft und Technik. (→ U1/3, → U6/1)

les Vosges [levoʒ] *f. pl.* **Vogesen**
Das Mittelgebirge liegt im Nordosten Frankreichs, am Schnittpunkt von Elsass und Lothringen. Es zeichnet sich aus durch die Vielfalt seiner Landschaften: Gipfel mit Aussicht bis zu den Alpen, Bergwiesen, Seen, Schluchten, Grotten, Burgruinen und Schlösser. Auch seine Tierwelt (Falken, Störche, sogar Luchse) macht die Vogesen zu einem erlebnisreichen Naturpark. (→ U4/1)

cent soixante-onze 171

L'ALPHABET | LES SIGNES DANS LA PHRASE | L'ALPHABET PHONÉTIQUE

L'alphabet | Das Alphabet

a [a]	d [de]	g [ʒe]	j [ʒi]	m [ɛm]	p [pe]	s [ɛs]	v [ve]	y [igʀɛk]
b [be]	e [ə]	h [aʃ]	k [ka]	n [ɛn]	q [ky]	t [te]	w [dubləve]	z [zɛd]
c [se]	f [ɛf]	i [i]	l [ɛl]	o [o]	r [ɛʀ]	u [y]	x [iks]

Les signes dans la phrase | Die Zeichen im Satz

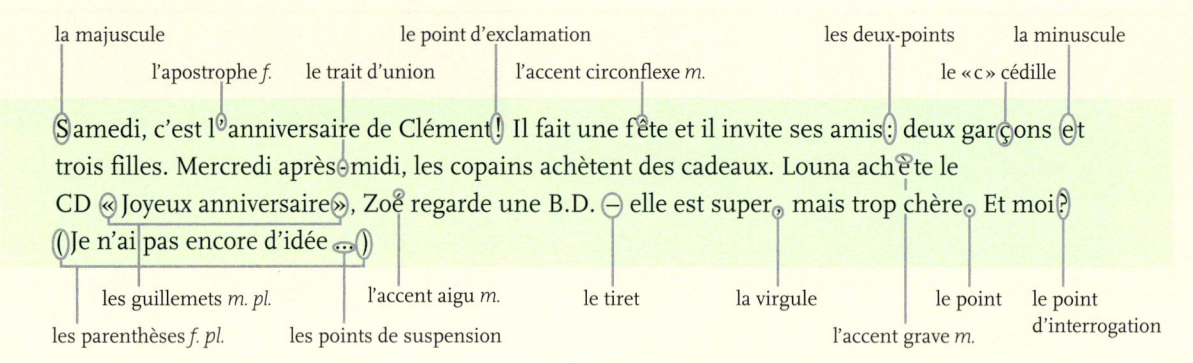

la majuscule — l'apostrophe f. — le trait d'union — le point d'exclamation — l'accent circonflexe m. — les deux-points — la minuscule — le « c » cédille

Samedi, c'est l'anniversaire de Clément ! Il fait une fête et il invite ses amis : deux garçons et trois filles. Mercredi après-midi, les copains achètent des cadeaux. Louna achète le CD « Joyeux anniversaire », Zoé regarde une B.D. — elle est super, mais trop chère. Et moi ? (Je n'ai pas encore d'idée …)

les parenthèses f. pl. — les guillemets m. pl. — les points de suspension — l'accent aigu m. — le tiret — la virgule — l'accent grave m. — le point — le point d'interrogation

L'alphabet phonétique | Die Lautschrift

Les consonnes | Die Konsonanten

- [b] **b**anane, li**b**re
- [d] **d**anse, or**d**inateur
- [f] **ph**oto, sou**ff**ler
- [g] **g**rand, **g**uitare
- [k] **c**lasse, **ch**ocolat
- [l] **l**a, vi**ll**e
- [m] **m**ardi, ai**m**er, fil**m**, co**mm**e
- [n] **n**on, a**nn**iversaire
- [ŋ] campi**ng**
- [ɲ] monta**gn**e, Allema**gn**e
- [p] **p**age, ré**p**ondre
- [ʀ] **r**ue, liv**r**e
- [s] *scharfes „s" wie in* Ku**ss**: **ç**a, mer**c**i, **s**alut, pa**ss**er
- [z] *summendes „s" (tritt nur zwischen zwei Vokalen, als Bindungs -s bzw. -x oder in der Schreibung „z" auf) wie in* ra**s**en: mai**s**on, le**s** enfants, si**x** heures, **z**éro
- [ʃ] *„sch" wie in* Ta**sch**e: **ch**ercher, **ch**at
- [ʒ] *wie in* Gara**g**e: intelli**g**ent, **j**ouer
- [t] **t**ouristique, a**tt**endre
- [v] **v**élo, a**v**ril, éle**v**e

Les voyelles | Die Vokale

- [a] *kurzes „a" wie in* B**a**ll: **a**mi, f**e**mme
- [ɑ] *langes „a" wie in* B**a**hn: ne … p**a**s, g**â**teau
- [ɛ] *offenes „e" wie in* **E**nde: m**ai**s, rec**e**tte, c'**e**st, p**è**re
- [e] *geschlossenes „e" wie in* S**ee**: **é**cole, rentr**é**e
- [ə] *stummes „e" wie in* Kab**e**l: l**e**, d**e**, r**e**garder
- [i] **i**dée, l**i**t
- [o] *geschlossenes „o" wie in* Fl**oh**: tr**o**p, **au**jourd'hui
- [ɔ] *offenes „o" wie in* d**o**ch: sp**o**rt, n**o**ter
- [ø] *geschlossenes „ö" wie in* b**ö**se: j**eu**di, Mons**ieu**r
- [œ] *offenes „ö" wie in* **ö**ffnen: h**eu**re, s**œu**r
- [u] *„u" wie in* M**u**t: **où**, bonj**ou**r, s**ou**s
- [y] *„ü" wie in* m**ü**de: **u**nité, m**u**sée, min**u**te

Les semi-voyelles | Die Gleitlaute

- [ɥ] c**u**isine, min**u**it
- [j] surve**ill**ant, fam**ill**e, cah**i**er
- [w] **oi**seau, h**i**stoire, **ou**i

Les voyelles nasales | Die nasalierten Vokale

- [ã] **en**fant, c**an**tine, l**am**pe
- [ɔ̃] p**on**t, rac**on**ter, pard**on**
- [ɛ̃] **un**, dess**in**, f**aim**, cop**ain**

172 cent soixante-douze

LES NOMBRES EN FRANÇAIS | DIE FRANZÖSISCHEN ZAHLEN

Les nombres cardinaux | Die Grundzahlen

0	zéro	[zeʀo]		21	vingt et un	[vɛ̃teɛ̃] *(männlich)*
1	un	[ɛ̃] *(männlich)*			vingt et une	[vɛ̃teyn] *(weiblich)*
	une	[yn] *(weiblich)*		22	vingt-deux	[vɛ̃tdø]
2	deux	[dø]		30	trente	[tʀɑ̃t]
3	trois	[tʀwa]		40	quarante	[kaʀɑ̃t]
4	quatre	[katʀ]		50	cinquante	[sɛ̃kɑ̃t]
5	cinq	[sɛ̃k]		60	soixante	[swasɑ̃t]
6	six	[sis]		70	soixante-dix	[swasɑ̃tdis]
7	sept	[sɛt]		71	soixante et onze	[swasɑ̃teɔ̃z]
8	huit	[ɥit]		72	soixante-douze	[swasɑ̃tduz]
9	neuf	[nœf]		73	soixante-treize	[swasɑ̃ttʀɛz]
10	dix	[dis]		74	soixante-quatorze	[swasɑ̃tkatɔʀz]
11	onze	[ɔ̃z]		75	soixante-quinze	[swasɑ̃tkɛ̃z]
12	douze	[duz]		76	soixante-seize	[swasɑ̃tsɛz]
13	treize	[tʀɛz]		77	soixante-dix-sept	[swasɑ̃tdisɛt]
14	quatorze	[katɔʀz]		78	soixante-dix-huit	[swasɑ̃tdizɥit]
15	quinze	[kɛ̃z]		79	soixante-dix-neuf	[swasɑ̃tdiznœf]
16	seize	[sɛz]		80	quatre-vingts	[katʀəvɛ̃]
17	dix-sept	[disɛt]		81	quatre-vingt-un	[katʀəvɛ̃ɛ̃] *(männlich)*
18	dix-huit	[dizɥit]			quatre-vingt-une	[katʀəvɛ̃yn] *(weiblich)*
19	dix-neuf	[diznœf]		82	quatre-vingt-deux	[katʀəvɛ̃dø]
20	vingt	[vɛ̃]		90	quatre-vingt-dix	[katʀəvɛ̃dis]
				91	quatre-vingt-onze	[katʀəvɛ̃ɔ̃z]
				100	cent	[sɑ̃]

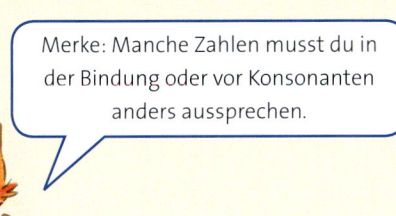

Merke: Manche Zahlen musst du in der Bindung oder vor Konsonanten anders aussprechen.

2 (22, 32, …)	deux enfants [døzɑ̃fɑ̃]		9 (19, 29, …)	neuf ans [nœvɑ̃], neuf heures [nœvœʀ]
3 (23, 33, …)	trois enfants [tʀwazɑ̃fɑ̃]		10 (70, 90, …)	dix heures [dizœʀ]
6 (26, 36, …)	six heures [sizœʀ]			dix livres [dilivʀ]
	six livres [silivʀ]		20	vingt heures [vɛ̃tœʀ]
8 (18, 28, …)	huit musées [ɥimyze]		100	cent ans [sɑ̃tɑ̃]

cent soixante-treize 173

LA CONJUGAISON DES VERBES

La conjugaison des verbes | Die Konjugation der Verben

Hier findest du die Präsens-Konjugation der Verben, die in *À plus! 1* vorkommen.

Les verbes auxiliaires *avoir* et *être* | Die Hilfsverben *avoir* und *être*

infinitif	**avoir**		**être**
présent	j' ai		je suis
	tu as		tu es
	il/elle/on a		il/elle/on est
	nous avons		nous sommes
	vous avez		vous êtes
	ils/elles ont		ils/elles sont

Les verbes réguliers en *-er* | Die regelmäßigen Verben auf *-er*

infinitif	**regarder**	**acheter**	**appeler**
présent	je regarde	j' achète	j' appelle
	tu regardes	tu achètes	tu appelles
	il/elle/on regarde	il/elle/on achète	il/elle/on appelle
	nous regardons	nous achetons	nous appelons
	vous regardez	vous achetez	vous appelez
	ils/elles regardent	ils/elles achètent	ils/elles appellent
impératif	Regarde.	Achète.	Appelle.
	Regardons.	Achetons.	Appelons.
	Regardez.	Achetez.	Appelez.

infinitif	**commencer**	**manger**	**préférer**
présent	je commence	je mange	je préfère
	tu commences	tu manges	tu préfères
	il/elle/on commence	il/elle/on mange	il/elle/on préfère
	nous commençons	nous mangeons	nous préférons
	vous commencez	vous mangez	vous préférez
	ils/elles commencent	ils/elles mangent	ils/elles préfèrent
impératif	Commence.	Mange.	Préfère.
	Commençons.	Mangeons.	Préférons.
	Commencez.	Mangez.	Préférez.
		ebenso: nager	*ebenso*: répéter

174 cent soixante-quatorze

LA CONJUGAISON DES VERBES

Les verbes réguliers en -re | Die regelmäßigen Verben auf -re

infinitif	**attendre**
présent	j' attends
	tu attends
	il/elle/on attend
	nous attendons
	vous attendez
	ils/elles attendent
impératif	Attends.
	Attendons.
	Attendez.

ebenso: entendre

Les verbes irréguliers | Die unregelmäßigen Verben

infinitif	**aller**	**faire**
présent	je vais	je fais
	tu vas	tu fais
	il/elle/on va	il/elle/on fait
	nous allons	nous faisons
	vous allez	vous faites
	ils/elles vont	ils/elles font
impératif	Va.	Fais.
	Allons.	Faisons.
	Allez.	Faites.

Merke: vous fai**tes**, vous ê**tes**!

infinitif	**pouvoir**	**prendre**	**vouloir**
présent	je peux	je prends	je veux
	tu peux	tu prends	tu veux
	il/elle/on peut	il/elle/on prend	il/elle/on veut
	nous pouvons	nous prenons	nous voulons
	vous pouvez	vous prenez	vous voulez
	ils/elles peuvent	ils/elles prennent	ils/elles veulent
impératif		Prends.	
		Prenons.	
		Prenez.	

ebenso: comprendre

SOLUTIONS

Unité 1

page 23, Repères

3 **1** Der **männliche** Artikel lautet *le*.
Der **weibliche** Artikel lautet *la*.
Vor Vokal steht im Singular immer der Artikel *l'*.
Der Artikel im Plural lautet *les*.

2 **Beispiellösung:** la classe (Sg.) – les professeurs (Pl.) – la rentrée (Sg.) – le français (Sg.) – l'élève (Sg.) – la sixième (Sg.)

Unité 2

page 40, Repères

1 un poster, des posters, une chambre, une lampe, des ordinateurs, une photo, un lit, des étagères, une table, des armoires, une minichaîne, un globe, des livres, des chaises

Unité 3

page 47, Volet 1

2
1. Muriel, c'est la **grand-mère** de Manon.
2. David, c'est le **fils** de Frédéric.
3. Franck, c'est le **père** de Clara.
4. Élise, c'est la **fille** de Muriel.
5. Louise et Manon, ce sont les **cousines** de Clara.
6. Élise, c'est la **mère** de Clara.
7. Frédéric, c'est le **grand-père** de Manon.
8. Alexandre, c'est le **cousin** de Paul.
9. Franck, c'est le **frère** de Valérie.
10. Isabelle, c'est la **tante** de Camille.
11. Monique, c'est l'**arrière-grand-mère** de Clara.
12. Camille, c'est la **sœur** de Clara.
13. David, c'est l'**oncle** d'Alexandre.
14. Philippe et Isabelle, ce sont les **parents** de Manon.

page 60, Repères

2 **1** – Tu **as** quel âge?   – J'**ai** quatorze ans.
– Vous **avez** des animaux?   – Oui, nous **avons** un chien et deux perruches.
– Lisa n'**a** pas d'animal?   – Non, ses frères **ont** une allergie.

2 Hier findet ihr den Rap-Text zum Mitsingen.   (▶ CD 1, 63)

J'ai treize ans.
Tu as douze ans?
Il a un chat.
Elle a un chien.
On a des copains.
Nous avons un frère.
Vous avez une sœur.
Ils ont des frères et sœurs. / **Elles** ont des frères et sœurs.

176 cent soixante-seize

SOLUTIONS

3 – Die weibliche Singularform des Adjektivs wird durch das Anhängen eines -e an die männliche Form gebildet. Wenn die männliche Form schon auf -e endet (z. B. *adorable*), wird kein weiteres -e mehr angehängt.
– Die Pluralform eines Adjektivs wird durch das Anhängen eines -s an die Singularform gebildet.

Unité 4

page 72, Volet 3, 2ᵉ partie du texte

2 b Théo: Maman! Ma-man! Ah, tu es là!
Mme Valin: Oui, qu'est-ce que tu veux?
Théo: Est-ce que je peux inviter Lukas, dimanche ?
Mme Valin: Pfff … je ne sais pas … Je ne suis pas trop d'accord. Écoute, Théo, le week-end, ton père et moi, nous voulons être tranquilles.
Théo: Maman, s'il te plaît! Lukas est super sympa! Vous ne pouvez pas être contre!
Mme Valin: Bon, c'est d'accord!
Théo: Merci! Est-ce qu'on passe le chercher?
Mme Valin: Oui, bonne idée.
Théo: À quelle heure?
Mme Valin: Euh … à dix heures, ça va?
Théo: Ça marche! J'appelle Lukas!

Unité 5

page 99, Repères

3 Quand est-ce que tu as sport?
À quelle heure est-ce que tu rentres (à la maison) aujourd'hui?
Où est-ce que tu vas?
Pourquoi est-ce que tu ne vas pas à la cantine?

4 Das *futur composé* wird mit *aller* und dem Infinitiv des Verbs gebildet.
Bei der Verneinung umschließt *ne … pas* die konjugierte Verbform von *aller*. Der Infinitiv steht hinter *pas*.

Unité 7

page 132, Repères

2 un kilo de bananes
un paquet de biscuits
deux paquets de beurre
une bouteille de jus de pommes
une tablette de chocolat

page 133, Repères

3
1. Je vous invite.
2. Vous ne nous accompagnez pas? / Est-ce que vous ne nous accompagnez pas?
3. Tu nous énerves.
4. Tu m'attends? / Est-ce que tu m'attends?
5. Tu peux m'aider? / Est-ce que tu peux m'aider?
6. Vous pouvez nous aider? / Est-ce que vous pouvez nous aider?
7. Je ne peux pas t'accompagner.
8. Je ne vais pas vous attendre.

BANQUES DE MOTS

Ma chambre

▶ Unité 2, p. 31/10

le tapis [lətapi]

la collection de petites voitures [la kɔlɛksjɔ̃dəpətitvwatyʀ]

la guirlande (lumineuse) [lagiʀlɑ̃dlyminøz]

la télé [latele]

le canapé [ləkanape]

la plante [laplɑ̃t]

le lecteur MP3 [ləlɛktœʀɛmpetʀwa]

la peluche [lapəlyʃ]

la console de jeux [lakɔ̃sɔldəʒø]

Mes animaux

▶ Unité 3, p. 55/2

le cheval [ləʃəval]

l'araignée [laʀɛɲe] f.

le perroquet [ləpeʀɔkɛ]

le serpent [ləsɛʀpɑ̃]

la souris [lasuʀi]

le canari [ləkanaʀi]

Mes activités

▶ Unité 4, p. 67/4–5

le cinéma [ləsinema]

le judo [ləʒydo]

le piano [ləpjano]

l'équitation [lekitasjɔ̃] f.

la natation [lanatasjɔ̃]

le violon [ləvjɔlɔ̃]

la gymnastique [laʒimnastik]

le ping-pong [ləpiŋpɔ̃g]

la photo [lafɔto]

178 cent soixante-dix-huit

BANQUES DE MOTS | DICTIONNAIRE EN LIGNE

Ma ville, mon quartier

▶ Unité 6, p. 111/3–4

la vieille ville
[lavjɛjvil]

le lac
[ləlak]

le port
[ləpɔʀ]

la rue piétonne
[laʀypjetɔn]

le château
[ləʃɑto]

la gare
[lagaʀ]

le terrain de foot
(de tennis, ___)
[ləteʀɛ̃dəfut/dətenis]

l'hôtel de ville
[lotɛldəvil] m.

la voiture
[lavwatyʀ]

la rivière
[laʀivjɛʀ]

la plage
[laplaʒ]

le bus
[ləbys]

Dictionnaire en ligne

Du möchtest wissen, was z. B. *Schaf* auf Französisch heißt? Dann schlage in einem Online-Wörterbuch nach.

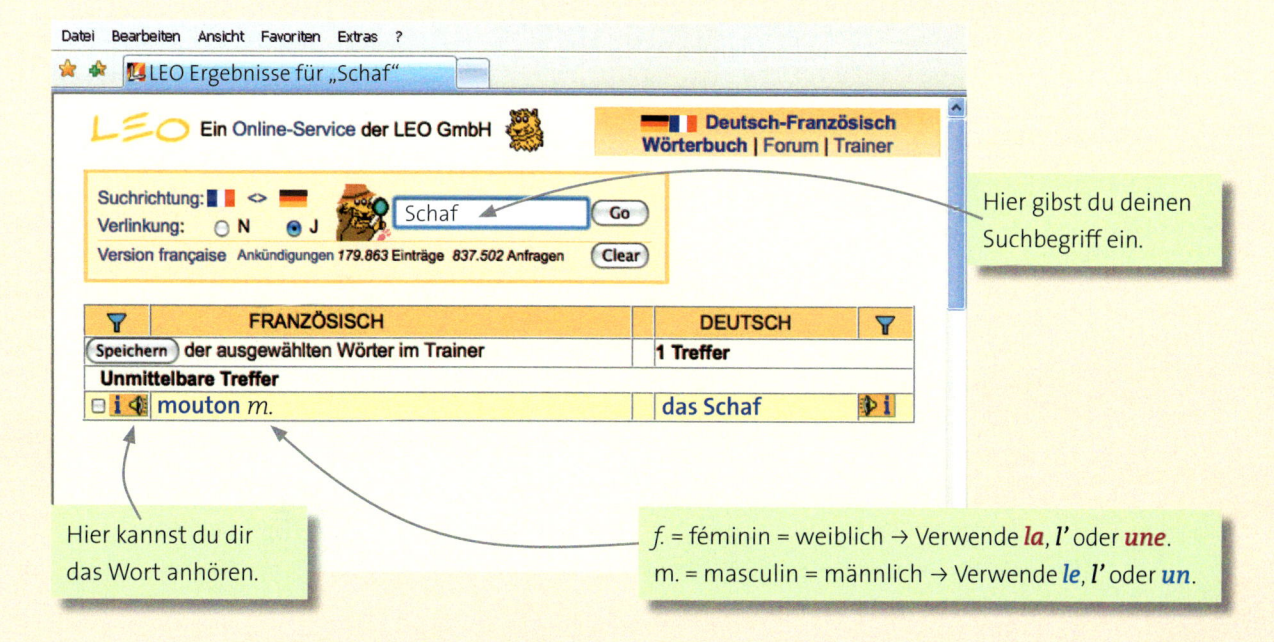

Hier gibst du deinen Suchbegriff ein.

Hier kannst du dir das Wort anhören.

f. = féminin = weiblich → Verwende *la*, *l'* oder *une*.
m. = masculin = männlich → Verwende *le*, *l'* oder *un*.

cent soixante-dix-neuf **179**

LISTE DES MOTS | WORTLISTE

Symbole und Abkürzungen

~   Die Tilde bezeichnet die Lücke, in die du das neue Wort einsetzen sollst.

~¹ Die Fußnote nach der Tilde zeigt dir an, dass du auf die Angleichung des Wortes achten musst. Die richtige Lösung findest du auf einem weißen Streifen **am Ende jedes** *Volets*.

≠   Hier findest du das Gegenteil des Wortes

→   Hinter diesem Pfeil findest du ein Wort, das zur gleichen Familie gehört und das du schon gelernt hast.

🇬🇧 Hier siehst du ein englisches Wort, das dem französischen Wort ähnlich ist.

▶ *Civilisation* zeigt dir an, dass du im *Petit dictionnaire de civilisation*, S. 170–171, weitere Informationen zu dem Begriff findest.

▶ *Verbes* zeigt dir an, dass du in der *Conjugaison des verbes*, S. 174–175, die Konjugation des Verbs findest.

Kursiv gedruckte Wörter sind ergänzender Wortschatz (fakultativ).

f.	*féminin*/feminin (weiblich)	pers./Pers.	*personne*/Person
m.	*masculin*/maskulin (männlich)	adj.	*adjectif*/Adjektiv
sg./Sg.	*singulier*/Singular (Einzahl)	fam.	*familier*/umgangssprachlich
pl./Pl.	*pluriel*/Plural (Mehrzahl)	inf.	*infinitif*/Infinitiv
qc/etw.	*quelque chose*/etwas		
qn/jd/jdn/jdm	*quelqu'un*/jemand/jemanden/jemandem		

Unité 1 | Volet 1

la rentrée [laʀɑ̃tʀe]	der Schuljahresbeginn *in Frankreich: Anfang September*	
Salut! [saly] *fam.*	Hallo! *auch:* Tschüss!	
Ça va? [sava]	Wie geht's? / Geht's dir gut?	
Ça va. [sava]	Es geht (mir) gut.	– Ça va? – ~.
Et toi? [etwa]	Und dir? / Und du?	
et [e]	und	
toi [twa]	du *betonte Form des Personalpronomens*	– Moi, c'est Thomas et ~? – Moi, c'est Max.
bof [bɔf] *fam.*	Na ja. / Es geht so.	– Salut, ça va? – ~.
À plus! [aplys] *fam.*	Bis später!	
À demain! [adəmɛ̃]	Bis morgen!	
Bonjour! [bɔ̃ʒuʀ]	Guten Tag!, Guten Morgen!	

Zu Erwachsenen sagst du nicht einfach nur *Bonjour*, sondern *Bonjour, Madame* oder *Bonjour, Monsieur*.

UNITÉ 1 | VOLET 1 – UNITÉ 1 | VOLET 2

Madame/Mme [madam]	Frau *Anrede*	Bonjour, ~.
Au revoir! [oʀəvwaʀ]	Auf Wiedersehen!	
super [sypɛʀ] *fam.*	super, toll	– Ça va? – ~!
Monsieur/M. [məsjø]	Herr *Anrede*	Au revoir, ~.

Unité 1 | Volet 2

c'est [sɛ]	das ist	~ la classe de sixième A.
être [ɛtʀ]	sein ▶ *Verbes, p. 174*	
voilà [vwala]	das ist *auch:* Da kommt ...	~ Théo.
la classe de sixième A [laklɑsdəsizjɛma]	die Sechs A (6A)	
la classe [laklɑs]	die Klasse	
la sixième / la 6ᵉ [lasizjɛm]	*Die erste Jahrgangsstufe nach Beendigung der fünfjährigen Grundschule*	
je suis [ʒəsɥi]	ich bin *1. Pers. Sg. von* être	
le/la professeur de français [lə/lapʀɔfɛsœʀdəfʀɑ̃sɛ]	der/die Französischlehrer/in	Bonjour, je suis le ~.
le/la professeur [lə/lapʀɔfɛsœʀ]	der/die Lehrer/in	
le français [ləfʀɑ̃sɛ]	Französisch *Unterrichtsfach, auch:* die französische Sprache	
oui [wi]	ja	Ça va? ~, ça va.
je m'appelle [ʒəmapɛl]	ich heiße *1. Pers. Sg. von* s'appeler	~ Stéphane Martel.
ah [ɑ]	ach, ach so	
pardon [paʀdɔ̃]	Verzeihung	
C'est moi. [sɛmwa]	Ich bin's. / Das bin ich.	Oui, ~.
moi [mwa]	ich *betonte Form des Personalpronomens*	
alors [alɔʀ]	also	
tu es [tyɛ]	du bist *2. Pers. Sg. von* être	Alors toi, ~ Clara.
tu t'appelles [tytapɛl]	du heißt *2. Pers. Sg.*	
Avec un C? [avɛkɛ̃se]	Mit einem C?	Nicolas, ~?
Non? [nɔ̃] *fam.*	Nicht wahr?	– Tu es Léo, ~? – Oui, je suis Léo.
avec [avɛk]	mit	La 6ᵉ A est ~ Monsieur Martel.

cent quatre-vingt-un 181

UNITÉ 1 | VOLET 2 — UNITÉ 1 | VOLET 3

un [ɛ̃]	ein	– Lucas, avec ~ C?
non [nɔ̃]	nein	– Tu t'appelles Maria? – ~, je m'appelle Marie.
il est [ilɛ]	er ist *3. Pers. Sg. m. von* être	~ avec Monsieur Martel.
de [də]	aus	Il est ~ Berlin.
Berlin [bɛʁlɛ̃]	Berlin	
très [tʁɛ]	sehr	
bien [bjɛ̃]	gut	– Ça va? – Oui, très ~.
elle est [ɛlɛ]	sie ist *3. Pers. Sg. f. von* être	~ est de Strasbourg?
là [la]	da/hier	~, c'est la classe de Monsieur Martel
euh [ø]	äh	~ non, moi c'est Clara, avec un C.
deux [dø]	zwei	Schmitt, avec ~ T.

Unité 1 | Volet 3

la récréation [laʁekʁeasjɔ̃]	die Pause	C'est la ~.
nous sommes [nusɔm]	wir sind *1. Pers. Pl. von* être	~ avec Monsieur Martel.
à [a]	in	
Strasbourg [stʁazbuʁ]	Straßburg ▶ *Civilisation, p. 171*	
l'école [lekɔl] *f.*	die Schule	Elle est à l'~.
Maxime Alexandre [maksimalɛksɑ̃dʁ]	elsässischer Dichter ▶ *Civilisation, p. 170*	
l'élève [lelɛv] *m./f.*	der/die Schüler/in	
le surveillant / la surveillante [ləsyʁvɛjɑ̃/lasyʁvɛjɑ̃t]	die Aufsichtsperson	Voilà la ~.

> In französischen Schulen führen nicht die Lehrer, sondern *surveillants* und *surveillantes* die Pausen- und Mittagsaufsicht.

ils sont [ilsɔ̃]	sie sind *3. Pers. Pl. m. von* être	– Théo et Clara sont là? – Oui, ~ là.
dans [dɑ̃]	in	
la cour [lakuʁ]	der Schulhof	Les élèves sont dans la ~.
comment [kɔmɑ̃]	wie	Tu t'appelles ~?
ou [u]	oder	Tu es de Strasbourg ~ tu es de Colmar?
nouveau *m.* / **nouvelle** *f.* [nuvo/nuvɛl] *adj.*	neu	Lukas est ~[1] à Strasbourg. Maria est ~[2] à l'école.

182 cent quatre-vingt-deux

UNITÉ 1 | VOLET 3

le garçon [ləgaʀsɔ̃]	der Junge	Le ~, c'est Stéphane.
C'est qui? [sɛki]	Wer ist das?	– ~? – C'est Madame Fournier.

> ❗ Achte auf den kleinen Strich am Q! *oui* = ja, aber *Qui* = wer

Je ne sais pas. [ʒənəsɛpa]	Ich weiß es nicht.	– C'est qui? – ~.
elles sont [ɛlsɔ̃]	sie sind *Personalpron. 3. Pers. Pl. von* être	

ils, elles

ils — ils — elles

cool [kul] *adj. fam.*	cool	Elles sont ~.
il/elle s'appelle [il/ɛlsapɛl]	er/sie heißt *3. Pers. Sg. von* s'appeler	~[3] Clara. ~ Marc[4].
regarde [ʀəgaʀd]	schau mal, guck mal *Imperativ 2. Pers. Sg. von* regarder ▶ *Verbes, p. 174*	~, voilà Jade!
regarder (qn/qc) [ʀəgaʀde]	jdn/etw. ansehen	
en cinquième [ɑ̃sɛ̃kjɛm]	in der siebten Klasse	Noah est ~.
la cinquième / 5ᵉ [lasɛ̃kjɛm]	*entspricht meistens der 7. Klasse in Deutschland*	

> ❗ Unterscheide: in = **dans, en, à**
> … in Théos Klasse ▶ Lukas est **dans** la classe de Théo.
> … in der 7 B ▶ Jade est **en** cinquième B.
> … in Straßburg ▶ Le collège de Clara est **à** Strasbourg.

de [də]	von	C'est la classe ~ Lukas.
la fille [lafij] ≠ le garçon	das Mädchen	La ~, c'est Yasmine.
aussi [osi]	auch	Karim est ~ dans la classe de Jade.
pas mal [pamal]	nicht schlecht	– Ça va? – ~.
l'ami / l'amie [lami] *m./f.*	der/die Freund/in	Il est l'~[5] de Karim. Elle est l'~[6] de Jade.
on est [ɔ̃nɛ] *fam.*	wir sind *wörtlich: man ist 3. Pers. Sg. von* être	
on [ɔ̃]	man *Personalpronomen 3. Pers. Sg.*	

> Im gesprochenen Französisch wird oft *on* anstelle von *nous* verwendet.

UNITÉ 1 | VOLET 3 – LE FRANÇAIS EN CLASSE (1)

ensemble [ãsãbl]	zusammen	On est ~ en cinquième.
C'est trop cool! [sɛtʀokul] *fam.*	Das ist total cool!	C'est la récréation! ~!
vous êtes [vuzɛt]	ihr seid 2. Pers. Pl. von être *auch:* Sie sind *wenn du jdn siezt*	– ~ aussi en sixième? – Oui.

ihr oder Sie: beides heißt *vous*

1 nouveau   2 nouvelle   3 elle s'appelle   4 il s'appelle   5 ami   6 amie

Le français en classe (1)

Das Modul kann früher behandelt werden. Nach *Unité* 1 wird der Wortschatz als bekannt vorausgesetzt.

le crayon de couleur [ləkʀɛjɔ̃dəkulœʀ]	der Buntstift	
le crayon [ləkʀɛjɔ̃]	der Bleistift	
le stylo [ləstilo]	der Kugelschreiber	
l'effaceur [lefasœʀ] *m.*	der Tintenkiller	
la règle [laʀɛgl]	das Lineal	
le cahier [ləkaje]	das Heft	
le papier [ləpapje]	das Papier	
le classeur [ləklasœʀ]	der Ordner	
Comment est-ce qu'on dit …? [kɔmãɛskɔ̃di …]	Wie sagt man …?	
en français / en allemand [ãfʀãsɛ/ãnalmã]	auf Französisch / auf Deutsch	Comment est-ce qu'on dit «Kugelschreiber» ~?
On dit … [ɔ̃di …]	Man sagt …	
Je ne sais pas. [ʒənəsɛpa]	Ich weiß es nicht.	
Comment est-ce qu'on écrit …? [kɔmãɛskɔ̃nekʀi …]	Wie schreibt man …?	
On écrit … [ɔ̃nekʀi …]	Man schreibt …	

184   cent quatre-vingt-quatre

Unité 2 | Volet 1

à la maison [alamɛzɔ̃]	zu Hause	Clara est ~.
la maison [lamɛzɔ]	das Haus	
chez moi [ʃemwa]	bei mir (zu Hause)	
chez [ʃe]	bei	Elle est ~ Jade.
un/une [ɛ̃/yn]	ein/eine	Noah, c'est ~[1] garçon. Jade, c'est ~[2] fille.
l'armoire [laʀmwaʀ] f.	der Schrank	Voilà l'~ de Monsieur Martel.
des [de]	unbestimmter Artikel im Pl.; wird nicht übersetzt	

un cahier – **ein** Heft	des cahiers – ∅ Hefte

le livre [ləlivʀ]	das Buch	C'est le ~ de français de Samira.
la lampe [lalɑ̃p]	die Lampe	
l'étagère [letaʒɛʀ] f.	das Regal	C'est l'~ de Théo.
la minichaîne [laminiʃɛn]	die Mini-Stereoanlage	
le lit [ləli]	das Bett	
la chaise [laʃɛz]	der Stuhl	
ma chambre / ta chambre [ma/taʃɑ̃bʀ]	mein Zimmer / dein Zimmer	
la chambre [laʃɑ̃bʀ]	das Schlafzimmer	Voilà la ~ de Théo.
il y a [ilja]	es gibt	Dans la cour ~ deux surveillants.
le poster [ləpɔstɛʀ]	das Poster	Dans ma chambre, il y a des ~[3].
la photo [lafɔto]	das Foto/Bild	C'est la ~ de Yasmine.
partout [paʀtu]	überall	Dans la classe, il y a des posters ~.
le coin musique [ləkwɛ̃myzik]	die Musikecke	Dans la chambre, il y a un ~.
le coin [ləkwɛ̃]	die Ecke	
la musique [lamyzik]	die Musik	
la guitare [lagitaʀ] 🇬🇧 guitar	die Gitarre	C'est la ~ de Clara.
le CD / ❗ les CD [ləsede/lesede]	die CD	Le ~ est dans la minichaîne.
l'ordinateur [lɔʀdinatœʀ] m.	der Computer	C'est l'~ de Karim.
❗ le **h**amac [ləamak]	die Hängematte	Yasmine est dans le ~.
la table [latabl] 🇬🇧 table	der Tisch	

cent quatre-vingt-cinq

la bédé / B. D. / ❗ les B. D. [labede/lebede]	der Comic	Les ~⁴ sont dans l'armoire.
la collection [lakɔlɛksjɔ̃] 🇬🇧 collection	die Sammlung	Voilà la ~ de CD de Noah.
la figurine [lafigyʀin]	die Figur	Voilà la ~ de Lucky Luke.
Qu'est-ce qu'il y a? [kɛskilja]	Was gibt es?	~ dans ta chambre?
Qu'est-ce que …? [kɛskə …]	Was …?	
encore [ɑ̃kɔʀ]	noch	Les élèves sont ~ dans la cour.
la géo [laʒeo] *fam.* la géographie [laʒeoɡʀafi]	die Geographie	Monsieur Rivière est le prof de ~.
la pierre [lapjɛʀ]	der Stein	
le globe [ləglɔb]	der Globus	

1 un   2 une   3 posters   4 bédés

Unité 2 | Volet 2

la salle de bains [lasaldəbɛ̃]	das Badezimmer	Dans la ~, il y a une chaise.
maman [mamɑ̃] *f.*	Mama	~, regarde, c'est Monsieur Martel!
où [u]	wo *auch:* wohin	– ~ est Lukas? – Il est à Berlin.

❗ Unterscheide: où = wo
                  ou = oder

Auf dem wo sitzt ein „Floh".

le shampoing [ləʃɑ̃pwɛ̃]	das Shampoo	Le ~ est dans l'armoire de la salle de bains.
sur [syʀ]	auf	La lampe est ~ la table.
à droite [adʀwat]	rechts	Les pierres sont ~, dans l'armoire.
la cuisine [lakɥizin]	die Küche	Yasmine et Karim sont dans la ~.
le biscuit [ləbiskɥi]	der Keks	Les ~¹ sont sur l'étagère.
le placard [ləplakaʀ]	der Wandschrank	Dans la classe, il y a un ~.
à gauche [agoʃ] ≠ à droite	links	Les pierres sont ~, sur l'étagère.
le couloir [ləkulwaʀ]	der Flur	Dans le ~, il y a des posters.
papa [papa] *m.*	Papa	~, est-ce qu'il y a encore des biscuits?

la clé [lakle]	der Schlüssel	Les ~² sont sur la table.
l'appartement [lapaʀtəmã] m. 🇬🇧 apartment	die Wohnung	Voilà l'~ des Fabre.
ZAZ [zaz]	französische Sängerin ▶ Civilisation, S. 170	
devant [dəvã]	vor	~ le bureau, il y a un globe.
derrière [dɛʀjɛʀ]	hinter	~ l'école, il y a une cour.
sous [su] ≠ sur	unter	– Où est le CD? – Regarde ~ le lit!
la salle de séjour [lasaldəseʒuʀ]	das Wohnzimmer	Ils sont dans la ~.
la télécommande [latelekɔmãd]	die Fernbedienung	La ~ est derrière l'étagère.
entre [ãtʀ]	zwischen	La chaise est ~ la table et le lit.
la télé [latele] fam. la télévision [televizjɔ̃] 🇬🇧 television	der Fernseher	La ~ est dans la salle de séjour.

dans   sur   à droite   à gauche   entre   devant   derrière   sous

1 biscuits   2 clés

Unité 2 | Volet 3

après [apʀɛ]	nach	
Elle rentre à la maison. [ɛlʀãtʀalamɛzɔ̃]	Sie geht nach Hause. 3. Pers. Sg. von rentrer	
rentrer (à la maison) [ʀãtʀe] → la rentrée	nach Hause gehen	Karim ~ avec Yasmine.
les devoirs [ledəvwaʀ] m. pl.	die Hausaufgaben	Après l'école, il y a encore les ~.
elle écoute [ɛlekut]	sie hört 3. Pers. Sg. von écouter	
écouter qn/qc [ekute]	etw. anhören, jdm zuhören, auf jdn hören	Amandine et Yasmine ~¹ un CD.
elle cherche [ɛlʃɛʀʃ]	sie sucht 3. Pers. Sg. von chercher	Il ~² le CD de ZAZ.
chercher [ʃɛʀʃe]	suchen	

cent quatre-vingt-sept **187**

UNITÉ 2 | VOLET 3

l'information [lɛ̃fɔʀmasjɔ̃] *f.*	die Information	
Internet [ɛ̃tɛʀnɛt] *m.*	das Internet	J'ai ~ à la maison.
elle chatte [ɛltʃat]	sie chattet 3. Pers. Sg. von chatter	~ avec son amie.
chatter [tʃate]	chatten	
le copain / la copine [ləkɔpɛ̃/lakɔpin]	der/die Freund/in, der Kumpel	Voilà le ~ de Karim. Il s'appelle Louis.
elle téléphone [ɛltelefɔn]	sie telefoniert 3. Pers. Sg. von téléphoner	
téléphoner [telefɔne]	telefonieren	Jade ~ dans la salle de séjour.
elle rêve [ɛlʀɛv]	sie träumt 3. Pers. Sg. von rêver	
rêver [ʀɛve]	träumen	Théo regarde le globe et ~³.
Qu'est-ce qu'il y a? [kɛskilja]	Was ist los?	– Madame, Madame! – Oui, ~?
Qu'est-ce que tu fais? [kɛskətyfɛ]	Was machst du?	– ~? – J'écoute un CD.
je travaille [ʒətʀavaj]	ich lerne *auch:* ich arbeite 1. Pers. Sg. von travailler	
travailler [tʀavaje]	arbeiten, lernen	Lukas ~⁴ dans la cuisine.
Tu m'énerves. [tymenɛʀv]	Du nervst (mich).	
maintenant [mɛ̃tənɑ̃]	jetzt	Jade est en cinquième ~.
elle chante [ɛlʃɑ̃t]	sie singt 3. Pers. Sg. von chanter	
chanter [ʃɑ̃te]	singen	Clara ~ dans la salle de bain.
tu joues [tyʒu]	du spielst 2. Pers. Sg. von jouer	~ avec moi?
jouer (avec qn) [ʒwe]	(mit jdm) spielen	
Pas maintenant. [pamɛ̃tənɑ̃]	Nicht jetzt.	– Tu regardes la télé avec moi? – Non, ~.
s'il te plaît [siltəplɛ]	bitte, *wenn du eine Person ansprichst, die du duzt*	~, tu regardes les devoirs avec moi?
regarder la télé [ʀəgaʀdelatele]	fernsehen	Les garçons ~⁵.
toujours [tuʒuʀ]	immer	Après les devoirs, j'écoute ~ un CD.
d'accord [dakɔʀ]	einverstanden	– Tu joues avec moi? – ~!
la partie de cartes [lapaʀtidəkaʀt]	eine Runde Karten	
la carte [lakaʀt]	die Karte *hier:* Spielkarte	
merci [mɛʀsi]	danke	– Ça va? – Oui, ~. Et toi?

1 écoutent 2 cherche 3 rêve 4 travaille 5 regardent la télé

LE FRANÇAIS EN CLASSE (2)

Le français en classe (2)

Das Modul kann früher behandelt werden. Nach *Unité* 2 wird der Wortschatz als bekannt vorausgesetzt.

le rap [ləʀap]	der Rap	
tout le monde [tulmɔ̃d]	alle	~ chante.
On y va! [ɔ̃niva]	Los geht's!	
écoutez [ekute]	hört zu! *Imperativ 2. Pers. Pl. von écouter;* Hören Sie zu! *wenn du jdn siezt*	
vous parlez [vupaʀle]	ihr sprecht *2. Pers. Pl. von parler;* Sie sprechen *wenn du jdn siezt*	
parler [paʀle]	sprechen	Léa et Matthis ~[1] ensemble.
trop [tʀo]	zu, zu sehr, zu viel	Les élèves travaillent ~.
vite [vit]	schnell	Après l'école, Clara rentre ~ à la maison.
Je ne comprends pas. [ʒənəkɔ̃pʀɑ̃pa]	Ich verstehe (es) nicht.	~. Vous parlez trop vite.
s'il vous plaît [silvuplɛ]	bitte *wenn du dich an mehrere Personen wendest oder jdn siezt*	

> ❗ **Merke:**
> ▶ *s'il te plaît* = „bitte" wenn du jdn duzt
> ▶ *s'il vous plaît* = „bitte" wenn du jdn siezt
>
> S'il te plaît!
> S'il vous plaît, Monsieur!

Vous pouvez répéter? [vupuveʀepete]	Können Sie das wiederholen? *auch:* Könnt ihr das wiederholen? *wenn du dich an mehrere Personen wendest, die du duzt*	~, s'il vous plaît?
répéter (qc) [ʀepete] 🇬🇧 to repeat	(etw.) wiederholen, nachsprechen	
fermez [fɛʀme]	Schließt! / Schließen Sie! *Imperativ 2. Pers. Pl. von fermer*	
fermer (qc) [fɛʀme]	(etw.) schließen, zumachen	~[2] l'armoire, s'il te plaît.
le livre [ləlivʀ]	das Buch	C'est le ~ de Nina.
regardez [ʀəgaʀde]	Schaut an! / Schauen Sie an! *Imperativ 2. Pers. Pl. von regarder*	

cent quatre-vingt-neuf **189**

LE FRANÇAIS EN CLASSE (2) – UNITÉ 3 | VOLET 1

le tableau / ⚠ les tableaux [lətablo/letablo]	die (Schul-)Tafel	Dans la salle de classe, il y a un ~.
répétez [ʀepete]	Wiederholt! / Wiederholen Sie! *Imperativ 2. Pers. Pl. von* **répéter** *(qc)*	
encore une fois [ãkɔʀynfwa]	noch einmal	Écoutez le CD ~.
chantez [ʃãte]	Singt / Singen Sie! *Imperativ 2. Pers. Pl. von* **chanter**	
chanter [ʃãte]	singen	Les élèves ~[3] dans la cour de récréation.
ouvrez [uvʀe]	Öffnet!, *hier:* Macht ... auf! / Öffnen Sie! *Imperativ 2. Pers. Pl. von* **ouvrir** *(qc)*	
lisez [lize]	Lest! / Lesen Sie! *Imperativ 2. Pers. Pl. von* **lire**	
le texte [lətɛkst]	der Text	Écrivez un ~.
écrivez [ekʀive]	Schreibt! / Schreiben Sie! *Imperativ 2. Pers. Pl. von* **écrire**	~ dans les cahiers.
continuez [kɔ̃tinɥe]	Macht weiter! / Machen Sie weiter! *Imperativ 2. Pers. Pl. von* **continuer**	
continuer (qc) [kɔ̃tinɥe] 🇬🇧 to continue	(etw.) weiter machen	
la fenêtre [lafənɛtʀ]	das Fenster	
la porte [lapɔʀt]	die Tür	
le mot [ləmo]	das Wort	Je ne comprends pas le ~ «stylo».
la phrase [lafʀaz]	der Satz	Écoutez et répétez la ~.

1 parlent **2** Ferme **3** chantent

Unité 3 | Volet 1

ma [ma]	mein(e) *Possessivbegleiter der 1. Pers. Sg., steht vor weibl. Nomen im Sg.*	Voilà ~ chambre.
la famille [lafamij] 🇬🇧 family	die Familie	Ma ~ est en France maintenant.

UNITÉ 3 | VOLET 1

la sœur [lasœʀ]	die Schwester	C'est la chambre de ma ~.
mon [mɔ̃]	mein(e) *Possessivbegleiter der 1. Pers. Sg., steht vor männlichen Nomen im Sg. und vor weiblichen Nomen mit Vokalanfang im Sg.*	Noah, c'est ~ ami.
le frère [ləfʀɛʀ] ≠ la sœur	der Bruder	Le ~ de Yasmine est en cinquième.
mes [me]	meine *Possessivbegleiter der 1. Pers. Sg., steht vor Nomen im Pl.*	Manon et Paul sont ~ cousins.
les parents [lepaʀɑ̃] *m. pl.* 🇬🇧 parents	die Eltern	Mes ~ sont chez ma tante.
le père [ləpɛʀ]	der Vater	Mon ~ est professeur.
la mère [lamɛʀ]	die Mutter	La sœur de ma ~ est ma tante.
le cousin / la cousine [ləkuzɛ̃/lakuzin]	der/die Cousin/e	Ma ~[1] habite à Nice.
le fils [ləfis]	der Sohn	Regarde, c'est le ~ de mon prof de français.
la tante [latɑ̃t]	die Tante	La ~ de Clara s'appelle Isabelle.
ce sont [səsɔ̃]	das sind	– Le garçon et la fille, c'est qui? – ~ les cousins de Clara.
la fille [lafij]	die Tochter *auch:* das Mädchen	La ~ de Madame Fabre s'appelle Clara.
l'oncle [lɔ̃kl] *m.*	der Onkel	Mon ~ est sympa.
les grands-parents [legʀɑ̃paʀɑ̃] *m. pl.* 🇬🇧 grandparents	die Großeltern	Les ~ de Lukas habitent en Allemagne.
la grand-mère [lagʀɑ̃mɛʀ]	die Großmutter	Ma ~ s'appelle Joséphine.
le grand-père [ləgʀɑ̃pɛʀ]	der Großvater	Mon ~ Frédéric est le père de ma mère.
l'arrière-grand-mère [laʀjɛʀgʀɑ̃mɛʀ] *f.*	die Urgroßmutter	Mon ~ regarde la télé dans la salle de séjour.

[1] cousine

UNITÉ 3 | VOLET 2

Unité 3 | Volet 2

ton [tɔ̃]	dein(e) *Possessivbegleiter der 2. Pers. Sg., steht vor männlichen Nomen im Sg. und vor weiblichen Nomen mit Vokalanfang im Sg.*	– Le garçon, là, c'est ~ frère? – Non, c'est un copain.
habiter [abite] ❗ **j'habite** [ʒabit]	wohnen	Mes cousins ~[1] à Berlin.
avenue de la Forêt Noire [avənydəlafɔʀɛnwaʀ]	Schwarzwaldallee	
l'avenue [lavəny] *f.* 🇬🇧 avenue	die Allee	J'habite ~ de Colmar.
tout près [tupʀɛ]	ganz nah, ganz in der Nähe	
rue de l'Observatoire [ʀydəlɔpsɛʀvatwaʀ]	Sternwachtstraße	
la rue [laʀy]	die Straße	Mon oncle habite ~ d'Alésia.
près de [pʀɛdə]	bei, in der Nähe (von)	Mon amie habite ~ l'école.
loin [lwɛ̃] ≠ près	weit (weg)	– C'est encore ~? – Non, c'est tout près.
mais [mɛ]	aber	D'accord, je joue avec toi, ~ après les devoirs.
pratique [pʀatik] *m./f. adj.*	praktisch	J'ai un ordinateur dans ma chambre. C'est ~.
vite [vit]	schnell	L'école est tout près, alors je suis ~ à la maison.
ben [bɛ̃] *fam.*	naja, äh	
la vitamine [lavitamin]	das Vitamin	
le bar à jus de fruits [ləbaʀaʒydəfʀɥi]	die Saftbar	Le ~ des parents de Clara s'appelle la Vitamine C.
le bar [ləbaʀ]	die Bar	
le jus de fruits [ləʒydəfʀɥi]	der Fruchtsaft	
le fruit [ləfʀɥi]	die Frucht	Les ~[2], sont sur la table.
tard [taʀ]	spät	Mon frère rentre ~.
garder qn [gaʀde]	auf jdn aufpassen	Ma grand-mère ~[3] mes frères et sœurs après l'école.
pénible [penibl] *m./f. adj.*	lästig	Après l'école, il y a encore les devoirs. C'est ~!
On rigole bien. [ɔ̃ʀigɔlbjɛ̃]	Wir haben viel Spaß.	~ avec mes cousins.

rigoler [ʀigɔle]	lachen, Spaß haben	Dans la cour, les élèves jouent et ~.⁴
tes [te]	deine *Possessivbegleiter der 2. Pers. Sg., steht vor Nomen im Pl.*	– Où sont ~ frères? – Ils sont à la maison.
en [ã]	in	Elle habite ~ France.

> J'habite **en** France. ▶ Ich wohne in Frankreich.
>
> J'habite **à** Paris. ▶ Ich wohne in Paris.
>
> J'habite **rue d'Alésia**. ▶ Ich wohne in der Alésiastraße.

l'Allemagne [lalmaɲ] *f.*	Deutschland	Mon père travaille en ~.
tôt [to] ≠ tard	früh	Ma sœur rentre ~ à la maison.
Paris [paʀi]	Hauptstadt Frankreichs ▶ *Civilisation, p. 171*	
le week-end [ləwikɛnd]	das Wochenende	Le ~, on est chez mes cousins.
pendant [pãdã]	während	~ la récréation, on rigole bien.
la semaine [lasəmɛn]	die Woche	
il/elle m'énerve [il/ɛlmenɛʀv]	er/sie nervt	

1 habitent   **2** fruits   **3** garde   **4** rigolent

Unité 3 | Volet 3

Comment ça va? [kɔmãsava]	Wie geht's?, Wie läuft es?	– ~ à l'école? – Ça va bien, merci!
ta [ta]	dein(e) *Possessivbegleiter der 2. Pers. Sg., steht vor weiblichen Nomen im Sg.*	Elle est comment ~ chambre?
Lyon [ljɔ̃]	drittgrößte Stadt Frankreichs ▶ *Civilisation, p. 171*	
son [sɔ̃]	ihr(e), sein(e) *Possessivbegleiter der 3. Pers. Sg., steht vor männlichen Nomen im Sg. und vor weiblichen Nomen mit Vokalanfang im Sg.*	Ma sœur est devant ~ ordinateur.
Je n'ai pas de frères et sœurs. [ʒənɛpadəfʀɛʀesœʀ]	Ich habe keine Geschwister.	
les frères et sœurs [lefʀɛʀesœʀ] *m. pl.*	die Geschwister	– Tu as des ~? – Oui, j'ai un frère.

cent quatre-vingt-treize **193**

UNITÉ 3 | VOLET 3

Mes parents sont séparés. [mepaʀɑ̃sɔ̃sepaʀe]	Meine Eltern sind getrennt.	
Genève [ʒənɛv]	Genf *Stadt in der französischsprachigen Schweiz* ▶ *Civilisation, p. 170*	
sa [sa]	sein(e), ihr(e) *Possessivbegleiter der 3. Pers. Sg., steht vor weiblichen Nomen im Sg.*	Voilà Noah avec ~ copine.
la femme [lafam]	die Frau, die Ehefrau	C'est la ~ de Monsieur Martel.
passer [pase]	verbringen	Je ~[1] la récréation dans la cour.
les vacances [levakɑ̃s] *f. pl.*	die Ferien	Pendant les ~, Théo est chez sa tante et son oncle.
la belle-mère [labɛlmɛʀ]	die Stiefmutter	La ~ de Léa habite à Paris.
sympa *fam.* / **sympathique** [sɛ̃pa/sɛ̃patik] *adj.*	nett, sympathisch	Le prof de français est ~.
ses [se]	sein(e), ihr(e) *Possessivbegleiter der 3. Pers. Sg., steht vor Nomen im Pl.*	Voilà Lucie avec ~ copines. Voilà Alexandre et ~ copains.

Clara et son père   Alexandre et son père   Clara et sa mère   Alexandre et sa mère

l'enfant [lɑ̃fɑ̃] *m./f.*	das Kind	Nous sommes trois ~[2]: ma sœur, mon frère et moi!
ils/elles m'énervent [il/ɛlmenɛʀv]	sie nerven	Mes frères et sœurs ~[3].
l'an [ɑ̃] *m.*	das Jahr *auch für Altersangabe*	Mon cousin Albin a six ~[4].

Die Zahlen von 1–20

1 un [ɛ̃]	5 cinq [sɛ̃k]	9 neuf [nœf]	13 treize [tʀɛz]	17 dix-sept [disɛt]
2 deux [dø]	6 six [sis]	10 dix [dis]	14 quatorze [katɔʀz]	18 dix-huit [dizɥit]
3 trois [tʀwa]	7 sept [sɛt]	11 onze [ɔ̃z]	15 quinze [kɛ̃z]	19 dix-neuf [diznœf]
4 quatre [katʀ]	8 huit [ɥit]	12 douze [duz]	16 seize [sɛz]	20 vingt [vɛ̃]

die Zahlen findest du auf S. 173

beaucoup [boku]	viel	Je rêve ~.
Ils/Elles sont là pour nous. [il/ɛlsɔ̃lapuʀnu]	Sie sind für uns da.	

UNITÉ 3 | VOLET 3 – UNITÉ 3 | VOLET 4

pour [puʀ]	für	
j'ai [ʒɛ]	ich habe 1. Pers. Sg. von avoir ▶ Verbes, p. 174	~ dix ans et toi?

> Im Französischen **hat** man die Jahre auf dem Buckel.
>
> J'**ai** douze ans.

avoir [avwaʀ]	haben	
Colmar [kɔlmaʀ]	Colmar drittgrößte Stadt im Elsass	
❗ **le hamster** [ləamstɛʀ]	der Hamster	Le ~ de ma sœur joue beaucoup.
C'est l'horreur! [sɛlɔʀœʀ]	Das ist der Horror!	Mes frères regardent toujours la télé. ~!
le problème [ləpʀɔblɛm]	das Problem	– Tu as un ~ avec tes devoirs? – Non, merci, ça va.
le beau-père [ləbopɛʀ]	der Stiefvater	
crier [kʀije]	schreien	Les élèves ~⁵ dans la cour de récréation.
C'est tout. [sɛtu]	Das ist alles.	
tout [tu]	alles	– Tu as ~? – Oui!
au chômage [oʃomaʒ]	arbeitslos	Mon père est ~.
le travail [lətʀavaj] → travailler	die Arbeit	Le ~ de ma mère? Elle est professeur.

1 passe   2 enfants   3 m'énervent   4 ans   5 crient

Unité 3 | Volet 4

l'animal / ❗ **les animaux** [lanimal/lezanimo] *m.* 🇬🇧 animal	das Tier	– Tu as des ~¹ à la maison? – Oui, j'ai un hamster.
le chien [ləʃjɛ̃]	der Hund	Les enfants jouent avec le ~.
intelligent/intelligente [ɛ̃teliʒɑ̃/ɛ̃teliʒɑ̃t] *adj.*	intelligent	Ton cousin est ~².
adorable [adɔʀabl] *m./f. adj.*	süß, niedlich	Il est ~ sur la photo!

cent quatre-vingt-quinze **195**

UNITÉ 3 | VOLET 4

la perruche [lapeʀyʃ]	der Wellensittich	J'ai deux ~3 et un chien.
bavard/bavarde [bavaʀ/bavaʀd] *adj.*	geschwätzig	Yasmine et Clara sont ~4.
joli/jolie [ʒɔli] *adj.*	hübsch	Tes pierres de collection sont très ~5.
le chat [ləʃa]	die Katze	Voilà une photo de mon ~. Il a un an.
le bureau / ❗ les bureaux [ləbyʀo/lebyʀo]	der Schreibtisch, das Büro	
la tortue [latɔʀty]	die Schildkröte	La ~ est dans la salle de bain.
le lapin [ləlapɛ̃]	das Kaninchen	Le ~ est sous la table de la cuisine.
avoir un caractère de chien [avwaʀɛ̃kaʀaktɛʀdəʃjɛ̃] *fam.*	einen fiesen Charakter haben	
le cochon d'Inde [ləkɔʃɔ̃dɛ̃d]	das Meerschweinchen	Je garde le ~ de ma sœur. C'est l'horreur!
le poisson [ləpwasɔ̃]	der Fisch	Nous avons trois ~6. Un pour ma sœur, un pour moi et un pour le chat.
surfer sur Internet [sœʀfesyʀɛ̃tɛʀnɛt]	im Internet surfen	Après les devoirs, Yasmine ~7.
le concours [ləkɔ̃kuʀ]	der Wettbewerb	
avoir l'âge de qn [avwaʀlɑʒdə]	so alt sein wie jdn	Ma cousine ~8 ma mère!
l'âge [lɑʒ] *m.* 🇬🇧 age	das Alter	J'ai l'~ de mes cousins.
Elle a quel âge? [ɛlakɛlɑʒ]	Wie alt ist sie?	– Ma sœur a seize ans. Et ta sœur, ~? – Elle a dix-sept ans.
je voudrais [ʒəvudʀɛ]	ich möchte gern, ich hätte gern	~ un coin musique dans ma chambre.
être contre (qn/qc) [ɛtʀkɔ̃tʀ]	gegen jdn / etw. sein, dagegen sein	Je voudrais une télé dans ma chambre, mais mes parents ~9.
Je n'ai pas d'animal. [ʒənɛpadanimal]	Ich habe kein Tier.	
l'allergie [alɛʀʒi] *f.*	die Allergie	
bête [bɛt] *adj.* ≠ intelligent/e	dumm, blöd *hier:* schade	– Je voudrais un animal, mais ma mère est contre. – Oh, c'est ~.
Qui? [ki]	Wer?	~ joue avec moi?

UNITÉ 3 | VOLET 4 — LE FRANÇAIS EN CLASSE (3)

être pour (qn/qc) [εtʀpuʀ] ≠ être contre (qc)	für jdn/etw. sein, dafür sein	
moche [mɔʃ] m./f. adj. ≠ joli/e, adorable	hässlich	Le cochon d'Inde est ~, mais le chat est joli.

1 animaux **2** intelligent **3** perruches **4** bavardes **5** jolies **6** poissons **7** surfe sur Internet **8** a l'âge de **9** sont contre

Le français en classe (3)

Das Modul kann früher behandelt werden. Nach *Unité* 3 wird der Wortschatz als bekannt vorausgesetzt.

Parle plus fort! [paʀlplyfɔʀ]	Sprich lauter!	
la question [lakεstjɔ̃] 🇬🇧 question	die Frage	Tu as une ~?
Est-ce que je peux + inf. [εskəʒəpø]	Darf ich ...?	Maman, ~ avoir un chat?
l'exercice [legzεʀsis] *m.* 🇬🇧 exercise	die Übung	Écris l'~ dans ton cahier.
Je n'ai pas mes devoirs. [ʒənεpamedəvwaʀ]	Ich habe meine Hausaufgaben nicht.	
C'est juste? [sεʒyst]	Ist das richtig? / Stimmt das?	
On travaille ensemble? [ɔ̃tʀavajɑ̃sɑ̃bl]	Wollen wir zusammen arbeiten?	
d'accord [dakɔʀ]	einverstanden	– Tu joues avec moi? – ~.
Qu'est-ce que ça veut dire? [kεskəsavødiʀ]	Was bedeutet das?	
Ça veut dire ... [savødiʀ]	Das bedeutet ...	
Qui commence? [kikɔmɑ̃s]	Wer fängt an?, Wer beginnt?	
Qui note? [kinɔt]	Wer schreibt (das auf)?	
lundi [lœ̃di] *m.*	Montag	

Die Wochentage

lundi [lœ̃di]	Montag
mardi [maʀdi]	Dienstag
mercredi [mεʀkʀədi]	Mittwoch
jeudi [ʒødi]	Donnerstag
vendredi [vɑ̃dʀədi]	Freitag
samedi [samdi]	Samstag
dimanche [dimɑ̃ʃ]	Sonntag

LE FRANÇAIS EN CLASSE (3) – UNITÉ 4 | VOLET 1

Tu es libre aujourd'hui? [tyɛlibʀoʒuʀdɥi]	Hast du heute Zeit? *wörtlich:* Bist du heute frei?	
aujourd'hui [oʒuʀdɥi]	heute	Qu'est-ce que tu as ~ à l'école?
Tu as le temps aujourd'hui? [tyalətãoʒuʀdɥi]	Hast du heute Zeit?	
le temps [lətã]	die Zeit	Tu as le ~, lundi, après les cours?
si ça te dit [sisatədi]	wenn du Lust hast	– On rentre ensemble? – Oui, ~.

Unité 4 | Volet 1

l'activité [laktivite] *f.*	die Freizeitaktivität	Après l'école, les enfants ont des ~[1].
ils font [ilfɔ̃]	sie machen *3. Pers. Pl. von* faire	– Qu'est-ce qu' ~? – Ils regardent une B.D.
faire qc [fɛʀ]	etw. machen, tun ▶ *Verbes, p. 175*	– Qu'est-ce que tu ~[2]? – Mes devoirs.
faire de l'athlétisme [fɛʀdəlatletism]	Leichtathletik treiben	
l'athlétisme [latletism] *m.*	die Leichtathletik	
faire du théâtre [fɛʀdyteɑtʀ]	Theater spielen	Les deux amies ~[3].
le théâtre [ləteɑtʀ]	das Theater	
faire de la guitare [fɛʀdəlagitaʀ]	Gitarre spielen	Je chante et je ~[4].
faire du tennis [fɛʀdytenis]	Tennis spielen	Pierre ~[5] avec son cousin Pascal.
le tennis [lətenis]	das Tennis, das Tennisspielen	
faire de la musique [fɛʀdəlamyzik]	musizieren	
faire de la flûte [fɛʀdəlaflyt]	Flöte spielen	
la flûte [laflyt]	die Flöte	
faire de la danse [fɛʀdəladɑ̃s] 🇬🇧 to dance	tanzen	Après l'école, Lara ~[6].
la danse [ladɑ̃s]	der Tanz, das Tanzen	
en hiver [ɑ̃nivɛʀ]	im Winter	~, on passe les vacances à Chamonix.
l'hiver [livɛʀ] *m.*	der Winter	
faire du ski [fɛʀdyski]	Ski fahren	En hiver, nous ~[7].
le ski [ləski]	der Ski, das Skifahren	
les Vosges [levoʒ] *f. pl.*	die Vogesen *Gebirge im Elsass* ▶ *Civilisation, p. 171*	
faire du sport [fɛʀdyspɔʀ]	Sport treiben	– Est-ce que tu ~[8]? – Oui, je fais de l'athlétisme et du foot.

UNITÉ 4 | VOLET 1 – UNITÉ 4 | VOLET 2

le sport [ləspɔʀ]	der Sport	
faire du foot [fɛʀdyfut]	Fußball spielen	
le foot(ball) [ləfutbol]	der Fußball, das Fußballspielen	Mes frères regardent le ~ à la télé.
faire des percussions [fɛʀdepɛʀkysjɔ̃]	trommeln, Schlagzeug spielen	
les percussions [lepɛʀkysjɔ̃] *f. pl.*	das Schlagzeug, das Trommeln	

1 activités 2 fais 3 font du théâtre 4 fais de la guitare 5 fait du tennis 6 fait de la danse 7 faisons du ski 8 fais du sport

Unité 4 | Volet 2

le DVD [lədevede]	die DVD	– On regarde un ~? – D'accord.
préparer qc [pʀepaʀe] 🇬🇧 to prepare	etw. vorbereiten	Les professeurs ~[1] la rentrée.
la rencontre [laʀɑ̃kɔ̃tʀ]	das Treffen	C'est une ~ entre les élèves de Strasbourg et de Cologne.
❗ **le hobby** [ləobi]	das Hobby	Mon ~, c'est la danse.
aimer qc/qn/+ inf. [eme]	mögen (etw./jdn), lieben *Nach* **aimer** *steht das Nomen mit dem bestimmten Artikel.*	J'~[2] les jus de fruits.
le chanteur / la chanteuse [ləʃɑ̃tœʀ/laʃɑ̃tøz] → chanter	der/die Sänger/in	Tu aimes le ~ Yannick Noah?
préféré/préférée [pʀefeʀe] *adj.*	Lieblings-	Lucky Luke est ma bédé ~[3].
adorer qc/qn/+ inf. [adɔʀe]	etw./jdn (sehr) lieben, es lieben, etw. zu tun *Nach* **adorer** *steht das Nomen mit dem bestimmten Artikel.*	J'~[4] lire dans ma chambre.
ne … pas [nə … pa]	nicht	Elle ~ est ~[5] à la maison.
préférer qn/qc/+ inf. [pʀefeʀe] 🇬🇧 to prefer	etw. bevorzugen, lieber mögen *Nach* **préférer** *steht das Nomen mit dem bestimmten Artikel.*	J'aime les chiens, mais je ~[6] les chats.
la musique classique [lamyziklasik]	klassische Musik	
le dessin [lədesɛ̃]	die Zeichnung, das Zeichnen	Les enfants font aussi du ~ à l'école.
être fan de qn/qc [ɛtʀfɑ̃də]	ein Fan von jdm/etw. sein	
le/la fan [lə/lafan]	der Fan	Mes parents sont des ~[7] de reggae.

UNITÉ 4 | VOLET 2

Titeuf [titœf]	*französische Comicfigur* ▶ *Civilisation, p. 170*	
le rock [lərɔk]	die Rockmusik	– Tu aimes le ~ ? – Oui, beaucoup.
les BB Brunes [lebebebʀyn]	*französische Rockgruppe* ▶ *Civilisation, p. 170*	
le groupe [ləgʀup]	die Band, die Gruppe	
aimer bien qn/qc/+ inf. [emebjɛ̃] ≠ détester	etw./jdn gern mögen; es mögen, etw. zu tun	J'~⁸ ma chambre.
Sinik [sinik]	*französischer Rapsänger* ▶ *Civilisation, p. 170*	
Moi non plus. [mwanɔ̃ply]	Ich auch nicht.	– Je n'aime pas beaucoup les cochons d'Inde. – ~.
Moi si. [mwasi]	Doch, ich schon.	
Ce n'est pas mon truc. [sənɛpamɔ̃tʀyk] *fam.*	Das ist nicht mein Ding.	La flûte, ~.
le truc [lətʀyk]	das Ding	
faire de l'aviron [fɛʀdəlaviʀɔ̃]	rudern	
l'aviron [laviʀɔ̃] *m.*	das Rudern	Le week-end, je fais de l'~ sur l'Ill avec mes parents.
l'Ill [lil] *m.*	die Ill, *französischer Zufluss des Rheins* ▶ *Civilisation, p. 170*	
faire du vélo [fɛʀdyvelo]	Rad fahren	
le vélo [ləvelo]	das Fahrrad	C'est le ~ de ma sœur.
détester qc/qn/+ inf. [detɛste] ≠ aimer ≠ adorer	etw./jdn hassen *Nach détester steht das Nomen mit dem bestimmten Artikel.*	Je ~⁹ les chiens.
la nature [lanatyʀ]	die Natur	Je n'aime pas la ~ en hiver.
Karim Benzema [kaʀimbɛnzema]	*französischer Fußballspieler* ▶ *Civilisation, p. 170*	
Moi aussi. [mwaosi]	Ich auch.	– J'adore les vacances! – ~!
notre [nɔtʀ]	unser, unsere *Possessivbegleiter der 1. Pers. Pl., steht vor Nomen im Sg.*	Voilà ~ école.
le/la prof [lə/lapʀɔf] *fam.* / **le/la professeur** [lə/lapʀɔfesœʀ]	der/die Lehrer/in	
l'allemand [lalmɑ̃] *m.* → l'Allemagne	Deutsch *Unterrichtsfach*	La prof d'~ parle avec la prof de français.

UNITÉ 4 | VOLET 2 – UNITÉ 4 | VOLET 3

la lecture [lalɛktyʀ]	die Lektüre, das Lesen	Mon activité préférée, c'est la ~.
le cinéma [ləsinema]	das Kino	Je suis une fan de ~.

Diese Sportarten kennst du schon: ▶ *Banques de mots, p. 178*

l'athlétisme — le tennis — la danse — le ski — le foot — le vélo — l'aviron

1 préparent   2 aime   3 préférée   4 adore   5 n'est pas   6 préfère   7 fans   8 aime bien   9 déteste

Unité 4 | Volet 3

ce week-end [səwikɛnd]	an diesem Wochenende	~, on n'est pas là.
bientôt [bjɛ̃to]	bald	C'est ~ le week-end!
ils veulent [ilvœl]	sie wollen *3. Pers. Pl. von* vouloir	
vouloir qc/+ inf. [vulwaʀ]	etw. wollen, etw. tun wollen	Tu ~¹ jouer avec moi?
la balade [labalad]	der Ausflug	Nous faisons une ~ dans les Vosges.
la montagne [lamɔ̃taɲ] 🇬🇧 mountain	der Berg	– Tu aimes les ~²? – J'adore le ski, alors oui!
le singe [ləsɛ̃ʒ]	der Affe	Les ~³ sont mes animaux préférés.
l'idée [lide] *f.*	die Idee	Ton ~ est super!
inviter qn [ɛ̃vite] 🇬🇧 to invite	jdn einladen	Il ~⁴ ses cousins à la maison.
et puis [epɥi]	außerdem	Mael n'aime pas les chiens, ~ il est contre les concours d'animaux.
le parc [ləpaʀk]	der Park	Les enfants jouent dans le ~ .
en liberté [ɑ̃libɛʀte]	in Freiheit	Les animaux vivent ~ dans le parc.
la liberté [lalibɛʀte]	die Freiheit	
est-ce que [ɛskə]	*wird nicht übersetzt, zeigt dir an, dass es sich um eine Frage handelt*	~ tu as une sœur?

Text, S. 177 *(Solutions)*

je peux [ʒəpø]	ich kann *1. Pers. Sg. von* pouvoir	Est-ce que je ~ regarder la télé?
pouvoir + inf. [puvwaʀ]	etw. tun können *hier:* etw. dürfen ▶ *Verbes, p. 175*	

deux cent un **201**

UNITÉ 4 | VOLET 3

ne ... pas trop [nə ... patʀo]	nicht so (sehr, gern)	Je ~ aime ~⁵ l'école.
tranquille [tʀɑ̃kil] *m./f. adj.*	ruhig *hier:* Ruhe haben, in Ruhe gelassen werden	Yasmine veut être ~ dans sa chambre et rêver.
On passe le chercher. [ɔ̃pasləʃɛʀʃe]	Wir holen ihn ab.	
passer (chez qn) [pase]	(bei jdm) vorbeikommen	On ~⁶ chez toi demain.
Bonne idée! [bɔnide] *adj.*	Gute Idee!	
À quelle heure? [akɛlœʀ]	Um wie viel Uhr?	~ est-ce que tu rentres à la maison?
l'heure [lœʀ] *f.* 🇬🇧 hour	die Stunde, Uhr *zur Angabe der Uhrzeit*	

> ❗ **Merke:** Nach den Zahlen 2 bis 23 steht *heure* im Plural.
>
> Vergleiche:
> | | |
> |---|---|
> | une heure | ein Uhr |
> | deux heures | zwei Uhr |
> | 14 heures | 14 Uhr |

à 10 heures [adizœʀ]	um 10 Uhr	Moi, je rentre ~.

> Meistens ist das *h* am Anfang eines Wortes ein stummes *h* wie z. B. in:
> **habiter** = j'habite / nous habitons [nuzabitɔ̃] – l'hiver – l'heure
> Aber du kennst auch folgende Sonderfälle:
> **le** hamac – **le** hamster – **le** hobby

Ça va? [sava]	In Ordnung?	Est-ce que 10 heures, ~?
Ça marche. [samaʀʃ] *fam.*	Geht klar.	– On regarde un DVD? – ~!
appeler qn [apəle]	(jdn) anrufen ▶ *Verbes, p. 174*	Théo ~⁷ sa mère.

Hörtext

Allô! [alo]	Ja, bitte?, Hallo? *In Frankreich meldet sich die Person, die angerufen wird, nicht mit dem Namen, sondern mit Allô!*	
l'Alsace [lalzas]	das Elsass *Region im Osten Frankreichs* ▶ *Civilisation p. 170*	
Je t'invite. [ʒətɛ̃vit]	Ich lade dich ein.	
demander (qc) à qn [dəmɑ̃dea]	jdn (nach etw.) fragen	Je ~⁸ à notre professeur, d'accord?

1 veux 2 montagnes 3 singes 4 invite 5 n'aime pas trop 6 passe 7 appelle 8 demande

Unité 5 | Volet 1

notre [nɔtʀ]	unser/unsere *Possesivbegleiter, 1 Pers. Pl., steht vor Nomen im Sg.*	~ prof de francais, c'est M. Martel.
le collège [ləkɔlɛʒ]	die Sekundarstufe I *Schultyp in Frankreich, entspricht etwa der Sekundarstufe I. Im Anschluss an die fünfjährige Grundschule gehen alle für vier Jahre auf das Collège.*	
présenter qn/qc [pʀezɑ̃te]	jdn/etw. vorstellen	Noah ~[1] son groupe préféré.
la journée portes ouvertes [laʒuʀnepɔʀtzuvɛʀt] *f. pl.*	der Tag der offenen Tür	
la journée [laʒuʀne]	der Tag	Qu'est-ce que tu fais après ta ~ à l'école?
ouvert/ouverte [uvɛʀ/uvɛʀt] *adj.*	offen	La fenêtre est ~[2]. Le bar à jus de fruits est encore ~[3].
nos [no]	unsere *Possesivbegleiter der 1. Pers. Pl., steht vor Nomen im Pl.*	~ profs sont sympa.
l'endroit [lɑ̃dʀwa] *m.*	der Ort	Ma chambre est mon ~ préféré.
le CDI (= le Centre de Documentation et d'Information) [ləsedei]	die Schulbibliothek *Bezeichnung für die Bibliothek an französischen Collèges. Zugang zu Materialien wie Büchern, Zeitschriften, CDs oder DVDs und zum Internet.*	Le ~ ferme à 17 h 30.
le/la CPE (= le/la Conseiller/ -ère principal/e d'Éducation) [lə/lasepeø]	*Person, die für das Einhalten der Regeln an der Schule zuständig ist. Sie kümmert sich um die Probleme der Schüler und steht in Kontakt mit Lehrern und Eltern.*	
le secrétariat [ləsəkʀetaʀja]	das Sekretariat	C'est la rentrée. Le ~ est ouvert.
le/la documentaliste [lə/ladɔkymɑ̃talist]	der/die Dokumentalist/in *Person, an die sich die Schüler im CDI wenden, um Medien zu entleihen.*	La ~ travaille au CDI.
emprunter qc [ɑ̃pʀɛ̃te]	etw. ausleihen	Au CDI, on peut ~ des livres.
l'infirmerie [lɛ̃fiʀməʀi] *f.*	die Krankenstation	L' ~ est ouverte.
l'infirmier / l'infirmière [lɛ̃fiʀmje/lɛ̃fiʀmjɛʀ] *m./f.*	der/die Krankenpfleger/in	
la cantine [lakɑ̃tin]	die Kantine, der Speisesaal	Qu'est-ce qu'il y a à la ~?

deux cent trois **203**

UNITÉ 5 | VOLET 1 – UNITÉ 5 | VOLET 2

le gymnase [ləʒimnaz]	die Turnhalle	Il y a des élèves dans le ~.

le gymnase die Turnhalle ≠ *le lycée* das Gymnasium

l'EPS (= l'Éducation physique et sportive) [løpeɛs] *f.*	der Sportunterricht *Schulfach*	J'adore la journée du mardi: j'ai ~!
en permanence [ɑ̃pɛrmanɑ̃s]	im Aufenthaltsraum	– On fait les devoirs ensemble en ~? – D'accord!
la (salle de) permanence [la(saldə)pɛrmanɑ̃s]	der Aufenthaltsraum *für Schüler, die keinen Unterricht haben. Sie werden von surveillant(e)s beaufsichtigt. Dabei machen sie z. B. ihre Hausaufgaben oder sie lernen für die nächste Stunde.*	
les toilettes [letwalɛt] *f. pl.*	die Toilette	Où sont les ~?
votre [vɔtʀ]	euer, eure *Possessivbegleiter der 2. Pers. Pl., steht vor Nomen im Sg.*	Ouvrez ~ livre de français, s'il vous plaît.
vos [vo]	eure/Ihre *Possessivbegleiter der 2. Pers. Pl., steht vor Nomen im Pl.*	Écrivez ~ devoirs dans votre cahier.
Ça dépend. [sadepɑ̃]	Es kommt darauf an.	– Tu joues avec moi? – ~.
la salle des profs [lasaldepʀɔf]	das Lehrerzimmer	Madame Vidal est dans ~.
la salle de classe [lasaldəklas]	der Klassenraum	Les élèves sont dans la ~ avec M. Martel.

1 présente   2 ouverte   3 ouvert

Unité 5 | Volet 2

et quart [ekaʀ]	Viertel nach	Il est cinq heures ~.
le quart [ləkaʀ] 🇬🇧 quarter	die Viertelstunde	
l'emploi du temps [lɑ̃plwadytɑ̃] *m.*	der Stundenplan	– Il est bien ton ~? – Bof.
le cours [ləkuʀ]	der Unterricht	Je n'ai pas ~ demain.
parce que [paʀsəkə]	weil	J'aime bien le mercredi ~ je rentre tôt à la maison.

204 deux cent quatre

UNITÉ 5 | VOLET 2

retrouver qn [ʀətʀuve]	jdn treffen	Clara ~[1] Yasmine après l'école parce qu'elles font du théâtre ensemble.
les maths [lemat] *fam.* **les mathématiques** [lematematik] *f. pl.*	Mathe	J'aime les ~ et le sport.
de … à … [də … a …]	von … bis …	Simon a foot ~ 14 heures ~ 16 heures.
la matière [lamatjɛʀ]	das Schulfach	Mes ~[2] préférées? L'allemand et le français.
le matin [ləmatɛ̃]	der Morgen, morgens	
après [apʀɛ]	danach	Le samedi, Noah fait ses devoirs, ~ il va jouer au foot.
les SVT (= les sciences de la vie et de la Terre) [leɛsvete] *f. pl.*	Biologie *Schulfach, das Biologie und Geologie umfasst.*	On a ~ de 2 à 3.
intéressant/intéressante [ɛ̃teʀɛsɑ̃/ɛ̃teʀɛsɑ̃t] *adj.*	interessant	– Qu'est-ce que tu regardes? – C'est ~? – Oui, très!
à midi [amidi]	mittags, um 12.00 Uhr	~, les élèves sont à la cantine.
manger [mɑ̃ʒe] **!** **nous mangeons**	essen	– Tu ~[3] où à midi? – À la cantine, et toi?
les spaghettis [lespageti] *m. pl.*	die Spaghetti	J'aime les ~.
il/elle va [il/ɛlva]	er/sie geht *3. Pers. Sg. von* aller	
aller [ale]	gehen ▶ *Verbes, p. 175*	Clara et Yasmine ~[4] au théâtre ensemble.
l'après-midi [lapʀɛmidi] *m.*	der Nachmittag	L'~, après la cantine, les élèves ont encore cours.
l'anglais [lɑ̃glɛ] *m.*	Englisch	J'ai des devoirs d'~ pour demain.
à … heure(s) [a … œʀ]	um … Uhr	Le samedi ~[5] quatorze ~, Maxime va au foot.
jusqu'à [ʒyska]	bis	En France, les élèves peuvent avoir cours ~ 17 h 30.
demi/demie [dəmi/dəmi] *adj.*	halb	On passe chez toi à quatre heures et ~[6].

! Unterscheide: Il est dix heures et demie.
Il est midi et demi.

deux cent cinq **205**

UNITÉ 5 | VOLET 2

moins le quart [mwɛ̃l[ə]kaʁ]	Viertel vor	La récréation est à dix heures ~.

Il est quelle heure? | Wie spät ist es?

Il est une heure. | Il est deux heures cinq. | Il est trois heures et quart. | Il est quatre heures et demie. | Il est six heures moins le quart. | Il est sept heures moins dix.

le soir [ləswaʁ] ≠ le matin	der Abend	Les parents de Clara rentrent tard le ~.
souvent [suvɑ̃]	oft	Clara rigole ~ avec son frère.
le mail [ləmɛl]	die Mail	Le ~, c'est pratique.
cher/chère [ʃɛʁ] *adj.*	liebe/r *Anrede*	
mamie [mami] *f.*	Oma *Kindersprache*	
papi [papi] *m.*	Opa *Kindersprache*	
cet après-midi [sɛtapʁɛmidi]	heute Nachmittag	~, je vais à mon cours de flûte.
ce matin ▶ heute Morgen	cet après-midi ▶ heute Nachmittag	ce soir ▶ heute Abend
Je n'ai pas cours. [ʒənepakuʁ]	Ich habe keinen Unterricht.	
demain [dəmɛ̃]	morgen	~, c'est la rentrée.
le TJP (le Théâtre Jeune Public) [ləteʒipe/ləteɑtʁʒœnpyblik]	Jugendtheater in Straßburg	
l'interro [lɛ̃teʁo] *fam.* **l'interrogation** [lɛ̃teʁɔgasjɔ̃] *f.*	der Test	Demain, j'ai une ~ de maths.
nul/nulle [nyl] *adj.*	(sehr) schlecht, mies	
être nul/nulle en [ɛtʁnylɑ̃]	in etw. schlecht sein, eine Niete sein	Julie est ~[7] en maths.
bon/bonne [bɔ̃/bɔn] *adj.*	gut	
être bon/bonne en [ɛtʁbɔ̃ɑ̃/bɔnɑ̃]	in etw. gut sein	Marc ~[8] géo.
Pourquoi? [puʁkwa]	Warum?	~ est-ce que vous ne voulez pas jouer avec moi?
grosses bises [gʁosbiz] *f. pl.*	liebe Grüße *in einem Brief* wörtlich: dicke Küsse	
la bise [labiz] *fam.*	der Kuss	À plus! ~[9], Léonore.

1 retrouve   2 matières   3 manges   4 vont   5 à quatorze heures   6 demie   7 nulle   8 est bon en   9 bise(s)

Unité 5 | Volet 3

le programme [ləpʀɔgʀam]	das Programm	Le ~ du TJP est sur le bureau de Clara.
leurs [lœʀ]	ihre *Possessivbegleiter der 3. Pers. Pl., steht vor Nomen im Pl.*	Clara, Camille, Alexandre et ~ cousins sont en vacances.
le/la corres [lə/lakɔʀɛs] *fam.* / **le correspondant** / **la correspondante** [ləkɔʀɛspɔ̃dɑ̃/lakɔʀɛspɔ̃dɑ̃t]	der/die Austauschpartner/in	Les élèves de Mme Vidal sont dans la cour avec leurs ~[1].
leur [lœʀ]	ihr, ihre *Possessivbegleiter der 3. Pers. Pl., steht vor Nomen im Sg.*	Voilà les élèves de la 6ᵉA et ~ professeur d'allemand.
noter (qc) [nɔte]	etw. aufschreiben, notieren	~[2] les exercices pour demain, s'il vous plaît!
Quand est-ce que …? [kɑ̃tɛskə]	Wann?	~ tu rentres?
arriver [aʀive] 🇬🇧 to arrive	ankommen	Le père de Théo ~[3] vendredi à Strasbourg.
d'abord [dabɔʀ]	zuerst	Clara va ~ à la Vitamine C et après, à l'atelier théâtre.
visiter qc [vizite] 🇬🇧 to visit	etw. besichtigen	Ils vont ~ Strasbourg.
le musée [ləmyze]	das Museum	Tu aimes aller au ~?
le chocolat [ləʃɔkɔla]	die Schokolade	Je n'aime pas beaucoup le ~.
là-bas [laba]	dort	– Elle est où, Yasmine? – ~.
en plus [ɑ̃plys]	außerdem	Je n'aime pas ce prof: il n'est pas sympa, et ~ il crie souvent.
fermé/fermée [fɛʀme] *adj.* ≠ ouvert/e	geschlossen	Samedi et dimanche, l'école est ~[4].
Où est-ce que …? [uɛskə]	Wohin …?	– ~ tu vas? – Chez ma copine Clara.
le Vaisseau [ləvɛso]	*Zentrum zur Entdeckung der Wissenschaft und der Technik* ▶ *Civilisation, Strasbourg, p. 171*	
l'atelier [latəlje] *m.*	der Workshop	Au Vaisseau, il y a des ~[5] en allemand et en français.
le fossile [ləfɔsil]	das Fossil	Théo a aussi une collection de ~[6].
en ce moment [ɑ̃səmɔmɑ̃]	zurzeit, im Moment	~, ma mère est au chômage.

deux cent sept **207**

UNITÉ 5 | VOLET 3

Oh si! [osi]	Ach doch!	– Je ne veux pas aller avec vous. – ~, ça va être bien!
la balade en bateau [labaladɑ̃bato]	die Bootsfahrt	Les élèves vont faire une ~ sur l'Ill.
le bateau / ❗ les bateaux [ləbato/lebato]	das Schiff, Boot *hier:* der Ausflugsdampfer	Pendant les vacances, j'aime faire du ~ avec mes parents.
la visite [lavizit] → visiter qc	die Besichtigung *auch:* der Besuch	Il y a une ~ à 16 h 00.
vers [vɛʀ]	gegen *zeitlich*	On passe chez toi ~ 11 h 00, d'accord?
le rallye [ləʀali]	die Rallye	La classe de 6ᵉA prépare un ~.
avant [avɑ̃] ≠ après	vor	C'est cool, ~ l'interro, il y a la récré!

❗ Unterscheide: WANN   WO

avant la récréation   **devant** la maison
vor der Pause   vor dem Haus

après la récréation   **derrière** la maison
nach der Pause   hinter dem Haus

être d'accord sur qc [ɛtʀdakɔʀsyʀ]	sich über etw. einig sein	
l'arrivée [laʀive] *f.* 🇬🇧 arrival	die Ankunft	L'~ des élèves de Lahr est à 8 h 00.
le départ [ledepaʀ] 🇬🇧 departure	die Abfahrt	Le ~ des Allemands est à 18 h 00.
le retour [ləʀətuʀ]	die Rückkehr	Je n'aime pas le ~ des vacances.
en car [ɑ̃kaʀ]	mit dem Reisebus	Les élèves allemands vont à Strasbourg ~.
le car [ləkaʀ]	der Reisebus	

le car   le bus

le déjeuner [ledeʒœne]	das Mittagessen	Le ~ est à 12 h 15, à la cantine.
le centre-ville [ləsɑ̃tʀəvil]	das Stadtzentrum	Le ~ de Strasbourg est très joli.
la Passerelle Mimram [lapasʀɛlmimʀam]	die Mimram-Brücke *Fußgänger- und Radfahrerbrücke über den Rhein* ▶ *Civilisation, p. 171*	

1 correspondants   2 Notez   3 arrive   4 fermée   5 ateliers   6 fossiles

Unité 6 | Volet 1

vingt et un [vɛ̃teœ̃]	einundzwanzig	Ma sœur a ~ ans.

Die Zahlen bis 100 findest du auf S. 173.

avril [avʀil]	April	Les vacances sont en ~.

Die Monatsnamen findest du auf S. 214.

monter dans qc [mɔ̃tedɑ̃]	in etw. einsteigen	Les élèves ~[1] le car.
le Palais Rohan [ləpalɛʀoɑ̃]	Gebäude aus dem 18. Jh., das heute drei Museen beherbergt.	
la ville [lavil]	die Stadt	Strasbourg est une ~ en Alsace.
commencer [kɔmɑ̃se] ❗ **nous commençons**	beginnen	Les vacances ~[2] bientôt.
passer par qc [pasepaʀ]	*hier:* durch etw. fahren *auch:* durch etw. gehen	Mathieu ~[3] un parc et arrive à la maison.
le quartier [ləkaʀtje]	das Viertel	La Meinau est un ~ de Strasbourg.
la Petite France [lapətitfʀɑ̃s]	historisches Viertel in Straßburg ▶ Civilisation, Strasbourg, p. 171	
le Moyen-Âge [ləmwajɛnɑʒ]	das Mittelalter	
le pont [ləpɔ̃]	die Brücke	Le bateau passe sous le ~.
assez [ase]	ziemlich	J'habite ~ près de mon école.
touristique [tuʀistik] *m./f. adj.*	touristisch	Paris est une ville très ~.
le Musée d'Art moderne [ləmyzedaʀmɔdɛʀn]	das Museum für moderne Kunst	
à côté de qc [akotedə]	neben	~[4] lit, il y a une lampe.
le skate-board [ləskɛtbɔʀd]	das Skateboard	
le Quartier allemand [ləkaʀtjealmɑ̃]	historisches Viertel in Straßburg ▶ Civilisation, Strasbourg, p. 171	
la place [laplas]	der Platz	La ~ des Vosges est un endroit touristique à Paris.
Arte [aʀte]	Fernsehsender ▶ Civilisation, Strasbourg, p. 171	
la télévision franco-allemande [la televizjɔ̃fʀɑ̃koalmɑ̃d]	der deutsch-französische Fernsehsender	La ~ s'appelle Arte.

deux cent neuf **209**

UNITÉ 6 | VOLET 1 – UNITÉ 6 | VOLET 1

le Parlement européen [ləpaʁləmãøʁɔpeɛ̃]	das Europäische Parlament	
le Conseil de l'Europe [ləkõsɛjdəløʁɔp]	der Europarat	
retourner à [ʁətuʁnea] 🇬🇧 to return → le retour	zurückkehren zu	Théo et Lukas veulent ~ la Montagne des singes.

1 montent dans   2 commencent   3 passe par   4 À côté du

Unité 6 | Volet 2

avoir faim [avwaʁfɛ̃]	Hunger haben	Après l'école, Yasmine et Karim ~[1].
le Français / la Française [ləfʁɑ̃sɛ/lafʁɑ̃sɛz] → la France	der Franzose, die Französin	Les élèves de Lahr préparent l'arrivée des ~[2].
l'Allemand / l'Allemande [lalmɑ̃/lalmɑ̃d] m./f. → l'Allemagne	der/die Deutsche	Un groupe d'~[3] visite Strasbourg.
le menu [ləməny]	das Menü	Le ~ à la cantine est super aujourd'hui!
l'entrée [lɑ̃tʁe] f.	die Vorspeise	
le taboulé [lətabule]	das Taboulé	J'adore le ~!
le pâté [ləpɑte]	die Leberpastete	
le plat [ləpla]	das Hauptgericht	Les spaghettis sont mon ~ préféré.
la sauce tomate [lasostɔmat]	die Tomatensoße	J'aime les spaghettis à la ~.
la sauce [lasos]	die Soße	
la tomate [latɔmat]	die Tomate	Tu aimes les ~[4]?

UNITÉ 6 | VOLET 2

la moutarde [lamutaʀd]	der Senf	Théo et Yasmine prennent le lapin à la ~.
le dessert [lədesɛʀ]	die Nachspeise	– Tu ne manges pas ton ~? – Non.
la banane [labanan]	die Banane	Clara prépare un jus de fruit à la ~.
le gâteau au chocolat [ləgatooʃɔkɔla]	der Schokoladenkuchen	Comment est-ce qu'on prépare un ~?
le gâteau / ❗ les gâteaux [ləgato/legato]	der Kuchen	Les ~ sont sur la table.
je prends [ʒəpʀɑ̃]	ich nehme *1. Pers. Sg. von* prendre	
prendre qc [pʀɑ̃dʀ]	etw. nehmen ▶ *Verbes, p. 175*	Qu'est-ce que tu vas ~ pour le déjeuner?

prendre un jus de fruits   prendre *le bus*   Comment est-ce que tu vas à l'école? / Moi, je prends le tram.

comme [kɔm]	*hier:* als	– Qu'est-ce que tu prends ~ dessert? – Une banane.
Zut! [zyt] *fam.*	Mist!	~! Où sont les clés?
ne … plus [nə…ply]	nicht mehr	– Comment est-ce qu'on dit «Kekse» en français? – Je ~ sais ~.
comprendre (qn/qc) [kɔ̃pʀɑ̃dʀ]	jdn/etw. verstehen, *wird wie* prendre *konjugiert* ▶ *Verbes, p. 175*	Je ne ~[5] pas: vous pouvez répéter, s'il vous plaît?
avoir soif [avwaʀswaf]	Durst haben	– Est-ce que tu ~[6]? – Non, ça va, merci.
Tu me passes …? [tyməpas]	Reichst du mir …?	

Simon **passe** ses vacances à la montagne. (= verbringen)

On **passe** chez toi à 10 heures. (= vorbeikommen)

Le bateau **passe** par la Petite France. (= durch etw. fahren/gehen)

Jean, tu me **passes** l'eau, s'il te plaît? (= jdm etw. reichen)

UNITÉ 6 | VOLET 2 – UNITÉ 6 | VOLET 3

l'eau [lo] f.	das Wasser	
Bon appétit! [bɔ̃napeti]	Guten Appetit!	
le pain [ləpɛ̃]	das Brot	Le ~ est sur la table.
C'est bon. [sɛbɔ̃]	Das schmeckt gut.	
trop bon [tʀobɔ̃] fam.	voll lecker	
trop [tʀo]	umgangssprachlich für voll, total	

1 ont faim **2** Français **3** Allemands **4** tomates **5** comprends **6** as soif

Unité 6 | Volet 3

la place Kléber [laplasklebɛʀ]	Platz in Straßburg ▶ Civilisation, Strasbourg, p. 171	
l'interview [lɛ̃tɛʀvju] f.	das Interview	Les élèves font des ~1 dans les rues de Strasbourg.
parler à qn [paʀlea]	mit jdm sprechen	Le surveillant ~2 prof.
la dame [ladam]	die Frau	La ~, là, c'est la mère de Nicolas.
grand/grande [gʀɑ̃/gʀɑ̃d] adj.	groß	Ma chambre est ~3.
beaucoup de [bokudə]	viele	Dans la cour, il y a ~4 élèves.
la chose [laʃoz]	die Sache	Yasmine et Zohra ont beaucoup de ~5 dans leur chambre.
à pied [apje]	zu Fuß	Je vais à l'école ~.

à pied à vélo en car en *bus* en bateau en *métro* en *voiture*

un peu [ɛ̃pø]	ein bisschen	On habite ~ trop loin de l'école.
comme [kɔm]	hier: wie	Zohra parle ~ sa sœur.
le village [ləvilaʒ] 🇬🇧 village	das Dorf	Mes grands-parents habitent dans un ~ des Vosges.
la cathédrale [lakatedʀal]	der Dom, die Kathedrale in Straßburg: das Straßburger Münster	
le parc de l'Orangerie [ləpaʀkdəlɔʀɑ̃ʒʀi]	Park in Straßburg ▶ Civilisation, Strasbourg, p. 171	

212 deux cent douze

UNITÉ 6 | VOLET 3

en face de [ɑ̃fasdə]	gegenüber	Le musée est ~ la cathédrale.
drôle [dʀol] *m./f. adj.*	lustig, spaßig *hier:* angenehm	
trop de [tʀodə]	zu viel	On a ~ devoirs!
le/la touriste [lə/latuʀist] → touristique	der/die Tourist/in	Les ~[6] font la visite de Strasbourg en bateau.
quand même [kɑ̃mɛm]	trotzdem, dennoch	Mon frère m'énerve, mais je l'aime ~.
le/la jeune [lə/laʒœn]	der/die Jugendliche	Les ~[7] font du skate dans le parc.
le ciné [ləsine] *fam.*	das Kino le ciné *ist die Abkürzung für:* le cinéma	J'adore aller au ~ avec mes copains.
le centre commercial [ləsɑ̃tʀkɔmɛʀsjal]	das Einkaufszentrum	Le ~ est fermé le dimanche.
ne ... pas de [nə ... padə]	kein	Clara ~ mange ~ lapin.
assez de [asedə]	genug	Vous avez ~[8] idées maintenant, alors écrivez!
le magasin [ləmagazɛ̃]	das Geschäft	Le dimanche, les ~[9] sont fermés.
depuis des mois [dəpɥidemwa]	seit Monaten	
le mois [ləmwa]	der Monat	Avril est mon ~ préféré.
ne ... plus de [nə ... plydə]	kein ... mehr	Il ~ y a ~[10] eau.

Il n'y a pas de tomates.

Il n'y a pas assez de tomates.

Il y a assez de tomates.

Il y a trop de tomates. / Il y a beaucoup de tomates.

le café [ləkafe]	das Café	Sur la place Kléber, il y a beaucoup de ~[11].
le supermarché [ləsypɛʀmaʀʃe]	der Supermarkt	Le ~ est ouvert jusqu'à 21 heures.
la boulangerie [labulɑ̃ʒʀi]	die Bäckerei	Près de l'école, il y a une ~.
loin de [lwɛ̃də] ≠ près de	weit entfernt von	Les Vosges ne sont pas ~ Strasbourg.
petit/petite [pəti/pətit] *adj.* ≠ grand/e	klein	Ma chambre est trop ~[12].
la piscine [lapisin]	das Schwimmbad	On va à la ~ ensemble?

deux cent treize **213**

UNITÉ 6 | VOLET 3 – UNITÉ 7 | VOLET 1

le stade [ləstad] — das Stadion — Ils jouent au foot dans le ~.

Das kennst du schon:

Dans ma ville / mon quartier il y a: ▶ *Banques de mots, p. 179*

un centre commercial avec des magasins — une piscine  — un collège — une cathédrale

un bar à jus de fruits  — un théâtre  — un supermarché  — une boulangerie  — un musée

une place  — un café  — un parc  — un cinéma  — un stade

1 interviews 2 parle au 3 grande 4 beaucoup d' 5 choses 6 touristes 7 jeunes 8 assez d' 9 magasins 10 n'y a plus d' 11 cafés 12 petite

Unité 7 | Volet 1

la fête [lafɛt] — die Feier — C'est quand la ~ des mères?
l'anniversaire [lanivɛRsɛR] *m.* — der Geburtstag — Qu'est-ce que tu veux pour ton ~?
janvier [ʒɑ̃vje] — Januar

janvier [ʒɑ̃vje]	Januar		juillet [ʒɥijɛ]	Juli
février [fevRije]	Februar		août [ut]	August
mars [maRs]	März		septembre [sɛptɑ̃bR]	September
avril [avRil]	April		octobre [ɔktɔbR]	Oktober
mai [mɛ]	Mai		novembre [nɔvɑ̃bR]	November
juin [ʒɥɛ̃]	Juni		décembre [desɑ̃bR]	Dezember

le 12 mars [lǝduzmaRs]
le 1er mars [lǝpRǝmjemaRs]

Les mois

premier/première [pRǝmje/pRǝmjɛR] — erster/erste/erstes — En France, le ~1 avril, les enfants font des «poissons d'avril».

214 deux cent quatorze

UNITÉ 7 | VOLET 1 – UNITÉ 7 | VOLET 2

inviter qn à qc [ɛ̃vite] 🇬🇧 to invite	jdn zu etw. einladen	Théo ~² ses amis ~ son anniversaire.
cent [sɑ̃]	hundert	Mon arrière-grand-mère a ~ ans.

> Die Zahlen bis 100 findest du auf S. 173.

le tram [lətʀam]	die Straßenbahn *hier:* die Straßenbahnhaltestelle	Le ~ passe près de chez Théo.
le portable [ləpɔʀtabl]	das Handy	Le ~ c'est pratique, mais c'est pénible aussi.
Je compte sur toi [ʒekɔ̃tsyʀtwa]	Ich zähle auf dich.	
l'invitation [lɛ̃vitasjɔ̃] *f.* → inviter qn	die Einladung	J'adore ta carte d'~.
le manga [mɑ̃ga]	das Manga *japanischer Comic*	Maya a une collection de ~³.
Sans blague! [sɑ̃blag]	Kein Scherz?	– Je vais habiter chez mon frère à Genève. – ~!
la blague [lablag]	der Scherz	Karim aime faire des ~⁴.
en [ɑ̃]	im *zeitlich*	~ février, on va aller faire du ski dans les Vosges.

1 premier   2 invite ... à   3 mangas   4 blagues

Unité 7 | Volet 2

le cadeau / ❗ les cadeaux [ləkado/lekado]	das Geschenk	Théo aime ses ~¹ d'anniversaire.
parler de qc [paʀledə]	über etw. sprechen	Les jeunes ~² leurs activités.
acheter qc [aʃ(ə)te]	etw. kaufen ▶ *Verbes, p. 174*	Clara ~³ un livre sur le théâtre.
collectionner qc [kɔlɛksjɔne] → la collection	etw. sammeln	Théo ~⁴ les figurines de B. D.
faire une surprise à qn [fɛʀynsyʀpʀizа]	jdn überraschen	Les enfants veulent ~ leurs parents.
la surprise [lasyʀpʀiz] 🇬🇧 surprise	die Überraschung	– Qu'est-ce que c'est? – C'est une ~!
trouver qc [tʀuve] ≠ chercher qc	etw. finden	Noah ne ~⁵ pas son livre de français.

deux cent quinze **215**

UNITÉ 7 | VOLET 2

apporter qc [apɔʀte]	etw. mitbringen	Est-ce que tu peux ~ des CD?
Omar et Fred [omaʀefʀɛd]	französisches Komikerduo ▶ Civilisation, p. 170	
le sketch / ⚠ les sketches [ləskɛtʃ/leskɛtʃ]	der Sketch	Les enfants préparent des ~6 pour la journée portes-ouvertes.
composer qc [kɔ̃poze]	komponieren	Yasmine aime chanter, Noah préfère ~.
la chanson [laʃɑ̃sɔ̃] → chanter, le chanteur / la chanteuse	das Lied	En cours de musique, les élèves écoutent une ~ sur Paris.
bien sûr [bjɛ̃syʀ]	aber sicher	– Tu aimes les spaghettis? – ~!
Qui fait quoi? [kifɛkwa]	Wer macht was?	
coûter [kute]	kosten	
combien [kɔ̃bjɛ̃]	wie viel	Le CD coûte ~?
cher/chère [ʃɛʀ] *adj.*	teuer	Le cinéma est très ~7 le week-end.
l'argent [laʀʒɑ̃] *m.*	das Geld	Je n'ai pas assez d'~.
la librairie [lalibʀɛʀi]	die Buchhandlung	La ~ organise des journées de lecture pour les enfants.
à ... euro(s) [a ... øro]	für ... Euro	La librairie a aussi des livres ~ deux ~8.
l'euro [løro] *m.*	der Euro	Le CD coûte 15 ~9.
aider qn [ede]	jdm helfen	Tu peux m'~ s'il te plaît?
accompagner qn [akɔ̃paɲe]	jdn begleiten	Yasmine ~10 Clara au théâtre.
ici [isi]	hier	– Tu es où? – ~, dans la salle de bains!
faire les courses [fɛʀlekuʀs]	einkaufen	Noah ~11 avec sa mère au supermarché.
les courses [lekuʀs] *f. pl.*	die Einkäufe	Les ~ sont sur la table, dans la cuisine.

le cours	la cour	les courses

Attends! [atɑ̃]	Warte! Imperativ, 2. Pers. Sg. von attendre ▶ Verbes, p. 175	~! Il va arriver.
la recette [laʀəsɛt]	das (Koch-)Rezept	Voilà une ~ de lapin aux tomates.

UNITÉ 7 | VOLET 2 – UNITÉ 7 | VOLET 3

la liste [lalist]	die Liste	Le professeur a la ~ des élèves de sixième A.
La voilà. [lavwala]	Da ist sie.	Où est la clé de l'appartement? Ah, ~.
le kilo [ləkilo]	das Kilo	Un ~ de tomates coûte 3,25 euros.
la farine [lafaʀin]	das Mehl	Est-ce qu'il y a encore assez de ~?
le paquet [ləpakɛ]	die Packung	Tu veux bien acheter un ~ de spaghettis, s'il te plaît?
le sucre [ləsykʀ]	der Zucker	Le ~ est dans l'armoire, à côté des biscuits.
le beurre [ləbœʀ]	die Butter	Le ~ est sur la table.
la bouteille [labutɛj]	die Flasche	Tu me passes la ~ d'eau, s'il te plaît?
le lait [ləlɛ]	die Milch	Le chat de Clara aussi aime le ~.
l'œuf / les œufs ❗ [lœf/lezø] *m.*	das Ei	Il faut trois ~[12] pour le gâteau.
la tablette de chocolat [latablɛtdəʃɔkɔla]	die Tafel Schokolade	Au Musée du Chocolat, on peut bien sûr acheter des ~[13].
noir/noire [nwaʀ] *adj.*	schwarz	Le chat de Julie est ~[14].

1 cadeaux   2 parlent de   3 achète   4 collectionne   5 trouve   6 sketches   7 cher   8 à deux euros   9 euros   10 accompagne
11 fait les courses   12 œufs   13 tablettes de chocolat   14 noir

Unité 7 | Volet 3

Joyeux anniversaire! [ʒwajøzanivɛʀsɛʀ]	Herzlichen Glückwunsch zum Geburtstag!	
le buffet [ləbyfɛ]	das Buffet	Un ~ pour une fête, c'est pratique.
prêt/prête [pʀɛ/pʀɛt] *adj.*	fertig	Tu es ~[1], Théo? Alors, on y va! La table est ~[2]. On peut manger.
les chips [leʃips] *f. pl.*	die Kartoffelchips	Je n'aime pas les ~.
le bretzel [ləbʀɛtzɛl]	die Brezel	Dans les boulangeries en Alsace, on trouve des ~[3].
le bonbon [ləbɔ̃bɔ̃]	das Bonbon	Il y a trop de sucre dans les ~[4].
la salade de fruits [lasaladəfʀɥi]	der Obstsalat	La ~ est mon dessert préféré.
la salade [lasalad]	der Salat	Je prépare une ~ de tomates.
la pomme [lapɔm]	der Apfel	Le jus de ~[5], c'est très bon!
la poire [lapwaʀ]	die Birne	Jade prépare une recette de ~[6] au chocolat.

deux cent dix-sept **217**

UNITÉ 7 | VOLET 3

la fraise [lafʀɛz]	die Erdbeere	Juin est le mois des ~7.
le cocktail [ləkɔktɛl]	der Cocktail	Théo prépare des ~8 avec des fruits.
l'orange [lɔʀɑ̃ʒ] *f.*	die Orange	Les ~9 ont beaucoup de vitamine C.
l'ananas [lanana(s)] *m.*	die Ananas	

Diese Lebensmittel kennst du schon:

l'œuf · la farine · le gâteau · les bonbons · les chips · le lait · le sucre · le pâté · le lapin · l'eau · le bretzel · les biscuits · le beurre · le poisson · les spaghettis · le pain · la moutarde · le chocolat · le taboulé

les fruits: l'ananas · l'orange · le jus de fruits · la tomate · la fraise · la pomme · la banane · la poire · la sauce tomate

il attend [ilatɑ̃]	er wartet 3. Pers. Sg. von *attendre*	Karim ~ sa sœur.
attendre qn/qc [atɑ̃dʀ]	auf jdn/etw. warten ▶ *Verbes, p. 175*	Les élèves ~10 le surveillant devant la salle de permanence.
en retard [ɑ̃ʀətaʀ]	zu spät, mit Verspätung	Yasmine est ~.
à l'heure [alœʀ] ≠ en retard	pünktlich	Le cours commence ~.

> ❗ **Merke:**
> être en retard = zu spät sein
> être à l'heure = pünktlich sein

content/contente [kɔ̃tɑ̃/kɔ̃tɑ̃t] *adj.*	zufrieden, glücklich	Clara a un mail de sa copine Victoria. Elle est ~11.

UNITÉ 7 | VOLET 3

ensuite [ɑ̃sɥit]	dann	Jade cherche un livre sur Internet, ~ elle l'achète à la librairie.
le jeu vidéo [ləʒøvideo]	das Videospiel	
le jeu / ❗ les jeux [ləʒø/leʒø]	das Spiel	Théo prépare des ~¹² pour son anniversaire.
le moment [ləmɔmɑ̃]	der Moment, der Augenblick	
danser [dɑ̃se] → la danse	tanzen	Yasmine et Zohra ~¹³ dans leur chambre.
Stromae [stʀɔmaj]	belgischer Sänger und Komponist ▶ Civilisation, p. 170	
l'ambiance [lɑ̃bjɑ̃s] f.	die Stimmung	Tout le monde chante, l'~ est sympa.
j'entends [ʒɑ̃tɑ̃]	ich höre 1. Pers. Sg. von entendre	
entendre qn/qc [ɑ̃tɑ̃dʀ]	jdn/etw. hören wird wie attendre konjugiert ▶ Verbes, p. 175	On ~¹⁴ les enfants dans la cour de récréation.

Il écoute mais il n'entend pas.

il dit que [ildikə]	er sagt, dass	~ Clara danse bien.
puis [pɥi]	dann	Marine passe chez sa copine ~ elles vont ensemble à la piscine.
le jour [ləʒuʀ] → la journée	der Tag	Mercredi est le ~ préféré de Clara.

❗ Unterscheide: le jour der Tag als Zähleinheit   la journée der Tag in seinem Ablauf
▶ Il y a sept jours dans une semaine.   ▶ Lukas et Théo passent la journée ensemble.

souffler qc [sufle]	hier: etw. ausblasen	
la bougie [labuʒi]	die Kerze	Théo souffle ses ~¹⁵ d'anniversaire.
Vive la vie! [vivlavi]	Es lebe das Leben!	
la vie [lavi]	das Leben	SVT veut dire: «sciences de la ~ et de la Terre».
Vive ... [viv]	Es lebe ... / Es leben ...	~ les vacances!

1 prêt   2 prête   3 bretzels   4 bonbons   5 pommes   6 poires   7 fraises   8 cocktails   9 oranges
10 attendent   11 contente   12 jeux   13 dansent   14 entend   15 bougies

Unité 8 | Volet 1

Marseille [maʁsɛj]	*französische Stadt am Mittelmeer* ▶ *Civilisation p. 171*	
la plage [laplaʒ]	der Strand	Yasmine adore aller à la ~.
Levallois [ləvalwa]	*Levallois-Perret: Vorort von Paris* ▶ *Civilisation p. 170*	
le Tour de France [lətuʁdəfʁɑ̃s]	*berühmtes dreiwöchiges Radrennen durch Frankreich, das jährlich im Juli stattfindet und in Paris endet*	
Paris Plages [paʁiplaʒ]	*sommerliche Pariser Veranstaltung (von Ende Juli bis Ende August): u. a. künstlicher Sandstrand an der Seine*	
les Pyrénées [lepiʁene] *f. pl.*	die Pyrenäen *französisch-spanisches Grenzgebirge* ▶ *Civilisation p. 171*	
la randonnée [laʁɑ̃dɔne]	die Wanderung	Dimanche, Théo et sa famille vont faire une ~ dans les Vosges.
en montagne [ɑ̃mɔ̃taɲ]	in den Bergen	J'adore faire des randonnées ~.
faire du camping [fɛʁdykɑ̃piŋ]	zelten	Je n'aime pas ~. Je préfère mon lit!
le camping [ləkɑ̃piŋ]	das Zelten *auch:* der Zeltplatz, der Campingplatz	
Quelle chance! [kɛlʃɑ̃s]	Was für ein Glück!	
rester [ʁɛste]	bleiben	Je ne peux pas ~. Je dois rentrer à la maison.
la Volerie des Aigles [lavɔlʁidezɛgl]	*Adlerpark in den Vogesen*	
la Suisse [lasɥis]	die Schweiz	
au bord du lac [obɔʁdylak]	am See (-ufer)	On peut manger ~.
le lac [ləlak] 🇬🇧 lake	der See	Près de Berlin, il y a beaucoup de ~[1].
le lac Léman [ləlaklemɑ̃]	der Genfer See *See in der Schweiz* ▶ *Civilisation, p. 170*	

[1] lacs

220 deux cent vingt

Unité 8 | Volet 2

le souvenir [ləsuvəniʀ]	die Erinnerung	J'ai beaucoup de ~[1] de mes vacances chez mes grands-parents.
l'été [lete] *m.* ≠ l'hiver	der Sommer	J'adore l'~ parce que ça veut dire: vacances!
Ça y est! [sajɛ] *fam.*	Geschafft!	~, je suis prête!
le soleil [ləsɔlɛj]	die Sonne	Le matin, il y a beaucoup de ~ dans ma chambre.
un tas de [ɛ̃tadə]	eine Menge, ein Haufen	Mes amis ont ~[2] idées.
quand [kɑ̃]	wenn, immer wenn	~ l'été arrive, tout le monde est content.
Il fait chaud. [ilfɛʃo]	Es ist warm/heiß.	Quand ~, les amis vont à la piscine.
nager [naʒe]	schwimmen, *wird wie* manger *konjugiert* ▶ Verbes, p. 174	Charlotte va souvent à la piscine parce qu'elle adore ~.
la calanque [lakalɑ̃k]	die Felsbucht	Près de Marseille, il y a des ~[3].
la mer [lamɛʀ]	das Meer, die See	J'aime nager dans la ~.
le Vieux Port [ləvjøpɔʀ]	Stadtviertel von Marseille	Le ~ est mon quartier préféré à Marseille.
où [u]	wo *(Relativpronomen)*	Près de chez moi, il y a un parc ~ je retrouve les copains le week-end.
beaucoup de monde [bokudəmɔ̃d]	viele Leute	Il y a ~ sur la Place Kléber.
le feu d'artifice [ləfødaʀtifis]	das Feuerwerk	Il y a un ~ sur le lac.
Je t'embrasse. [ʒətɑ̃bʀas]	Liebe Grüße *Schlussformel in einem an eine/n Freund/in gerichteten Brief*	

> **Le SMS de Jade:**
> *Bonjour, ça va? C'est super ici! Je nage dans le lac. Je t'appelle quand j'arrive chez ma tante. À plus, Jade.*

la carte [lakaʀt]	die Postkarte la carte *ist die kurze Form von* la carte postale	Écris une ~ à ta grand-mère!
Il fait beau. [ilfɛbo]	Es ist schönes Wetter.	~! On va faire une balade?
le château / ❗ **les châteaux** [ləʃato/leʃato]	das Schloss	On peut visiter le ~ de mai à octobre.
le château du Haut-Kœnigsbourg [ləʃatodyokøniksbuʀ]	die Hohkönigsburg *Schloss im Elsass* ▶ Civilisation, p. 170	

UNITÉ 8 | VOLET 2

fêter qc [fete]	etw. feiern	Ma sœur ~⁴ son anniversaire à l'école.
la princesse d'un jour [laprɛ̃sɛsdɛ̃ʒur]	Prinzessin für einen Tag	
le lac Blanc [ləlakblɑ̃]	der Weiße See *Bergsee in den Vogesen*	
le stage [ləstaʒ]	der Ferienkurs	Clara fait un ~ de théâtre pendant les vacances.
le VTT (= le vélo tout-terrain) [ləvetete]	das Mountainbike	On peut faire du ~ dans les Vosges.
le cheval / ❗ **les chevaux** [ləʃəval/leʃəvo]	das Pferd	Pauline collectionne les posters de ~⁵.
Gavarnie [gavarni]	*Dorf in den Pyrenäen*	
le temps [lətɑ̃]	das Wetter	Comment est le ~ chez vous?
❗ **le temps = die Zeit / das Wetter**		
génial/géniale [ʒenjal] *adj. fam.* ≠ nul/nulle	toll, genial, super	C'est ~⁶, on n'a pas cours demain!
Il pleut. [ilplø]	Es regnet.	Je reste à la maison ce week-end parce qu'~.
la nuit [lanɥi] ≠ le jour	die Nacht, nachts	– La ~, je rêve beaucoup, et toi? – Moi, je rêve aussi pendant la journée!
Il fait froid. [ilfɛfrwa] ≠ Il fait chaud.	Es ist kalt.	En montagne, souvent, ~.
la tente [latɑ̃t] 🇬🇧 tent	das Zelt	Il fait chaud sous la ~.
observer qn/qc [ɔpsɛrve] 🇬🇧 to observe	jdn/etw. beobachten	Dans le parc de la Montagne des singes, tu peux ~ des singes en liberté.
les jumelles [leʒymɛl] *f. pl.*	das Fernglas	Avoir des ~ en montagne, c'est pratique.
prendre en photo qc [prɑ̃drɑ̃fɔto]	etw. fotografieren	Les touristes ~⁷ la cathédrale de Strasbourg.
À bientôt! [abjɛ̃to]	Bis bald!	Au revoir et ~!

UNITÉ 8 | VOLET 2

Mademoiselle/Mlle [madmwazɛl]   Fräulein *Anrede, wenn man sich an eine junge Frau wendet.*

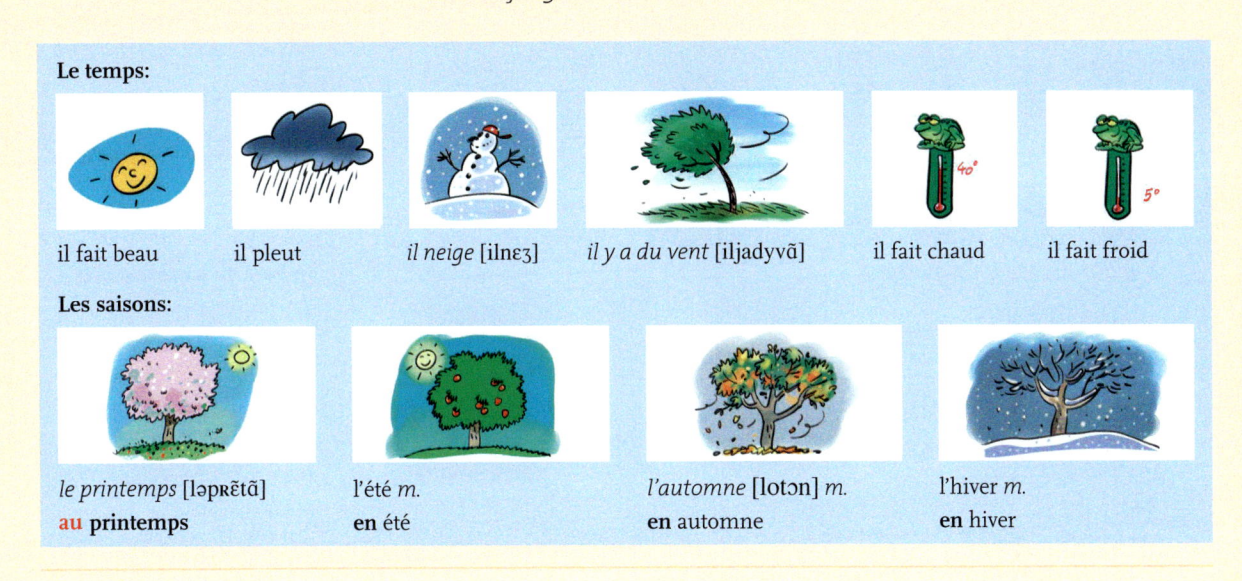

Le temps:

il fait beau	il pleut	il neige [ilnɛʒ]	il y a du vent [iljadyvɑ̃]	il fait chaud	il fait froid

Les saisons:

le printemps [ləpʀɛ̃tɑ̃] **au** printemps	*l'été m.* **en** été	*l'automne* [lotɔn] *m.* **en** automne	*l'hiver m.* **en** hiver

1 souvenirs   **2** un tas d'   **3** calanques   **4** fête   **5** chevaux   **6** génial   **7** prennent en photo

LISTE ALPHABÉTIQUE FRANÇAIS-ALLEMAND

Die Zahl hinter dem Pfeil zeigt dir an, in welcher *Unité* / welchem *Volet* das Wort zum ersten Mal vorkommt: 3/1 heißt z. B. *Unité 3, Volet 1*; *FEC 2* steht z. B. für *Français en classe (2)*.
Verben mit unregelmäßiger oder besonderer Konjugation sind rot hervorgehoben. Die Konjugation dieser Verben findest du auf der angegebenen Seite.

A

à [a] in → 1/3
À bientôt! [abjɛ̃to] Bis bald! → 8/2
à côté de qc [akotedə] neben → 6/1
À demain! [adəmɛ̃] Bis morgen! → 1/1
à droite [adʁwat] rechts → 2/2
à ... euro(s) [a ... øʁo] für... Euro → 7/2
à gauche [agoʃ] links → 2/2
à ... heure(s) [a ... œʁ] um ... Uhr → 5/2
à la maison [alamɛzɔ̃] zu Hause → 2/1
à l'heure [alœʁ] pünktlich → 7/3
à midi [amidi] mittags, um 12 Uhr → 5/2
à pied [apje] zu Fuß → 6/3
À plus! [aplys] *fam.* Bis später → 1/1
À quelle heure? [akɛlœʁ] Um wie viel Uhr? → 4/3
accompagner qn [akɔ̃paɲe] jdn begleiten → 7/2
acheter qc [aʃ(ə)te] etw. kaufen → 7/2 *Konjugation S. 174*
l' **activité** [laktivite] *f.* die Freizeitaktivität → 4/1
adorable [adɔʁabl] *adj.* süß, niedlich → 3/4
adorer qc/qn/+ inf. [adɔʁe] etw./jdn (sehr) lieben, es lieben, etw. zu tun → 4/2
l' **âge** [laʒ] *m.* das Alter → 3/4;
avoir l'âge de qn/qc [avwaʁlaʒdə] so alt sein wie jdn/etw. → 3/4;
Il/Elle a quel âge? [ilɛlakɛlaʒ] Wie alt ist er/sie? → 3/4
aider qn [ede] jdm helfen → 7/2
aimer qn/qc/+ inf. [eme] jdn/etw. mögen, es lieben, etw. zu tun → 4/2
aimer bien qn/qc/+ inf. [emebjɛ̃] jdn/etw. gern mögen; es mögen, etw. zu tun → 4/2

l' **Allemagne** [alman] *f.* Deutschland → 3/2
l' **allemand** [almɑ̃] *m.* Deutsch → 4/2
l' **Allemand** / l' **Allemande** [almɑ̃/almɑ̃d] *m./f.* der/die Deutsche → 6/2
aller [ale] gehen → 5/2 *Konjugation S. 175*
l' **allergie** [alɛʁʒi] *f.* die Allergie → 3/4
Allô! [alo] Ja, bitte?, Hallo? → 4/3
alors [alɔʁ] also → 1/2
l' **ambiance** [lɑ̃bjɑ̃s] *f.* die Stimmung → 7/3
l' **ami** / l' **amie** [lami] *m./f.* der/die Freund/in → 1/3
l' **an** [ɑ̃] *m.* das Jahr → 3/3
l' **ananas** [lanana(s)] *m.* die Ananas → 7/3
l' **anglais** [lɑ̃glɛ] *m.* Englisch → 5/2
l' **animal** / ⚠ **les animaux** [lanimal/lezanimo] *m.* das Tier → 3/4
l' **anniversaire** [lanivɛʁsɛʁ] *m.* der Geburtstag → 7/1
l' **appartement** [lapaʁtəmɑ̃] *m.* die Wohnung → 2/2
appeler qn [apəle] jdn anrufen → 4/3 *Konjugation S. 174*
apporter qc [apɔʁte] etw. mitbringen → 7/2
après [apʁɛ] nach → 2/3, danach → 5/2
l' **après-midi** [lapʁɛmidi] *m./f.* der Nachmittag → 5/2
l' **argent** [laʁʒɑ̃] *m.* das Geld → 7/2
l' **armoire** [laʁmwaʁ] *f.* der Schrank → 2/1
l' **arrière-grand-mère** [laʁjɛʁgʁɑ̃mɛʁ] *f.* die Urgroßmutter → 3/1
l' **arrivée** [laʁive] *f.* die Ankunft → 5/3
arriver [aʁive] ankommen → 5/3
assez [ase] ziemlich → 6/1
assez de [asedə] genug → 6/3
l' **atelier** [latəlje] *m.* der Workshop → 5/3

l' **athlétisme** [latletism] *m.* die Leichtathletik → 4/1
attendre qn/qc [atɑ̃dʁ] auf jdn/etw. warten → 7/3 *Konjugation S. 175*
au bord du lac [obɔʁdylak] am See (-ufer) → 8/1
au chômage [oʃomaʒ] arbeitslos → 3/3
Au revoir! [oʁəvwaʁ] Auf Wiedersehen! → 1/1
aujourd'hui [oʒuʁdɥi] heute → FEC 3
aussi [osi] auch → 1/3
avant [avɑ̃] vor → 5/3
avec [avɛk] mit → 1/2
l' **avenue** [lavəny] *f.* die Allee → 3/2
l' **aviron** [laviʁɔ̃] *m.* das Rudern → 4/2
avoir [avwaʁ] haben → 3/3 *Konjugation S. 174*
avoir faim [avwaʁfɛ̃] Hunger haben → 6/2
avoir soif [avwaʁswaf] Durst haben → 6/2
avril [avʁil] April → 6/1

B

la **balade** [labalad] der Ausflug → 4/3;
la **balade en bateau** [labaladɑ̃bato] die Bootsfahrt → 5/3
la **banane** [labanan] die Banane → 6/2
le **bar** [ləbaʁ] die Bar → 3/2; le **bar à jus de fruits** [ləbaʁaʒydəfʁɥi] die Saftbar → 3/2
le **bateau** / ⚠ **les bateaux** [ləbato/lebato] das Schiff, Boot → 5/3
bavard/bavarde [bavaʁ/bavaʁd] *adj.* geschwätzig → 3/4
beaucoup [boku] viel → 3/3
beaucoup de [bokudə] viele → 6/3
beaucoup de monde [bokudəmɔ̃d] viele Leute → 8/2
le **beau-père** [ləbopɛʁ] der Stiefvater → 3/3
la **bédé/B.D.** [labede] der Comic → 2/1

224 deux cent vingt-quatre

la **belle-mère** [labɛlmɛʀ] die Stiefmutter → 3/3
ben [bẽ] *Füllwort am Satzanfang* naja, äh → 3/2
bête [bɛt] *adj.* dumm, blöd → 3/4
le **beurre** [ləbœʀ] die Butter → 7/2
bien [bjẽ] gut → 1/2
bien sûr [bjẽsyʀ] aber sicher → 7/2
bientôt [bjẽto] bald → 4/3
le **biscuit** [ləbiskɥi] der Keks → 2/2
la **bise** [labiz] der Kuss → 5/2
la **blague** [ablag] der Scherz → 7/1
bof [bɔf] *fam.* na ja, Es geht so. → 1/1
bon/bonne [bɔ̃/bɔn] *adj.* gut → 5/2
C'est bon. [sɛbɔ̃] Das schmeckt gut. → 6/2
Bon appétit! [bɔ̃napeti] Guten Appetit! → 6/2
Bonne idée! [bɔnide] Gute Idee! → 4/3
le **bonbon** [ləbɔ̃bɔ̃] das Bonbon → 7/3
Bonjour! [bɔ̃ʒuʀ] Guten Tag!, Guten Morgen! → 1/1
la **bougie** [buʒi] die Kerze → 7/3
la **boulangerie** [labulɑ̃ʒʀi] die Bäckerei → 6/3
la **bouteille** [labutɛj] die Flasche → 7/2
le **bretzel** [ləbʀɛtzɛl] die Brezel → 7/3
le **buffet** [ləbyfɛ] das Buffet → 7/3
le **bureau** / ❗ **les bureaux** [ləbyʀo / lebyʀo] der Schreibtisch, das Büro → 3/4

C

Ça dépend. [sadepɑ̃] Es kommt darauf an. → 5/1
Ça marche. [samaʀʃ] *fam.* Geht klar. → 4/3
Ça va? [sava] Wie geht's?, Geht's dir gut? → 1/1, In Ordnung? → 4/3
Ça va. [sava] Es geht (mir) gut. → 1/1
Ça y est. [sajɛ] *fam.* Geschafft! → 8/2
le **cadeau** / ❗ **les cadeaux** [ləkado / lekado] das Geschenk → 7/2
le **café** [ləkafe] das Café → 6/3
le **cahier** [ləkaje] das Heft → FEC 1
la **calanque** [lakalɑ̃k] die Felsbucht → 8/2
le **camping** [ləkɑ̃piŋ] das Zelten → 8/1
la **cantine** [lakɑ̃tin] die Kantine, der Speisesaal → 5/1

le **car** [ləkaʀ] der Reisebus → 5/3; **en car** [ɑ̃kaʀ] mit dem Reisebus → 5/3
la **carte** [lakaʀt] die (Spiel-)Karte → 2/3, die Postkarte → 8/2
la **cathédrale** [lakatedʀal] der Dom, die Kathedrale → 6/3
le **CD** [ləsede] die CD → 2/1
le **CDI** (= le Centre de Documentation et d'Information) [ləsedei] die Schulbibliothek → 5/1
Ce n'est pas mon truc. [sənɛpamɔ̃tʀyk] *fam.* Das ist nicht mein Ding. → 4/2
cent [sɑ̃] hundert → 7/1
le **centre commercial** [ləsɑ̃tʀkɔmɛʀsjal] das Einkaufszentrum → 6/3
le **centre-ville** [ləsɑ̃tʀvil] das Stadtzentrum → 5/3
c'est [sɛ] das ist → 1/2
C'est l'horreur! [sɛlɔʀœʀ] Das ist der Horror! → 3/3
C'est moi. [sɛmwa] Ich bin's., Das bin ich. → 1/2
C'est qui? [sɛki] Wer ist das? → 1/3
C'est tout. [sɛtu] Das ist alles. → 3/3
C'est trop cool! [sɛtʀokul] *fam.* Das ist klasse!, Das ist super! → 1/3
cet après-midi [sɛtapʀɛmidi] heute Nachmittag → 5/2
la **chaise** [laʃɛz] der Stuhl → 2/1
la **chambre** [laʃɑ̃bʀ] das Schlafzimmer → 2/1
la **chanson** [laʃɑ̃sɔ̃] das Lied → 7/2; **danser sur la chanson** [dɑ̃sesyʀlaʃɑ̃sɔ̃] zu dem Lied tanzen → 7/2
chanter [ʃɑ̃te] singen → FEC 2, → 2/3
le **chanteur** / la **chanteuse** [ləʃɑ̃tœʀ / laʃɑ̃tøz] der/die Sänger/in → 4/2
le **chat** [ləʃa] die Katze → 3/4
le **château** / ❗ **les châteaux** [ləʃato / leʃato] das Schloss → 8/2
chatter [tʃate] chatten → 2/3
cher/chère [ʃɛʀ] *adj.* liebe/r → 5/2, teuer → 7/2
chercher [ʃɛʀʃe] suchen → 2/3
le **cheval** / ❗ **les chevaux** [ləʃəval / leʃəvo] das Pferd → 8/2
chez [ʃe] bei → 2/1
chez moi [ʃemwa] bei mir → 2/1

le **chien** [ləʃjẽ] der Hund → 3/4; **avoir un caractère de chien** [avwaʀẽkaʀaktɛʀdəʃjẽ] *fam.* einen fiesen Charakter haben → 3/4
les **chips** [leʃips] *f. pl.* die Kartoffelchips → 7/3
le **chocolat** [ləʃɔkɔla] die Schokolade → 5/3
la **chose** [laʃoz] die Sache → 6/3
le **cinéma** [ləsinema] das Kino → 4/2; le **ciné** [ləsine] *fam.* das Kino → 6/3
la **cinquième** [lasẽkjɛm] die siebte Klasse → 1/3; **en cinquième** [ɑ̃sẽkjɛm] in der siebten Klasse → 1/3
la **classe** [laklɑs] die Klasse → 1/2
le **classeur** [ləklasœʀ] der Ordner → FEC 1
la **clé** [lakle] der Schlüssel → 2/2
le **cochon d'Inde** [ləkɔʃɔ̃dɛ̃d] das Meerschweinchen → 3/4
le **cocktail** [ləkɔktɛl] der Cocktail → 7/3
le **coin** [ləkwẽ] die Ecke → 2/1
le **coin musique** [ləkwẽmyzik] die Musikecke → 2/1
la **collection** [lakɔlɛksjɔ̃] die Sammlung → 2/1
collectionner qc [kɔlɛksjɔne] etw. sammeln → 7/2
le **collège** [ləkɔlɛʒ] die Sekundarstufe 1 → 5/1
combien [kɔ̃bjẽ] wie viel → 7/2
comme [kɔm] als → 6/2, wie → 6/3
commencer [kɔmɑ̃se] beginnen → 6/1 *Konjugation S. 174*;
Qui commence? [kikɔmɑ̃s] Wer fängt an?, Wer beginnt? → FEC 3
comment [kɔmɑ̃] wie → 1/3
Comment ça va? [kɔmɑ̃sava] Wie geht's?, Wie läuft es? → 3/3
Comment est-ce qu'on dit ...? [kɔmɑ̃ɛskɔ̃di] Wie sagt man ...? → FEC 1
Comment est-ce qu'on écrit ...? [kɔmɑ̃ɛskɔ̃nekʀi] Wie schreibt man ...? → FEC 1
composer qc [kɔ̃poze] komponieren → 7/2
comprendre qn/qc [kɔ̃pʀɑ̃dʀ] jdn/etw. verstehen → 6/2 *wie* prendre, *Konjugation S. 175*
le **concours** [ləkɔ̃kuʀ] der Wettbewerb → 3/4

deux cent vingt-cinq **225**

content/contente [kɔ̃tɑ̃/kɔ̃tɑ̃t] *adj.* zufrieden, glücklich → 7/3
continuer (qc) [kɔ̃tinɥe] (etw.) weiter machen → FEC 2
cool [kul] *adj. fam.* cool → 1/3
le **copain** / la **copine** [ləkɔpɛ̃/lakɔpin] der/die Freund/in → 2/3
le **correspondant** / la **correspondante** [ləkɔʀɛspɔ̃dɑ̃/lakɔʀɛspɔ̃dɑ̃t]; le/la **corres** [lə/lakɔʀɛs] *fam.* der/die Austauschpartner/in → 5/3
le **couloir** [ləkulwaʀ] der Flur → 2/2
la **cour** [lakuʀ] der Schulhof → 1/3
le **cours** [ləkuʀ] der Unterricht → 5/2; **Je n'ai pas cours.** [ʒənepakuʀ] Ich habe keinen Unterricht. → 5/2
les **courses** [lekuʀs] *f. pl.* die Einkäufe → 7/2
le **cousin** / la **cousine** [ləkuzɛ̃/lakuzin] der/die Cousin/e → 3/1
coûter [kute] kosten → 7/2
le/la **CPE** (= le/la **Conseiller/-ère principal/e d'Éducation**) [lə/lasepeø] der/die Schulbetreuer/in → 5/1
le **crayon** [ləkʀɛjɔ̃] der Bleistift → FEC 1
le **crayon de couleur** [ləkʀɛjɔ̃dəkulœʀ] der Buntstift → FEC 1
crier [kʀije] schreien → 3/3
la **cuisine** [lakɥizin] die Küche → 2/2

D

d'abord [dabɔʀ] zuerst → 5/3
d'accord [dakɔʀ] einverstanden → 2/3, einverstanden → FEC 3; **être d'accord sur qc** [ɛtʀdakɔʀsyʀ] sich über etw. einig sein → 5/3
la **dame** [ladam] die Frau → 6/3
dans [dɑ̃] in → 1/3
la **danse** [ladɑ̃s] der Tanz, das Tanzen → 4/1
danser [dɑ̃se] tanzen → 7/3;
de [də] aus → 1/2, von → 1/3
de ... à ... [də ... a ...] von ... bis ... → 5/2
le **déjeuner** [ledeʒœne] das Mittagessen → 5/3
demain [dəmɛ̃] morgen → 5/2
demander (qc) à qn [dəmɑ̃dea] jdn (nach etw.) fragen → 4/3
demi/demie [dəmi] *adj.* halb → 5/2
le **départ** [ledepaʀ] die Abfahrt → 5/3

depuis des mois [dəpɥidemwa] seit Monaten → 6/3
derrière [dɛʀjɛʀ] hinter → 2/2
le **dessert** [lədesɛʀ] die Nachspeise → 6/2
le **dessin** [lədesɛ̃] die Zeichnung, das Zeichnen → 4/2
détester qc/qn/+ inf. [detɛste] etw./jdn hassen → 4/2
devant [dəvɑ̃] vor → 2/2
les **devoirs** [ledəvwaʀ] *m. pl.* die Hausaufgaben → 2/3
le/la **documentaliste** [lə/ladɔkymɑ̃talist] der/die Dokumentalist/in → 5/1
drôle [dʀol] *adj.* lustig, spaßig → 6/3
le **DVD** [lədevede] die DVD → 4/2

E

l' **eau** [lo] *f.* das Wasser → 6/2
l' **école** [lekɔl] *f.* die Schule → 1/3
écouter qn/qc [ekute] jdm zuhören, auf jdn hören, etw. anhören → 2/3
l' **effaceur** [lefasœʀ] *m.* der Tintenkiller → FEC 1
l' **élève** [lelɛv] *m./f.* der/die Schüler/in → 1/3
l' **emploi du temps** [lɑ̃plwadytɑ̃] *m.* der Stundenplan → 5/2
emprunter qc [ɑ̃pʀɛ̃te] etw. ausleihen → 5/1
en [ɑ̃] in → 3/2, im → 7/1
en ce moment [ɑ̃səmɔmɑ̃] zurzeit, im Moment → 5/3; **en cinquième** [ɑ̃sɛ̃kjɛm] in der siebten Klasse → 1/3; **en liberté** [ɑ̃libɛʀte] in Freiheit → 4/3; **en montagne** [ɑ̃mɔ̃taɲ] in den Bergen → 8/1;
en permanence [ɑ̃pɛʀmanɑ̃s] im Aufenthaltsraum → 5/1
en car [ɑ̃kaʀ] mit dem Bus → 5/3
en face de [ɑ̃fasdə] gegenüber → 6/3
en français / en allemand [ɑ̃fʀɑ̃sɛ/ɑ̃nalmɑ̃] auf Französisch / auf Deutsch → FEC 1
en plus [ɑ̃plys] außerdem → 5/3
en retard [ɑ̃ʀətaʀ] zu spät, mit Verspätung → 7/3
encore [ɑ̃kɔʀ] noch → 2/1; **encore une fois** [ɑ̃kɔʀynfwa] noch einmal → FEC 2
l' **endroit** [lɑ̃dʀwa] *m.* der Ort → 5/1

l' **enfant** [lɑ̃fɑ̃] *m./f.* das Kind → 3/3
ensemble [ɑ̃sɑ̃bl] zusammen → 1/3
ensuite [ɑ̃sɥit] dann → 7/3
entendre qn/qc [ɑ̃tɑ̃dʀ] jdn/etw. hören → 7/3 *wie* attendre Konjugation S. 175
entre [ɑ̃tʀ] zwischen → 2/2
l' **entrée** [lɑ̃tʀe] *f.* die Vorspeise → 6/2
l' **EPS** (= l'**Éducation physique et sportive**) [løpees] *f.* der Sportunterricht → 5/1
est-ce que [ɛskə] wird nicht übersetzt, zeigt dir an, dass es sich um eine Frage handelt → 4/3
Est-ce que je peux + inf. [ɛskəʒəpø] Darf ich ...? → FEC 3
et [e] und → 1/1
et puis [epɥi] außerdem → 4/3
l' **étagère** [letaʒɛʀ] *f.* das Regal → 2/1
l' **été** [lete] *m.* der Sommer → 8/2
être [ɛtʀ] sein → 1/2 Konjugation S. 174
être contre (qn/qc) [ɛtʀkɔ̃tʀ] gegen jdn/etw. sein, dagegen sein → 3/4
être fan de (qn/qc) [ɛtʀfɑ̃də] ein Fan von jdm/etw. sein → 4/2
être pour (qn/qc) [ɛtʀpuʀ] für jdn/etw. sein, dafür sein → 3/4
être séparé [ɛtʀsepaʀe] getrennt sein → 3/3
euh [ø] äh → 1/2
l' **euro** [løʀo] *m.* der Euro → 7/2
l' **exercice** [legzɛʀsis] *m.* die Übung → FEC 3

F

faire qc [fɛʀ] etw. machen, tun → 4/1 Konjugation S. 175
faire de la guitare [fɛʀdəlagitaʀ] Gitarre spielen → 4/1
faire de la musique [fɛʀdəlamyzik] musizieren → 4/1
faire de l'aviron [fɛʀdəlaviʀɔ̃] rudern → 4/2
faire des percussions [fɛʀdepɛʀkysjɔ̃] trommeln, Schlagzeug spielen → 4/1
faire du camping [fɛʀdykɑ̃piŋ] zelten → 8/1
faire du foot [fɛʀdyfut] Fußball spielen → 4/1

faire les courses [fɛʀlekuʀs] einkaufen → 7/2

faire une surprise à qn [fɛʀynsyʀpʀiza] jdn überraschen → 7/2

la **famille** [lafamij] die Familie → 3/1

le/la **fan** [lə/lafan] der Fan → 4/2

la **farine** [lafaʀin] das Mehl → 7/2

la **femme** [lafam] die Frau, die Ehefrau → 3/3

la **fenêtre** [lafənɛtʀ] das Fenster → FEC 2

fermé /fermée [fɛʀme] adj. geschlossen → 5/3

fermer (qc) [fɛʀme] (etw.) schließen, zumachen → FEC 2

la **fête** [lafɛt] die Feier → 7/1

fêter qc [fete] etw. feiern → 8/2

le **feu d'artifice** [ləfødaʀtifis] das Feuerwerk → 8/2

la **figurine** [lafigyʀin] die Figur → 2/1

la **fille** [lafij] das Mädchen → 1/3, die Tochter → 3/1

le **fils** [ləfis] der Sohn → 3/1

la **flûte** [laflyt] die Flöte → 4/1

le **foot(ball)** [ləfut(bol)] der Fußball, das Fußballspielen → 4/1

le **fossile** [ləfosil] das Fossil → 5/3

la **fraise** [lafʀɛz] die Erdbeere → 7/3

le **français** [ləfʀɑ̃sɛ] Französisch → 1/2

le **Français** / la **Française** [ləfʀɑ̃sɛ/lafʀɑ̃sɛz] der Franzose, die Französin → 6/2

le **frère** [ləfʀɛʀ] der Bruder → 3/1

les **frères et sœurs** [lefʀɛʀesœʀ] m. pl. die Geschwister → 3/3

le **fruit** [ləfʀɥi] die Frucht → 3/2

G

le **garçon** [ləgaʀsɔ̃] der Junge → 1/3

garder qn [gaʀde] auf jdn aufpassen → 3/2

le **gâteau** / ⚠ les **gâteau**x [ləgato/legato] der Kuchen → 6/2

le **gâteau au chocolat** [ləgatooʃokola] der Schokoladenkuchen → 6/2

génial/géniale [ʒenjal] adj. fam. toll, genial, super → 8/2

la **géo** [laʒeo] fam. die Geographie → 2/1

le **globe** [ləglɔb] der Globus → 2/1

grand/grande [gʀɑ̃/gʀɑ̃d] adj. groß → 6/3

la **grand-mère** [lagʀɑ̃mɛʀ] die Großmutter → 3/1

le **grand-père** [ləgʀɑ̃pɛʀ] der Großvater → 3/1

les **grands-parents** [legʀɑ̃paʀɑ̃] m. pl. die Großeltern → 3/1

grosses bises [gʀosbiz] f.pl. liebe Grüße → 5/2

le **groupe** [ləgʀup] die Band, die Gruppe → 4/2

la **guitare** [lagitaʀ] die Gitarre → 2/1

le **gymnase** [ləʒimnaz] die Turnhalle → 5/1

H

habiter [abite] wohnen → 3/2

le **hamac** [ləamak] die Hängematte → 2/1

le **hamster** [ləamstɛʀ] der Hamster → 3/3

l' **heure** [lœʀ] f. die Stunde, Uhr → 4/3; **à l'heure** [alœʀ] pünktlich → 7/3; **À quelle heure?** [akɛlœʀ] Um wie viel Uhr? → 4/3

l' **hiver** [livɛʀ] m. der Winter → 4/1

le **hobby** [ləobi] das Hobby → 4/2

I

ici [isi] hier → 7/2

l' **idée** [lide] f. die Idee → 4/3

il dit que [ildikə] er sagt, dass → 7/3

Il fait beau. [ilfɛbo] Es ist schönes Wetter. → 8/2

Il fait chaud. [ilfɛʃo] Es ist warm/heiß. → 8/2

Il fait froid. [ilfɛfʀwa] Es ist kalt. → 8/2

Il pleut. [ilplø] Es regnet. → 8/2

il y a [ilja] es gibt → 2/1

il/elle s'appelle [il/ɛlsapɛl] er/sie heißt → 1/3

l' **infirmerie** [lɛ̃fiʀməʀi] f. die Krankenstation → 5/1

l' **infirmier** / l' **infirmière** [lɛ̃fiʀmje/lɛ̃fiʀmjɛʀ] m./f. der/die Krankenpfleger/in → 5/1

l' **information** [lɛ̃fɔʀmasjɔ̃] f. die Information → 2/3

intelligent/intelligente [ɛ̃teliʒɑ̃/ɛ̃teliʒɑ̃t] adj. intelligent → 3/4

intéressant/intéressante [ɛ̃teʀesɑ̃/ɛ̃teʀesɑ̃t] adj. interessant → 5/2

Internet [ɛ̃tɛʀnɛt] m. das Internet → 2/3; **surfer sur Internet** [sœʀfesyʀɛ̃tɛʀnɛt] im Internet surfen → 3/4

l' **interro** [lɛ̃teʀo] f. fam. der Test → 5/2

l' **interview** [lɛ̃tɛʀvju] f. das Interview → 6/3

l' **invitation** [lɛ̃vitasjɔ̃] f. die Einladung → 7/1

inviter qn [ɛ̃vite] jdn einladen → 4/3

inviter qn à qc [ɛ̃vite] jdn zu etw. einladen → 7/1

J

janvier [ʒɑ̃vje] m. Januar → 7/1

Je compte sur toi. [ʒəkɔ̃tsyʀtwa] Ich zähle auf dich. → 7/1

je m'appelle [ʒəmapɛl] ich heiße → 1/2

Je ne sais pas. [ʒənəsɛpa] Ich weiß es nicht. → FEC 1, → 1/3

Je t'embrasse. [ʒətɑ̃bʀas] Liebe Grüße → 8/2

Je t'invite [ʒətɛ̃vit] Ich lade dich ein. → 4/3

je voudrais [ʒəvudʀɛ] ich möchte gern, ich hätte gern → 3/4

le **jeu** / ⚠ les **jeu**x [ləʒø/leʒø] das Spiel → 7/3

le **jeu vidéo** [ləʒøvideo] das Videospiel → 7/3

le/la **jeune** [lə/laʒœn] der/die Jugendliche → 6/3

joli/jolie [ʒɔli] adj. hübsch → 3/4

jouer (avec qn) [ʒwe] (mit jdm) spielen → 2/3

le **jour** [ləʒuʀ] der Tag → 7/3

la **journée** [laʒuʀne] der Tag (in seinem Ablauf) → 5/1

la **journée portes ouvertes** [laʒuʀnepɔʀtzuvɛʀt] der Tag der offenen Tür → 5/1

Joyeux anniversaire! [ʒwajøzanivɛʀsɛʀ] Herzlichen Glückwunsch zum Geburtstag! → 7/3

les **jumelles** [leʒymɛl] f. pl. das Fernglas → 8/2

le **jus de fruits** [ləʒydəfʀɥi] der Fruchtsaft → 3/2

jusqu'à [ʒyska] bis → 5/2

C'est juste? [sɛʒyst] Ist das richtig?, Stimmt das? → FEC 3

deux cent vingt-sept **227**

K

le **kilo** [ləkilo] das Kilo → 7/2

L

là [la] da/hier → 1/2
là-bas [laba] dort → 5/3
le **lac** [lələk] der See → 8/1
le **lait** [ləlɛ] die Milch → 7/2
la **lampe** [lalɑ̃p] die Lampe → 2/1
le **lapin** [ləlapɛ̃] das Kaninchen → 3/4
la **lecture** [lalɛktyʀ] die Lektüre, das Lesen → 4/2
la **liberté** [walibɛʀte] die Freiheit → 4/3; **en liberté** [ɑ̃libɛʀte] in Freiheit → 4/3
la **librairie** [walibʀɛʀi] die Buchhandlung → 7/2
la **liste** [lalist] die Liste → 7/2
le **lit** [ləli] das Bett → 2/1
le **livre** [ləlivʀ] das Buch → FEC 2, → 2/1
loin [lwɛ̃] weit (weg) → 3/2
loin de [lwɛ̃də] adv. weit entfernt von → 6/3
lundi [lɛ̃di] m. Montag → FEC 3

M

Madame/Mme [madam] Frau (Anrede) → 1/1
Mademoiselle/Mlle [madmwazɛl] Fräulein (Anrede) → 8/2
le **magasin** [ləmagazɛ̃] das Geschäft → 6/3
le **mail** [ləmɛl] die Mail → 5/2
maintenant [mɛ̃tənɑ̃] jetzt → 2/3
mais [mɛ] aber → 3/2
la **maison** [lamɛzɔ̃] das Haus → 2/1
maman [mamɑ̃] f. Mama → 2/2
mamie [mami] f. Oma → 5/2
le **manga** [mɑ̃ga] das Manga → 7/1
manger [mɑ̃ʒe] essen → 5/2 Konjugation S. 174
les **maths** [lemat] f. pl. fam. Mathe → 5/2
la **matière** [lamatjɛʀ] das Schulfach → 5/2
le **matin** [ləmatɛ̃] der Morgen, morgens → 5/2
le **menu** [ləməny] das Menü → 6/2
la **mer** [lamɛʀ] das Meer, die See → 8/2
merci [mɛʀsi] danke → 2/3
la **mère** [lamɛʀ] die Mutter → 3/1

la **minichaîne** [laminiʃɛn] die Mini-Stereoanlage → 2/1
moche [mɔʃ] adj. hässlich → 3/4
moi [mwa] ich → 1/2
Moi non plus. [mwanɔ̃ply] Ich auch nicht. → 4/2
Moi si. [mwasi] Doch, ich schon. → 4/2
moins le quart [mwɛ̃l(ə)kaʀ] Viertel vor → 5/2
le **mois** [ləmwa] der Monat → 6/3
le **moment** [ləmɔmɑ̃] der Augenblick, der Moment → 7/3
Monsieur/M. [məsjø] Herr (Anrede) → 1/1
la **montagne** [lamɔ̃taɲ] der Berg → 4/3; **en montagne** [ɑ̃mɔ̃taɲ] in den Bergen → 8/1
monter dans qc [mɔ̃tedɑ̃] in etw. einsteigen → 6/1
le **mot** [ləmo] das Wort → FEC 2
la **moutarde** [lamutaʀd] der Senf → 6/2
le **Moyen-Âge** [ləmwajenɑʒ] das Mittelalter → 6/1
le **musée** [ləmyze] das Museum → 5/3
la **musique** [lamyzik] die Musik → 2/1
la **musique classique** [lamyziklasik] klassische Musik → 4/2

N

nager [naʒe] schwimmen → 8/2 wie manger, Konjugation S. 174
la **nature** [lanatyʀ] die Natur → 4/2
ne ... pas [nə ... pa] nicht → 4/2
ne ... pas de [nə ... padə] kein → 6/3
ne ... pas trop [nə ... patʀo] nicht so (sehr, gern) → 4/3
ne ... plus [nə ... ply] nicht mehr → 6/2
ne ... plus de [nə ... plydə] kein ... mehr → 6/3
noir/noire [nwaʀ] adj. schwarz → 7/2
non [nɔ̃] nein → 1/2;
Non? [nɔ̃] fam. Nicht wahr? → 1/2
noter (qc) [nɔte] (etw.) aufschreiben, notieren → 5/3; **Qui note?** [kinɔt] Wer schreibt (das auf)? → FEC 3
nouveau/nouvelle [nuvo/nuvɛl] adj. neu → 1/3
la **nuit** [lanɥi] die Nacht, nachts → 8/2

nul/nulle [nyl] adj. (sehr) schlecht, mies → 5/2; **être nul / nulle en** [ɛtʀnylɑ̃] in etw. schlecht sein / eine Niete sein → 5/2

O

observer qn/qc [ɔpsɛʀve] jdn/etw. beobachten → 8/2
l' **œuf / les œufs** ❗ [lœf/lezø] m. das Ei → 7/2
On dit ... [ɔ̃di] Man sagt ... → FEC 1
On écrit ... [ɔ̃nekʀi] Man schreibt ... → FEC 1
On y va! [ɔ̃niva] Los geht's! → FEC 2
l' **oncle** [lɔ̃kl] m. der Onkel → 3/1
l' **orange** [lɔʀɑ̃ʒ] f. die Orange → 7/3
l' **ordinateur** [lɔʀdinatœʀ] m. der Computer → 2/1
ou [u] oder → 1/3
où [u] wo → 2/2, wo (Relativpronomen) → 8/2; **où est-ce que** [uɛskə] wo, wohin → 5/3
oui [wi] ja → 1/2
ouvert/ouverte [uvɛʀ/uvɛʀt] adj. offen → 5/1

P

le **pain** [ləpɛ̃] das Brot → 6/2
papa [papa] m. Papa → 2/2
papi [papi] m. Opa → 5/2
le **papier** [ləpapje] das Papier → FEC 1
le **paquet** [ləpakɛ] die Packung → 7/2
le **parc** [ləpaʀk] der Park → 4/3
parce que [paʀs(ə)kə] weil → 5/2
pardon [paʀdɔ̃] Verzeihung → 1/2
les **parents** [lepaʀɑ̃] m. pl. die Eltern → 3/1
parler [paʀle] sprechen → FEC 2; **parler à qn** [paʀlea] mit jdm sprechen → 6/3; **parler de qc** [paʀledə] über etw. sprechen → 7/2
la **partie de cartes** [lapaʀtidəkaʀt] eine Runde Karten → 2/3
partout [paʀtu] überall → 2/1
Pas maintenant. [pamɛ̃tənɑ̃] Nicht jetzt. → 2/3
pas mal [pamal] nicht schlecht → 1/3
passer [pase] verbringen → 3/3; **passer (chez qn)** [paseʃe] (bei jdm) vorbeikommen → 4/3; **passer par qc** [pasepaʀ] hier: durch etw. fahren → 6/1; **Tu me passes ...?** [tyməpas] Reichst du mir ...? → 6/2

le **pâté** [ləpate] die Leberpastete → 6/2
pendant [pãdã] während → 3/2
pénible [penibl] *adj.* lästig → 3/2
les **percussions** [lepɛRkysjɔ̃] *f. pl.* das Schlagzeug, das Trommeln → 4/1
le **père** [ləpɛR] der Vater → 3/1
la **permanence** [lapɛRmanɑ̃s] der Aufenthaltsraum → 5/1
la **perruche** [lapeRyʃ] der Wellensittich → 3/4
petit/petite [pəti/pətit] *adj.* klein → 6/3
la **photo** [lafoto] das Foto/Bild → 2/1
la **phrase** [lafRaz] der Satz → FEC 2
la **pierre** [lapjɛR] der Stein → 2/1
la **piscine** [lapisin] das Schwimmbad → 6/3
le **placard** [ləplakaR] der Wandschrank → 2/2
la **place** [laplas] der Platz → 6/1
la **plage** [laplaʒ] der Strand → 8/1
le **plat** [ləpla] das Hauptgericht → 6/2
la **poire** [lapwaR] die Birne → 7/3
le **poisson** [ləpwasɔ̃] der Fisch → 3/4
la **pomme** [lapɔm] der Apfel → 7/3
le **pont** [ləpɔ̃] die Brücke → 6/1
le **portable** [ləpɔRtabl] das Handy → 7/1
la **porte** [lapɔRt] die Tür → FEC 2
le **poster** [lepɔstɛR] das Poster → 2/1
pour [puR] für → 3/3
pourquoi [puRkwa] warum → 5/2
pouvoir + inf. [puvwaR] etw. tun können/dürfen → 4/3 *Konjugation, S. 175*
pratique [pRatik] *adj.* praktisch → 3/2
préféré/préférée [pRefeRe] *adj.* Lieblings- → 4/2
préférer qn/qc /+ inf. [pRefeRe] etw. bevorzugen, etw. lieber mögen → 4/2 *Konjugation S. 174*
premier/première [pRəmje/ pRəmjɛR] erster/erste/erstes → 7/1
prendre qc [pRɑ̃dR] etw. nehmen → 6/2 *Konjugation S. 175*
prendre en photo qc [pRɑ̃dRɑ̃foto] etw. fotografieren → 8/2
préparer qc [pRepaRe] etw. vorbereiten → 4/2
près de [pRɛdə] bei / in der Nähe (von) → 3/2
présenter qn/qc [pRezɑ̃te] jdn/etw. vorstellen → 5/1

prêt/prête [pRɛ/pRɛt] *adj.* fertig → 7/3
la **princesse d'un jour** [lapRɛ̃sesdɛ̃ʒuR] Prinzessin für einen Tag → 8/2
le **problème** [ləpRɔblɛm] das Problem → 3/3
le/la **professeur** [lə/lapRɔfesœR], le/la **prof** [lə/lapRɔf] *fam.* der/die Lehrer/in → 1/2, → 4/2
le/la **professeur de français** [lə/lapRɔfesœRdəfRɑ̃sɛ] der/die Französischlehrer/in → 1/2
le **programme** [ləpRɔgRam] das Programm → 5/3
puis [pɥi] dann → 7/3

Q

quand [kɑ̃] wenn, immer wenn → 8/2
quand est-ce que [kɑ̃tɛskə] wann → 5/3
quand même [kɑ̃mɛm] trotzdem, dennoch → 6/3
le **quart** [ləkaR] die Viertelstunde → 5/2; **et quart** [ekaR] Viertel nach → 5/2
le **quartier** [ləkaRtje] das Viertel → 6/1
Quelle chance! [kɛlʃɑ̃s] Was für ein Glück! → 8/1
Qu'est-ce que ça veut dire? [kɛskəsavødiR] Was bedeutet das? → FEC 3
Qu'est-ce qu'il y a? [kɛskilja] Was gibt es? → 2/1
Qu'est-ce que ...? [kɛskə] Was ...? → 2/1
Qu'est-ce que tu fais? [kɛskətyfɛ] Was machst du? → 2/3
Qu'est-ce qu'il y a? [kɛskilja] Was ist los? → 2/3
Qu'est-ce qu'ils font? [kɛskilfɔ̃] Was machen sie? → 4/1
la **question** [lakɛstjɔ̃] die Frage → FEC 3
qui [ki] wer → 3/4
Qui fait quoi? [kifɛkwa] Wer macht was? → 7/2

R

le **rallye** [ləRali] die Rallye → 5/3
la **randonnée** [laRɑ̃dɔne] die Wanderung → 8/1
le **rap** [ləRap] der Rap → FEC 2
la **recette** [laRəsɛt] das (Koch-)Rezept → 7/2

la **récréation** [laRekReasjɔ̃] die Pause → 1/3
regarder qn/qc [Rəgarde] jdn/etw. ansehen → 1/3 *Konjugation S. 174*
la **règle** [laRɛgl] das Lineal → FEC 1
la **rencontre** [laRɑ̃kɔ̃tR] das Treffen → 4/2
la **rentrée** [laRɑ̃tRe] der Schuljahresbeginn → 1/1
rentrer (à la maison) [Rɑ̃tRe] nach Hause gehen → 2/3
répéter (qc) [Repete] (etw.) wiederholen, nachsprechen → FEC 2 *wie préférer, Konjugation S. 174*
rester [Rɛste] bleiben → 8/1
le **retour** [ləRətuR] die Rückkehr → 5/3
retourner à [RətuRnea] zurückkehren zu → 6/1
retrouver qn [RətRuve] jdn treffen → 5/2
rêver [Rɛve] träumen → 2/3
rigoler [Rigɔle] lachen, Spaß haben/machen → 3/2
le **rock** [ləRɔk] die Rockmusik → 4/2
la **rue** [laRy] die Straße → 3/2

S

la **salade** [lasalad] der Salat → 7/3
la **salade de fruits** [lasaladəfRɥi] der Obstsalat → 7/3
la **salle de bains** [lasaldəbɛ̃] das Badezimmer → 2/2
la **salle de classe** [lasaldəklas] der Klassenraum → 5/1
la **salle de permanence** [lasaldəpɛRmanɑ̃s] der Aufenthaltsraum → 5/1
la **salle de séjour** [lasaldəseʒuR] das Wohnzimmer → 2/2
la **salle des profs** [lasaldepRɔf] das Lehrerzimmer → 5/1
Salut! [saly] *fam.* Hallo! *auch:* Tschüss! → 1/1
sans [sɑ̃] ohne → 7/1
Sans blague! [sɑ̃blag] Kein Scherz? → 7/1
la **sauce** [lasos] die Soße → 6/2; la **sauce tomate** [lasostɔmat] die Tomatensoße → 6/2
le **secrétariat** [ləsəkRetaRja] das Sekretariat → 5/1
la **semaine** [lasəmɛn] die Woche → 3/2
le **shampoing** [ləʃɑ̃pwɛ̃] das Shampoo → 2/2

deux cent vingt-neuf **229**

si ça te dit [sisatədi] wenn du Lust hast → FEC 3
s'il te plaît [siltəplɛ] bitte → 2/3
s'il vous plaît [silvuplɛ] bitte → FEC 2
le **singe** [ləsɛ̃ʒ] der Affe → 4/3
la **sixième** [lasizjɛm] die erste Jahrgangsstufe nach Beendigung der fünfjährigen Grundschule → 1/2
le **skate(-board)** [ləskɛt(bɔʀd)] das Skateboard → 6/1
le **sketch** / ❗ **les sketches** [ləskɛtʃ/lɛskɛtʃ] der Sketch → 7/2
le **ski** [ləski] der Ski, das Skifahren → 4/1
la **sœur** [lasœʀ] die Schwester → 3/1
le **soir** [ləswaʀ] der Abend → 5/2
le **soleil** [ləsɔlɛj] die Sonne → 8/2
souffler qc [sufle] etw. ausblasen → 7/3
sous [su] unter → 2/2
le **souvenir** [ləsuvəniʀ] die Erinnerung → 8/2
souvent [suvɑ̃] oft → 5/2
les **spaghettis** [lespageti] m. pl. die Spaghetti → 5/2
le **sport** [ləspɔʀ] der Sport → 4/1
le **stade** [ləstad] das Stadion → 6/3
le **stage** [ləstaʒ] der Ferienkurs → 8/2
le **stylo** [ləstilo] der Kugelschreiber → FEC 1
le **sucre** [ləsykʀ] der Zucker → 7/2
super [sypɛʀ] fam. super, toll → 1/1
le **supermarché** [ləsypɛʀmaʀʃe] der Supermarkt → 6/3
sur [syʀ] auf → 2/2
surfer sur Internet [sœʀfesyʀɛ̃tɛʀnɛt] im Internet surfen → 3/4
la **surprise** [lasyʀpʀiz] die Überraschung → 7/2; **faire une surprise à qn** [fɛʀynsyʀpʀiza] jdn überraschen → 7/2
le **surveillant** / la **surveillante** [ləsyʀvɛjɑ̃ / lasyʀvɛjɑ̃t] die Aufsichtsperson → 1/3
les **SVT** (= les sciences de la vie et de la Terre) [leɛsvete] f. pl. Biologie Schulfach → 5/2
sympa [sɛ̃pa] fam. nett, sympathisch → 3/3

T

la **table** [latabl] der Tisch → 2/1
le **tableau** / ❗ **les tableaux** [lətablo / letablo] die (Schul-)Tafel → FEC 2
la **tablette de chocolat** [latablɛtdəʃɔkɔla] die Tafel Schokolade → 7/2
le **taboulé** [lətabule] das Taboulé → 6/2
la **tante** [latɑ̃t] die Tante → 3/1
tard [taʀ] spät → 3/2
la **télé** [latele] fam. der Fernseher → 2/2
la **télécommande** [latelekɔmɑ̃d] die Fernbedienung → 2/2
téléphoner [telefɔne] telefonieren → 2/3
la **télévision franco-allemande** [latelevizjɔ̃fʀɑ̃koalmɑ̃d] adj. der deutsch-französische Fernsehsender → 6/1
le **temps** [lətɑ̃] das Wetter → 8/2, die Zeit → FEC 3; **Tu as le temps aujourd'hui?** [tyalətɑ̃oʒuʀdɥi] Hast du heute Zeit? → FEC 3
le **tennis** [lətenis] das Tennis, das Tennisspielen → 4/1
la **tente** [latɑ̃t] das Zelt → 8/2
le **texte** [lətɛkst] der Text → FEC 2
le **théâtre** [ləteatʀ] das Theater → 4/1
les **toilettes** [letwalɛt] f. pl. die Toilette → 5/1
la **tomate** [latɔmat] die Tomate → 6/2
la **tortue** [latɔʀty] die Schildkröte → 3/4
tôt [to] früh → 3/2
toujours [tuʒuʀ] immer → 2/3
le/la **touriste** [lə/latuʀist] der/die Tourist/in → 6/3
touristique [tuʀistik] adj. touristisch → 6/1
tout [tu] tout → 3/3
tout le monde [tulmɔ̃d] alle → FEC 2
tout près [tupʀɛ] ganz nah, ganz in der Nähe → 3/2
le **tram** [lətʀam] die Straßenbahn → 7/1
tranquille [tʀɑ̃kil] adj. ruhig → 4/3
le **travail** [lətʀavaj] die Arbeit → 3/3
travailler [tʀavaje] arbeiten, lernen → 2/3; **On travaille ensemble?** [ɔ̃tʀavajɑ̃sɑ̃bl] Wollen wir zusammen arbeiten? → FEC 3

très [tʀɛ] sehr → 1/2
trop [tʀo] zu, zu sehr, zu viel → FEC 2
trop bon [tʀobɔ̃] fam. voll lecker → 6/2
trop de [tʀodə] zu viel → 6/3
trouver qc [tʀuve] etw. finden → 7/2
le **truc** [lətʀyk] das Ding → 4/2
Tu m'énerves. [tymenɛʀv] Du nervst. → 2/3
tu t'appelles [tytapɛl] du heißt → 1/2

U

un peu [ɛ̃pø] ein bisschen → 6/3
un tas de [ɛ̃tɑdə] eine Menge, ein Haufen → 8/2

V

les **vacances** [levakɑ̃s] f. pl. die Ferien → 3/3
le **vélo** [ləvelo] das Fahrrad → 4/2
vers [vɛʀ] gegen → 5/3
la **vie** [lavi] das Leben → 7/3
le **village** [ləvilaʒ] das Dorf → 6/3
la **ville** [lavil] die Stadt → 6/1
la **visite** [lavizit] die Besichtigung → 5/3
visiter qc [vizite] etw. besichtigen → 5/3
la **vitamine** [lavitamin] das Vitamin → 3/2
vite [vit] schnell → FEC 2, → 3/2
Vive la vie! [vivlavi] Es lebe das Leben! → 7/3; **Vive ...** [viv] Es lebe ... / Es leben ... → 7/3
voilà [vwala] das ist → 1/2; **La voilà.** [lavwala] Da ist sie. → 7/2;
vouloir qc/+ inf. [vulwaʀ] etw. wollen → 4/3 Konjugation, S. 175
je voudrais [ʒəvudʀɛ] ich möchte gern, ich hätte gern → 3/4
le **VTT** (= le vélo tout-terrain) [ləvetete / ləvelotutɛʀɛ̃] das Mountainbike → 8/2

W

le **week-end** [ləwikɛnd] das Wochenende → 3/2

Z

Zut! [zyt] fam. Mist! → 6/2

LISTE ALPHABÉTIQUE ALLEMAND-FRANÇAIS

Hier findest du alle Wörter, die du in *À plus! 1* lernst.
Denke daran, bei den französischen Nomen das richtige Geschlecht zu verwenden.
Die Angabe hinter dem Pfeil verweist dich auf die *Unité* und das *Volet*, in der die Vokabel neu eingeführt wird.
Falls du nicht mehr sicher bist, wie man das Wort verwendet, lies den Beispielsatz in der Wortliste der jeweiligen *Unité*.

A

Abend, abends le soir → 5/2
aber mais → 3/2
aber sicher bien sûr → 7/2
Abfahrt le départ → 5/3
abholen: Wir holen ihn ab. On passe le chercher. → 4/3
Ach doch! Oh si! → 5/3
Affe le singe → 4/3
äh euh → 1/2, ben → 3/2
alle tout le monde → FEC 2
Allee l'avenue *f.* → 3/2
Allergie l'allergie *f.* → 3/4
alles tout → 3/3; **Das ist alles.** C'est tout. → 3/3
als comme → 6/2
also alors → 1/2
alt: so ~ sein wie (jdn/etw.) avoir l'âge de qn/qc → 3/4
Alter l'âge *m.* → 3/4
am See (-ufer) au bord du lac → 8/1
an diesem Wochenende ce week-end → 4/3
Ananas l'ananas *m.* → 7/3
anhören (jdn/etw.) écouter qn/qc → 2/3
ankommen arriver → 5/3
Ankunft l'arrivée *f.* → 5/3
anrufen (jdn) appeler qn → 4/3
ansehen (jdn/etw.) regarder qn/qc → 1/3
Apfel la pomme → 7/3
April avril → 6/1
Arbeit le travail → 3/3
arbeiten travailler → 2/3; **Wollen wir zusammen arbeiten?** On travaille ensemble? → FEC 3
arbeitslos au chômage → 3/3
auch aussi → 1/3
auf sur → 2/2; **auf Französich / auf Deutsch** en français / en allemand → FEC 1
zählen (auf jdn) compter sur qn → 7/1
Auf Wiedersehen! Au revoir! → 1/1

Aufenthaltsraum la (salle de) permanence → 5/1; **im Aufenthaltsraum** en permanence → 5/1
aufpassen (auf jdn) garder qn → 3/2
aufschreiben (etw.) noter (qc) → 5/3; **Wer schreibt (das auf)?** Qui note? → FEC 3
Aufsichtsperson le surveillant / la surveillante → 1/3
Augenblick le moment → 7/3
aus de → 1/2
ausblasen (etw.) souffler qc → 7/3
Ausflug la balade → 4/3
ausleihen (etw.) emprunter qc → 5/1
außerdem et puis → 4/3, en plus → 5/3
Austauschpartner/in le correspondant / la correspondante, le/la corres *fam.* → 5/3

B

Bäckerei la boulangerie → 6/3
Badezimmer la salle de bains → 2/2
bald bientôt → 4/3
Banane la banane → 6/2
Band le groupe → 4/2
Bar le bar → 3/2
beginnen commencer → 6/1
begleiten (jdn) accompagner qn → 7/2
bei chez → 2/1, près de → 3/2
bei mir (zu Hause) chez moi → 2/1
beobachten (jdn/etw.) observer qn/qc → 8/2
Berg la montagne → 4/3; **in den Bergen** en montagne → 8/1
besichtigen (etw.) visiter qc → 5/3
Besichtigung la visite → 5/3
Bett le lit → 2/1
bevorzugen (jdn/etw./+inf.) préférer qn/qc /+ inf. → 4/2
Bild la photo → 2/1
Biologie les SVT (= les sciences de la vie et de la Terre) *f. pl.* → 5/2

Birne la poire → 7/3
bis jusqu'à → 5/2; **Bis bald!** À bientôt! → 8/2; **Bis morgen!** À demain! → 1/1; **Bis später!** À plus! *fam.* → 1/1
bitte s'il te plaît → 2/3, s'il vous plaît → FEC 2
Bitte (schön) Voilà! → 6/2
bleiben rester → 8/1
Bleistift le crayon → FEC 1
blöd bête *adj.* → 3/4
Bonbon le bonbon → 7/3
Boot le bateau / ❗ les bateaux → 5/3; **Bootsfahrt** la balade en bateau → 5/3
Brezel le bretzel → 7/3
Brot le pain → 6/2
Brücke le pont → 6/1
Bruder le frère → 3/1
Buch le livre → FEC 2, → 2/1
Buchhandlung la librairie → 7/2
Buffet le buffet → 7/3
Buntstift le crayon de couleur → FEC 1
Büro le bureau / ❗ les bureaux → 3/4
Butter le beurre → 7/2

C

Café le café → 6/3
CD le CD → 2/1
Charakter: einen fiesen Charakter haben avoir un caractère de chien *fam.* → 3/4
chatten chatter → 2/3
Cocktail le cocktail → 7/3
Comic la bédé / B.D. → 2/1
Computer l'ordinateur *m.* → 2/1
cool cool *adj. fam.* → 1/3
Cousin/e le cousin / la cousine → 3/1

D

da là → 1/2; **Da ist sie.** La voilà. → 7/2
dafür sein être pour → 3/4
dagegen sein être contre (qc) → 3/4
danach après → 5/2
danke merci → 2/3

deux cent trente et un **231**

dann ensuite, puis → 7/3
Das bedeutet ... Ça veut dire → FEC 3
Das bin ich. C'est moi. → 1/2
das ist c'est → 1/2; voilà → 1/2
Das ist klasse! C'est trop cool! *fam.* → 1/3
Das ist nicht mein Ding. Ce n'est pas mon truc. *fam.* → 4/2
das sind ce sont → 3/1
dennoch quand même → 6/3
Deutsch l'allemand *m.* → 4/2
Deutsche/r l'Allemande / l'Allemand *f./m.* → 6/2
Deutschland l'Allemagne *f.* → 3/2
Ding le truc → 4/2
Dokumentalist/in le/la documentaliste → 5/1
Dom la cathédrale → 6/3
Dorf le village → 6/3
dort là-bas → 5/3
Du nervst. Tu m'énerves. → 2/3
dumm bête *adj.* → 3/4
Darf ich ...? Est-ce que je peux + inf. → FEC 3; **dürfen: etw. tun** ~ pouvoir + inf. → 4/3
Durst haben avoir soif → 6/2
DVD le DVD → 4/2

E

Ecke le coin → 2/1
Ei l'œuf *m.* → 7/2
ein bisschen un peu → 6/3
Einkäufe les courses *f. pl.* → 7/2
einkaufen faire les courses → 7/2
Einkaufszentrum le centre commercial → 6/3
einladen inviter qn → 4/3; **einladen (jdn zu etw.)** inviter qn à qc → 7/1
Einladung l'invitation *f.* → 7/1
einsteigen (in etw.) monter dans qc → 6/1
einverstanden d'accord → FEC 3, d'accord → 2/3; **sich über etw. einig sein** être d'accord sur qc → 5/3
Eltern les parents *m. pl.* → 3/1
Englisch l'anglais *m.* → 5/2
er sagt, dass il dit, que → 7/3
Erdbeere la fraise → 7/3
Erinnerung le souvenir → 8/2
erster/erste/erstes premier/première → 7/1
es gibt il y a → 2/1
Es ist kalt. Il fait froid. → 8/2

Es ist warm/heiß. Il fait chaud. → 8/2
Es kommt darauf an. Ça dépend. → 5/1
Es lebe das Leben! Vive la vie! → 7/3
es lebe ... vive ... → 7/3
Es regnet. Il pleut. → 8/2
essen manger → 5/2
Euro l'euro *m.* → 7/2

F

fahren (durch etw.) passer par qc → 6/1
Fahrrad le vélo → 4/2
Familie la famille → 3/1
Fan le/la fan → 4/2; **ein Fan von jdm/etw. sein** être fan de qn/qc → 4/2
Feier la fête → 7/1
feiern (etw.) fêter qc → 8/2
Felsbucht la calanque → 8/2
Fenster la fenêtre → FEC 2
Ferien les vacances *f. pl.* → 3/3
Ferienkurs le stage → 8/2
Fernbedienung la télécommande → 2/2
Fernglas les jumelles *f. pl.* → 8/2
Fernseher la télé *fam.* → 2/2
Fernsehsender: der deutsch-französische ~ la télévision franco-allemande → 6/1
fertig prêt/prête *adj.* → 7/3
Feuerwerk le feu d'artifice → 8/2
Figur la figurine → 2/1
finden (etw.) trouver qc → 7/2
Fisch le poisson → 3/4
Flasche la bouteille → 7/2
Flöte la flûte → 4/1
Flöte spielen faire de la flûte → 4/1
Flur le couloir → 2/2
Fossil le fossile → 5/3
Foto la photo → 2/1
fotografieren (etw.) prendre en photo qc → 8/2
Frage la question → FEC 3
fragen (jdn nach etw.) demander (qc) à qn → 4/3
Franzose/Französin le Français / la Française → 6/2
Französisch le français → 1/2
Französischlehrer/in le/la professeur de français → 1/2
Frau Madame/Mme → 1/1, la femme → 3/3, la dame → 6/3
Fräulein Mademoiselle/Mlle → 8/2
Freiheit la liberté → 4/3; **in Freiheit** en liberté → 4/3

Freizeitaktivität l'acivité *f.* → 4/1
Freund/in l'ami / l'amie *m./f.* → 1/3, le copain / la copine → 2/3
Frucht le fruit → 3/2
Fruchtsaft le jus de fruits → 3/2
früh tôt → 3/2
für pour → 3/3; **für jdn/etw. sein** être pour qn/qc → 3/4; **für ... Euro** à ... euro(s) → 7/2
Fußball le foot(ball) → 4/1; **Fußball spielen** faire du foot → 4/1

G

Geburtstag l'anniversaire *m.* → 7/1; **Herzlichen Glückwunsch zum Geburtstag!** Joyeux anniversaire! → 7/3
gegen vers → 5/3; **gegen jdn/etw. sein** être contre qn/qc → 3/4
gegenüber en face de → 6/3
gehen aller → 5/2; **Es geht (mir) gut.** Ça va. → 1/1; **Geht klar.** Ça marche. *fam.* → 4/3; **Wie geht's?** Ça va? → 1/1
Geld l'argent *m.* → 7/2
genial génial/géniale *adj. fam.* → 8/2
genug assez de → 6/3
Geographie la géo *fam.* → 2/1
Geschafft! Ça y est! *fam.* → 8/2
Geschäft le magasin → 6/3
Geschenk le cadeau / ❗ les cadeaux → 7/2
geschlossen fermé/fermée *adj.* → 5/3
geschwätzig bavard/bavarde *adj.* → 3/4
Geschwister les frères et sœurs *m. pl.* → 3/3; **Ich habe keine Geschwister.** Je n'ai pas de frères et sœurs. → 3/3
getrennt sein être séparé → 3/3
Gibst du mir ...? Tu me passes ...? → 6/2
Gitarre la guitare → 2/1; **Gitarre spielen** faire de la guitare → 4/1
Globus le globe → 2/1
glücklich content/contente *adj.* → 7/3
groß grand/grande *adj.* → 6/3
Großeltern les grands-parents *m. pl.* → 3/1
Großmutter la grand-mère → 3/1
Großvater le grand-père → 3/1
Gruppe le groupe → 4/2
gut bien → 1/2; bon/bonne *adj.* → 1/3
Gute Idee! Bonne idée! → 4/3
Guten Appetit! Bon appétit! → 6/2
Guten Morgen! Bonjour! → 1/1
Guten Tag! Bonjour! → 1/1

H

haben avoir → 3/3
halb demi/demie *adj.* → 5/2
Hallo? Allô! → 4/3
Hallo! Salut! *fam.* → 1/1
Hamster le hamster → 3/3
Handy le portable → 7/1
Hängematte le hamac → 2/1
hassen (etw./jdn / es hassen, etw. zu tun) détester qc/qn/+ inf. → 4/2
hässlich moche *adj.* → 3/4
Haufen un tas de → 8/2
Hauptgericht le plat → 6/2
Haus la maison → 2/1
Hausaufgaben les devoirs *m. pl.* → 2/3; **Ich habe meine Hausaufgaben nicht dabei.** Je n'ai pas mes devoirs. → FEC 3
Heft le cahier → FEC 1
heißen: ich heiße je m'appelle → 1/2; **du heißt** tu t'appelles → 1/2; **er/sie heißt** il/elle s'appelle → 1/3
helfen (jdm) aider qn → 7/2
Herr Monsieur/M. → 1/1
heute aujourd'hui → FEC 3
heute Nachmittag cet après-midi → 5/2
hier là → 1/2, ici → 7/2
hinter derrière → 2/2
Hobby le hobby → 4/2
hören (jdn/etw.) entendre qn/qc → 7/3
Das ist der Horror! C'est l'horreur! → 3/3
hübsch joli/jolie *adj.* → 3/4
Hund le chien → 3/4
hundert cent → 7/1
Hunger haben avoir faim → 6/2

I

ich moi → 1/2; **Doch, ich schon.** Moi si. → 4/2; **Ich auch nicht.** Moi non plus. → 4/2
Ich bin's. C'est moi. → 1/2
Ich lade dich ein. Je t'invite. → 4/3
Ich verstehe (es) nicht. Je ne comprends pas. → FEC 2
Ich weiß es nicht. Je ne sais pas. → FEC 1, → 1/3
Ich zähle auf dich. Je compte sur toi. → 4/3
Idee l'idée *f.* → 4/3
im en → 7/1; **im Winter** en hiver → 4/1
immer toujours → 2/3
in à, dans → 1/3, en → 3/2
in der Nähe tout près → 3/2; **in der Nähe (von)** près de → 3/2
In Ordnung? Ça va? → 4/3
Information l'information *f.* → 2/3
intelligent intelligent/intelligente *adj.* → 3/4
interessant intéressant/intéressante *adj.* → 5/2
Internet Internet *m.* → 2/3; **im Internet surfen** surfer sur Internet → 3/4
Interview l'interview *f.* → 6/3

J

ja oui → 1/2
Ja, bitte? Allô! → 4/3
Jahr l'an *m.* → 3/3
Januar janvier → 7/1
jetzt maintenant → 2/3
Jugendliche le/la jeune → 6/3
Junge le garçon → 1/3

K

Kaninchen le lapin → 3/4
Kantine la cantine → 5/1
Karte la carte → 2/3
Kartoffelchips les chips *f. pl.* → 7/3
Kathedrale la cathédrale → 6/3
Katze le chat → 3/4
kaufen (etw.) acheter qc → 7/2
kein ne … pas de → 6/3
kein … mehr ne … plus de → 6/3
Kein Scherz? Sans blague! → 7/1
Keks le biscuit → 2/2
Kerze la bougie → 7/3
Kilo le kilo → 7/2
Kind l'enfant *m./f.* → 3/3
Kino le cinéma → 4/2, le ciné *fam.* → 6/3
Klasse la classe → 1/2; **in der siebten Klasse** en cinquième → 1/3; **siebte Klasse** la cinquième → 1/3
Klassenraum la salle de classe → 5/1
klein petit/petite *adj.* → 6/3
Kochrezept la recette → 7/2
komponieren (etw.) composer qc → 7/2
können (etw. tun ~) pouvoir + inf. → 4/3
kosten coûter → 7/2
Krankenpfleger/in l'infirmier/l'infirmière *m./f.* → 5/1
Krankenstation l'infirmerie *f.* → 5/1
Küche la cuisine → 2/2
Kuchen le gâteau / ⚠ les gâteaux → 6/2
Kugelschreiber le stylo → FEC 1
Kuss, Küsschen la bise → 5/2

L

lachen rigoler → 3/2
Lampe la lampe → 2/1
lästig pénible *adj.* → 3/2
Leben la vie → 7/3
Leberpastete la pâté → 6/2
Lehrer/in le/la professeur → 1/2, le/la prof *fam.* → 4/2
Lehrerzimmer la salle des profs → 5/1
Leichtathletik l'athlétisme *m.* → 4/1; **Leichtathletik treiben** faire de l'athlétisme → 4/1
lernen travailler (= apprendre qc) → 2/3
Lektüre la lecture → 4/2
liebe Grüße grosses bises *f. pl.* → 5/2, Je t'embrasse. → 8/2
liebe/r cher/chère *adj.* → 5/2
lieben (sehr) / es lieben etw. zu tun adorer qc/qn/+ inf. → 4/2
lieber mögen (jdn/etw./+inf.) préférer qn/qc /+ inf. → 4/2
Lieblings- préféré/préférée *adj.* → 4/2
Lied la chanson → 7/2; **zu dem Lied tanzen** danser sur la chanson → 7/3
Lineal la règle → FEC 1
links à gauche → 2/2
Liste la liste → 7/2
Los geht's! On y va! → FEC 2
lustig drôle *adj.* → 6/3

M

machen (etw. weiter ~) continuer (qc) → FEC 2; **machen (etw.)** faire qc → 4/1
Mädchen la fille → 1/3
Mail le mail → 5/2
Mama maman *f.* → 2/2
Man sagt … On dit … → FEC 1
Man schreibt … On écrit … → FEC 1
Manga le manga → 7/1
Mathe les maths *f. pl. fam.* → 5/2
Meer la mer → 8/2
Meerschweinchen le cochon d'Inde → 3/4
Mehl la farine → 7/2
Menge un tas de → 8/2
Menü le menu → 6/2
mies nul/nulle *adj.* → 5/2
Milch le lait → 7/2
Mini-Stereoanlage la minichaîne → 2/1
Mist! Zut! *fam.* → 6/2
mit avec → 1/2; **mit dem Reisebus** en car → 5/3; **mit Verspätung** en retard → 7/3
mitbringen (etw.) apporter qc → 7/2

deux cent trente-trois **233**

Mittagessen le déjeuner → 5/3
mittags à midi → 5/2
Mittelalter le Moyen-Âge → 6/1
mögen (jdn/etw.) aimer qn/qc → 4/2;
**gern mögen (jdn/etw.), es mögen, etw.
zu tun** aimer bien qn/qc/+ inf. → 4/2;
ich möchte gern je voudrais → 3/4
Moment le moment → 7/3; **im Moment**
en ce moment → 5/3
Monat le mois → 6/3
Montag lundi *m.* → FEC 3
morgen demain → 5/2
Morgen, morgens le matin → 5/2
Mountainbike le VTT → 8/2
Museum le musée → 5/3
Musik la musique → 2/1; **klassische
Musik** la musique classique → 4/2
Musikecke le coin musique → 2/1
musizieren faire de la musique → 4/1
Mutter la mère → 3/1

N

na ja bof *fam.* → 1/1, ben → 3/2
nach après → 2/3
nach Hause gehen rentrer (à la maison) → 2/3
Nachmittag, am Nachmittag l'après-midi *m.* → 5/2
Nachspeise le dessert → 6/2
nachsprechen (etw.) répéter (qc) → FEC 2
Nacht, nachts la nuit → 8/2
Natur la nature → 4/2
neben à côté de qc → 6/1
nehmen (etw.) prendre qc → 6/2
nein non → 1/2;
nerven: er/sie nervt il/elle m'énerve → 3/2; **sie nerven** ils/elles m'énervent → 3/3
nett sympa *fam.* → 3/3
neu nouveau/nouvelle *adj.* → 1/3
nicht ne ... pas → 4/2; **Nicht jetzt.
Pas maintenant.** → 2/3; **nicht mehr** ne ... plus → 6/2; **nicht schlecht** pas mal → 1/3;
nicht so (sehr/gern) ne ... pas trop → 4/3;
Nicht wahr? Non? *fam.* → 1/2
niedlich adorable *adj.* → 3/4
Niete: eine ~ sein in être nul/nulle en → 5/2
noch encore → 2/1; **noch einmal** encore une fois → FEC 2
notieren (etw.) noter (qc) → 5/3

O

Obstsalat la salade de fruits → 7/3
oder ou → 1/3
offen ouvert/ouverte *adj.* → 5/1
oft souvent → 5/2
ohne sans → 7/1
Oma mamie *f.* → 5/2
Onkel l'oncle *m.* → 3/1
Orange l'orange *f.* → 7/3
Ordner le classeur → FEC 1
Ort l'endroit *m.* → 5/1

P

Packung le paquet → 7/2
Papa papa *m.* → 2/2
Papier le papier → FEC 1
Park le parc → 4/3
Pause la récréation → 1/3
Pferd le cheval / ⚠ les chevaux → 8/2
Platz la place → 6/1
Poster le poster → 2/1
Postkarte la carte → 8/2
praktisch pratique *adj.* → 3/2
Prinzessin für einen Tag la princesse d'un jour → 8/2
Problem le problème → 3/3
Programm le programme → 5/3
pünktlich à l'heure → 7/3

R

Rad fahren faire du vélo → 4/2
Rallye le rallye → 5/3
Rap le rap → FEC 2
rechts à droite → 2/2
Regal l'étagère *f.* → 2/1
Reichst du mir ...? Tu me passes ...? → 6/2
Reisebus le car → 5/3
richtig: Ist das ~? C'est juste? → FEC 3
Rockmusik le rock → 4/2
Rückkehr le retour → 5/3
Rudern l'aviron *m.* → 4/2
rudern faire de l'aviron → 4/2
ruhig tranquille *adj.* → 4/3
Runde Karten la partie de cartes → 2/3

S

Sache la chose → 6/3
Saftbar le bar à jus de fruits → 3/2
Salat la salade → 7/3
sammeln (etw.) collectionner qc → 7/2
Sammlung la collection → 2/1
Sänger/in le chanteur / la chanteuse → 4/2
Satz la phrase → FEC 2
Scherz la blague → 7/1
Schiff le bateau / ⚠ les bateaux → 5/3
Schildkröte la tortue → 3/4
Schlafzimmer la chambre → 2/1
Schlagzeug les percussions *f. pl.* → 4/1;
Schlagzeug spielen faire des percussions → 4/1
schlecht nul/nulle *adj.* → 5/2; **schlecht
(in etw.) sein** être nul/nulle en → 5/2
schließen (etw.) fermer (qc) → FEC 2
Schloss le château / ⚠ les châteaux → 8/2
Schlüssel la clé → 2/2
schmecken: Das schmeckt gut. C'est bon. → 6/2
schnell vite → FEC 2, → 3/2
Schokolade le chocolat → 5/3
Schokoladenkuchen le gâteau au chocolat → 6/2
Schrank l'armoire *f.* → 2/1
Schreibtisch le bureau / ⚠ les bureaux → 3/4
schreien crier → 3/3
Schulbetreuer/in le/la CPE → 5/1
Schulbibliothek le CDI → 5/1
Schule l'école *f.* → 1/3
Schüler/in l'élève *m./f.* → 1/3
Schulfach la matière → 5/2
Schulhof la cour → 1/3
schwarz noir/noire *adj.* → 7/2
Schwester la sœur → 3/1
Schwimmbad la piscine → 6/3
schwimmen nager → 8/2
Sechste (Klasse) la sixième → 1/2
See la mer → 8/2, le lac → 8/1
sehr très → 1/2
sein être → 1/2
seit Monaten depuis des mois → 6/3
Sekretariat le secrétariat → 5/1
Sekundarstufe 1 le collège → 5/1
Senf la moutarde → 6/2
Shampoo le shampoing → 2/2
singen chanter → FEC 2, → 2/3
Skateboard le skate(-board) → 6/1
Sketch le sketch / ⚠ les sketches → 7/2
Ski le ski → 4/1; **Ski fahren** faire du ski → 4/1
Sohn le fils → 3/1
Sommer l'été *m.* → 8/2

Sonne le soleil → 8/2
Soße la sauce → 6/2
Spaghetti les spaghettis *m. pl.* → 5/2
Spaß haben rigoler → 3/2
spaßig drôle *adj.* → 6/3
spät tard → 3/2; **zu spät** en retard → 7/3
Spaziergang la balade → 4/3
Speisesaal la cantine → 5/1
Spiel le jeu / ⚠ les jeux → 7/3
spielen (mit jdm) jouer (avec qn) → 2/3
Sport le sport → 4/1; **Sport treiben** faire du sport → 4/1
Sportunterricht l'EPS *f.* → 5/1
sprechen parler → FEC 2; **sprechen (mit jdm)** parler à qn → 6/3; **sprechen (über etw.)** parler de qc → 7/2; **Sprich lauter!** Parle plus fort! → FEC 3
Stadion le stade → 6/3
Stadt la ville → 6/1
Stadtzentrum le centre-ville → 5/3
Stein la pierre → 2/1
Stiefmutter la belle-mère → 3/3
Stiefvater le beau-père → 3/3
Stimmt das? C'est juste? → FEC 3
Stimmung l'ambiance *f.* → 7/3
Strand la plage → 8/1
Straße la rue → 3/2
Straßenbahn le tram → 7/1
Stuhl la chaise → 2/1
Stunde l'heure *f.* → 4/3
Stundenplan l'emploi du temps *m.* → 5/2
suchen chercher → 2/3
super super *fam.* → 1/1
Supermarkt le supermarché → 6/3
surfen surfer sur Internet → 3/4
süß adorable *adj.* → 3/4
sympathisch sympa *adj. fam.* → 3/3

T

Taboulé le taboulé → 6/2
Tafel le tableau / ⚠ les tableaux → FEC 2
Tafel Schokolade la tablette de chocolat → 7/2
Tag le jour → 7/3, la journée → 5/1; **Tag der offenen Tür** la journée portes ouvertes → 5/1
Tante la tante → 3/1
Tanz la danse → 4/1
tanzen danser → 7/3, faire de la danse → 4/1;
telefonieren téléphoner → 2/3

Tennis le tennis → 4/1; **Tennis spielen** faire du tennis → 4/1
Test l'interro *f. fam.* → 5/2
teuer cher/chère *adj.* → 7/2
Text le texte → FEC 2
Theater le théâtre → 4/1; **Theater spielen** faire du théâtre → 4/1
Tier l'animal / ⚠ les animaux *m.* → 3/4
Tintenkiller l'effaceur *m.* → FEC 1
Tisch la table → 2/1
Tochter la fille → 3/1
Toilette les toilettes *f. pl.* → 5/1
toll super *fam.* → 1/1, génial/géniale *adj. fam.* → 8/2
Tomate la tomate → 6/2
Tomatensoße la sauce tomate → 6/2
Tourist/in le/la touriste → 6/3
touristisch touristique *adj.* → 6/1
träumen rêver → 2/3
Treffen la rencontre → 4/2
treffen (jdn) retrouver qn → 5/2
trommeln faire des percussions → 4/1
trotzdem quand même → 6/3
Hallo! Salut! *fam.* → 1/1
tun (etw.) faire qc → 4/1
Tür la porte → FEC 2
Turnhalle le gymnase → 5/1

U

überall partout → 2/1
überraschen (jdn) faire une surprise à qn → 7/2
Überraschung la surprise → 7/2
Übung l'exercice *m.* → FEC 3
Um wie viel Uhr? À quelle heure? → 4/3; **um ... Uhr** à ... heure(s) → 5/2
umarmen (jdn) embrasser qn → 8/2
und et → 1/1
unter sous → 2/2
Unterricht le cours → 5/2; **Ich habe keinen Unterricht.** Je n'ai pas cours. → 5/2
Urgroßmutter l'arrière-grand-mère *f.* → 3/1

V

Vater le père → 3/1
verbringen passer → 3/3
verstehen (jdn/etw.) comprendre (qn/qc) → 6/2
Verzeihung pardon → 1/2
Videospiel le jeu vidéo → 7/3

viel beaucoup → 3/3
viele beaucoup de → 6/3
viele Leute beaucoup de monde → 8/2
Viertel le quartier → 6/1
Viertelstunde le quart → 5/2; **Viertel nach** et quart → 5/2; **Viertel vor** moins le quart → 5/2
Vitamin la vitamine → 3/2
voll lecker trop bon *fam.* → 6/2
von de → 1/2
von ... bis ... de ... à ... → 5/2
vor devant → 2/2, avant → 5/3
vorbeikommen (bei jdm) passer (chez qn) → 4/3
vorbereiten (etw.) préparer qc → 4/2
Vorspeise l'entrée *f.* → 6/2
vorstellen (jdn/etw.) présenter qn/qc → 5/1

W

während pendant → 3/2
Wanderung la randonnée → 8/1
Wandschrank le placard → 2/2
wann quand est-ce que → 5/3
Warte! Attends! → 7/2
warten (auf jdn/etw.) attendre qn/qc → 7/3
warum pourquoi → 5/2
Was bedeutet das? Qu'est-ce que ça veut dire? → FEC 3; **Was gibt es?** Qu'est-ce qu'il y a? → 2/1; **Was ist los?** Qu'est-ce qu'il y a? → 2/3
Wer macht was? Qui fait quoi? → 7/2
Was ...? Qu'est-ce que ...? → 2/1
Was für ein Glück! Quelle chance! → 8/1
Was machen sie? Qu'est-ce qu'ils font? → 4/1
Wasser l'eau *f.* → 6/2
weil parce que → 5/2
weit (weg) loin → 3/2; **weit entfernt von** loin de → 6/3
Wellensittich la perruche → 3/4
wenn, immer wenn quand → 8/2
Wer fängt an? Qui commence? → FEC 3; **Wer macht was?** Qui fait quoi? → 7/2
wer qui → 3/4
Wettbewerb le concours → 3/4
Wetter le temps → 8/2; **Es ist schönes Wetter.** Il fait beau. → 8/2
wie comme → 6/3, comment → 1/3
Wie alt ist er/sie? Il/Elle a quel âge? → 3/4

Wie geht's? Comment ça va? → 3/3
Wie sagt man …? Comment est-ce qu'on dit …? → FEC 1
Wie schreibt man …? Comment est-ce qu'on écrit …? → FEC 1
wie viel combien → 7/2
wiederholen (etw.) répéter (qc) → FEC 2
Winter l'hiver *m.* → 4/1
wo où → 2/2; *(Relativpronomen)* → 8/2
Woche la semaine → 3/2
Wochenende, am Wochenende le week-end → 3/2
wohin où est-ce que → 5/3
wohnen habiter → 3/2
Wohnung l'appartement *m.* → 2/2
Wohnzimmer la salle de séjour → 2/2

wenn du Lust hast si ça te dit → FEC 3;
wollen (etw.) / etw. tun wollen vouloir qc/+ inf. → 4/3
Workshop l'atelier *m.* → 5/3
Wort le mot → FEC 2

Z

Zeichnen le dessin → 4/2
Zeichnung le dessin → 4/2
Zeit le temps → FEC 3; **Hast du heute Zeit?** Tu as le temps aujourd'hui?, Tu es libre aujourd'hui? → FEC 3
Zelt la tente → 8/2
Zelten le camping → 8/1
zelten faire du camping → 8/1
ziemlich assez → 6/1

zu / zu sehr / zu viel trop → FEC 2
zu Fuß à pied → 6/3
zu Hause à la maison → 2/1
zu viel trop de → 6/3
Zucker le sucre → 7/2
zuerst d'abord → 5/3
zufrieden content/contente *adj.* → 7/3
zuhören (jdm/etw.) écouter qn/qc → 2/3
zumachen (etw.) fermer (qc) → FEC 2
zurückkehren (zu/nach) retourner à → 6/1
zurzeit en ce moment → 5/3
zusammen ensemble → 1/3
zwischen entre → 2/2

GLOSSAIRE – INDICATIONS POUR LES EXERCICES

Glossaire | Glossar – Übungsanweisungen

> Diese Anweisungen kommen immer wieder im Buch vor. Du kannst sie wie Vokabeln lernen, dann findest du dich in den Übungen schnell zurecht.

À toi! / À vous!	Du bist dran! / Ihr seid dran!
Choisissez (un des dialogues).	Wählt (einen der Dialoge) aus.
A/B commence.	A/B fängt an.
Compare (avec ton/ta partenaire).	Vergleiche (mit deinem Partner / deiner Partnerin).
Complète (les phrases / par les formes du verbe …).	Ergänze (die Sätze / mit den Verbformen von …).
Corrige (tes réponses).	Korrigiere (deine Antworten).
Décris (le dessin).	Beschreibe (das Bild).
Écoute (le dialogue).	Hör zu. / Hör dir (den Dialog) an.
Écris (les phrases / dans ton cahier).	Schreibe (die Sätze / in dein Heft).
Explique.	Erkläre.
Fais un associogramme.	Erstelle ein Vokabelnetz.
Fais un tableau.	Zeichne eine Tabelle.
Faites des devinettes.	Macht ein Ratespiel.
Faites le tour de la classe.	Geht durch euren Klassenraum.
Forme des phrases.	Bilde Sätze.
Il y a plusieurs possibilités.	Es gibt mehrere Möglichkeiten.
Imagine.	Denk dir etwas aus.
Interrogez (vos camarades).	Befragt (eure Mitschüler).
Jouez.	Spielt.
Lis (le texte).	Lies (den Text).
Note (les mots dans la bonne colonne).	Notiere (die Wörter in der richtigen Spalte).
Pose des questions (à ton/ta partenaire).	Stell (deinem Partner / deiner Partnerin) Fragen.
Prépare (des questions).	Bereite (Fragen) vor.
Présente (ta famille / tes résultats).	Stell (deine Familie / deine Ergebnisse) vor.
Quels mots est-ce que tu comprends?	Welche Wörter verstehst du?
Qu'est-ce qui va ensemble?	Was passt zusammen?
Raconte.	Erzähle.
Regarde (la séquence / le dessin).	Schau dir (die Filmsequenz / das Bild) an.
Répète.	Sprich nach. / Wiederhole.
Réponds (aux questions).	Antworte. / Beantworte (die Fragen).
Retrouve (l'ordre des phrases).	Finde (die Reihenfolge der Sätze) wieder.
Travaillez à deux.	Arbeitet zu zweit.
Trouve (le mot-clé / les différences / l'intrus).	Finde (das Schlüsselwort / die Unterschiede / den „Eindringling").
Utilise …	Verwende …
Vrai ou faux?	Richtig oder falsch?

deux cent trente-sept **237**

Bildquellen:

© 123RF, S. 54 (unten links), S. 66 (A) – © Alamy, S. 21 (Mitte) – © Cornelsen, Denimal/Uzel, S. 10 (oben), S. 11, S. 12, S. 14 (oben), S. 16, S. 17, S. 18, S. 20), S. 28, S. 29 (unten), S. 35, S. 45, S. 46 (Paul, Clara, Alexandre, Franck), S. 48, S. 52, S. 53, S. 55, S. 65, S. 68, S. 69, S. 83, S. 84, S. 85, S. 88, S. 91, S. 92, S. 97, S. 104 (1), S. 104 (2), S. 104 (3), S. 105 (8), S. 107, S. 113, S. 118 (oben), S. 119, S. 120, S. 123, S. 125 (B), S. 127, S. 134, S. 137, S. 138 (Portraits), S. 148 (Portraits), S. 154 – © Cornelsen, Evans, S. 39 (oben) – © Cornelsen, Hantschel, S. 24 (cahier, crayons, stylo, l'effaceur), S. 38 (rechts) – © Cornelsen, Hellberg, S. 114 – © Cornelsen, Kilic, S. 130, S. 135 – © Cornelsen, Lucentum Digital, S. 46 (Camille, Manon, Louise) – © Cornelsen, Ortiz, S. 116 (oben rechts), S. 46 (Valérie) – © Cornelsen, Petter, S. 46 (Monique) – © Cornelsen, Schulz, S. 14 (unten), S. 21 (oben), S. 25, S. 49, S. 118 (unten) – © Cornelsen, Schrader, S. 31 – © Cornelsen, Verlagsarchiv, S. 24 (règle, classeur), S. 38 (crayons), S. 38 (ciseaux), S. 38 (règle) – © digitalstock, S. 116 (Mitte links) – © Fotolia, S. 148 (rechts), S. 171 (oben links), S. 170 (unten rechts), U2 (oben Mitte, rechts, unten links, rechts), S. 54 (oben rechts), S. 54 (unten rechts), S. 76, S. 100 (rechts), S. 101 (rechts), S. 103, S. 46 (Muriel), S. 24 (Mitte) – © iStockphoto, S. 46 (Elise), S. 54 (2. v. oben links), S. 116 (unten Mitte), S. 131, S. 138 (C), S. 138 (D), S. 148 (links), S. 210, S. 46 (David, Phillipe, Isabelle, Frédéric), S. 66 (T), S. 66 (T), S. 66 (I), S. 66 (E), S. 66 (V), S. 82 (1), S. 100 (Hintergrund), S. 100 (Laub), S. 38 (feuille), S. 38 (links), S. 10 (unten rechts) – © panthermedia, S. 54 (oben links), S. 116 (unten rechts), S. 166 – © pitopia, S. 54 (2. v. oben rechts) – © shotshop.com, S. 21 (unten) – © shutterstock, U2 (unten Mitte), S. 54 (2. v. unten links), S. 54 (2. v. unten rechts), S. 101 (links).

© action press/Sehrsam, S. 170 (unten links) – © action press/Visual, S. 147 – © Corbis/Almasy, S. 240 (Mitte oben) – © Corbis/Barrentine, S. 145 (links) – © Corbis/Blondeau, S. 67 (3. v. rechts) – © Corbis/Morsch, S. 144 (rechts) – © Corbis/Pearson, S. 138 (A), S. 141 (unten) – © Corbis/Sheil, S. 171 (rechts) – © CTRB, U2 (oben links) – © Denis/REA/laif, S. 10 (Mitte) – © Fotofinder/Rose, S. 82 (2) – © Fremdenverkehrsamt Frankreich, S. 171 (unten links), U3 (links) – © Fremdenverkehrsamt Strasbourg, S. 105 (7) – © Getty Images, S. 144 (links) – © Getty Images/AFP, S. 125 (D), S. 75 (oben) – © Getty Images/Rayman, S. 66 (C) – © Jahreszeiten Verlag/Ahrens, S. 39 (unten) – © Mariko Omura, S. 67 (2. v. rechts) – © Mauritius images/Fischer, S. 125 (A) – © mauritius images/imagebroker, S. 240 (unten rechts), U3 (Mitte) – © mauritius images/Mattes, S. 240 (oben) – © mauritius images/photolibrary, S. 240 (unten links) – © mauritius images/Photononstop, S. 10 (unten links) – © mauritius images/Seba, S. 141 (oben) – © Montagne des singes, S. 29 (oben), S. 57, S. 72 – © Pascal Sittler/REA/laif, S. 27 – © Photo Parlement européen, S. 104 (6) – © picture alliance/abaca, S. 140 – © picture alliance/ANP, U3 (rechts) – © picture alliance/bildagentur online, S. 138 (B) – © picture alliance/dpa, S. 145 (rechts) – © picture alliance/Lerch, S. 170 (oben rechts) – © picture alliance/Maeyaert, S. 104 (5) – © picture alliance/maxppp, S. 104 (4), S. 138 (E) – © picture alliance/Pedersen, S. 170 (Mitte links) – © plainpicture/Leisinger, S. 66 (I) – © shutterstock/Sandler, S. 67 (links) – © Sipa Press/Durand, S. 125 (C) – © Sipa Press/Motor, S. 116 (Mitte rechts) – © Sipa Press/Sichov, S. 75 (unten) – © Stockfood/Gerlach, S. 116 (oben Mitte) – © Stockfood/Leser, S. 116 (oben links) – © Ullstein Bild/Sipa Press, S. 67 (2 .v. links), S. 67 (3. v. links), S. 67 (rechts).

Illustrationen:

© Fluide Gracial/Éditions Audie, S. 64 (rechts) – © Fleurus Éditions, S. 64 (links) – Éditions Bayard Jeunesse, S. 75.

Texte:

© Anne-Marie Chapouton, S. 100 (L'automne) – © Jean-Luc Moreau, S. 100 (Le canon des flocons) – © Catherine Jorißen, S. 100 (Pendant l'année), S. 127.

Strasbourg et sa région

0 10 20 30 40 km

la France

l'Allemagne

la Suisse

Morhange
Sarreguemines
Pirmasens
Karlsruhe
Rastatt
Gaggenau
Baden-Baden
Haguenau
Saverne
STRASBOURG
Lingolsheim
Kehl
Illkirch
Offenbourg
Obernai
Lahr
St-Dié
Sélestat
Rust
Colmar
Munster
FRIBOURG-EN-BRISGAU
Wittenheim
MULHOUSE
Belfort
Lörrach
BÂLE

▲ 1424 le Grand Ballon
Feldberg 1493 ▲

les Vosges
la Forêt Noire

Rivières : le Rhin, la Lauter, la Sauer, la Moder, la Sarre, le Canal de la Marne au Rhin, la Vezouze, la Meurthe, la Bruche, l'Ill, la Rench, la Murg, la Kinzig, l'Elz, la Vologne, la Moselle, le canal du Rhône au Rhin, la Wiese, le Danube, la Wut...

le symbole de l'Alsace : les cigognes

le Château du Haut-Kœnigsbourg

la Volerie des aigles
la Montagne des singes
le Château du Haut-Kœnigsbourg
le Lac Blanc

la nature des Vosges

le Musée national de l'automobile à Mulhouse